加賀百万石御仕立村始末記

越中砺波郡広瀬舘村年貢米史

目　　次

表紙画（福光熱おくり太鼓）

挿絵　　　　湯浅 直之

第1章　御仕立村の謎

湯浅権右衛門

　広瀬舘村で「おらっちゃの村は昔御仕立村だったことがある」という言い伝えは寄り合いなどで語られることがあった。しかし、実際にいつ、どのような事があったかという話題に発展することはなかった。

　それは、文政7年（1824）から弘化5年（1848）までの間、広瀬舘村の肝煎をつとめた権右衛門が書き留めたメモ文書から始まる。権右衛門が天明・寛政・文化・文政・天保・弘化・嘉永年代に発生した出来事について、わずかばかりではあるが、当時の暦に直接書き込んだり、日記風のメモにして暦の間に挟んでおいたりしたものがあった。その「古暦メモ」を、権右衛門の肝煎時代に、その補佐役である組合頭をつとめていた弟の湯浅権之丞が所蔵し、子に伝えていた。

　大正年代に至り、当時広瀬舘村が所属する富山県西礪波郡福光町が町史を作ることになった。編纂委員会の求めに応じて湯浅家が古暦メモを含む一部の所蔵文書を郷土史料として提出した。写本をとったあと原本は返される予定だったが、戻ってこないままになっていた。

　ところがここに石崎俊彦という人物が現れる。板画家・棟方志功が第二次世界大戦中に福光町に疎開していたが、その時私財を提供して棟方家を支援したファンの一人である。石崎は福光町図書館長や町史編纂委員をしていた関係から、権右衛門の古暦メモの写本が図書館の地下室に保存されていることを知っていた。後年懇意になった湯浅家の子孫・湯浅直之（筆者）に、その写しのさらに写しを作って渡して（返して）くれたのである。その中から次のような一文を発見した（古文書の中の句読点と下線、カッコは筆者がつけた。以後同じ）。

江戸時代、広瀬舘村の肝煎
であった権右衛門の家は、
玄関が赤く塗られた漆戸で
あったという。

太鼓は普段、村人への連絡
用に玄関先に吊り下げて
あった。

権右衛門が執務に使ってい
た道具類は、今も湯浅家に
大切に伝えられている。

弘化三年丙午二月頃、広瀬舘村難渋ニ有之義ハ、往古ヨリノ事ニ而、其段御願上候所、御詮議之上、<u>御仕立村</u>ニ被仰付候。

　　右之<u>御仕立村</u>ニ而、御上之御難題ニ相成事故、村方百姓末々迄家内暮シ方等をはじめ萬事心を付省略仕、此末成立候様専相心得可申候。

　　就而ハ、寺庵等寄進等何ニより須、相心得之義、是又被仰渡も有之、急度^{きっと}相心得可申候。

　　右萬事省略方等被仰渡御座候ニ付、人々印形も指上可申義ニ御座候。

　この文書の要点は、

１．弘化３年（1846）２月頃、廣瀬舘村は難渋に陥った。村が困窮するのは昔からのことであったが、（藩に）ご支援をお願いしたところ、御詮議の上、御仕立村を仰せ付けられた。

２．御上（前田家・加賀藩）にこうした難題にお応えいただいたからには、われわれ村方百姓、末代まで家々での暮らしをはじめ、万事に心を配り、この先一村としてきちんと成り立つよう心得なければならない。

３．何事も節約するようにと仰せ渡され、村人は押印して誓書を差し出した。

　つまり、広瀬舘村が弘化３年加賀藩から御仕立村と認められた。有り難いことで、お上に感謝して質素倹約に務め、きちんと立ち直れるよう全員の誓詞を提出した。

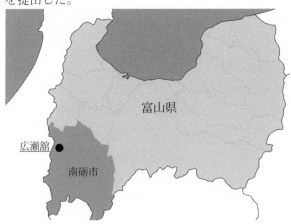

極貧村御仕立法

　極貧村御仕立仕法という加賀藩の法律を厳密に規定した公式文書はない。御触れのような形で当該村に適用され、内容を少しずつ変えながら制度化されていったようだ。「仕立」とは立て直す、再建するという意味である。あえてこの仕法を定義付けしたものがあるとすれば、天保年間に郡奉行や改作奉行を歴任した河合祐之が著した『河合録』と、『司農典』（金沢市立図書館加越能文庫蔵書）という二つの書物が挙げられる。これによれば、概略以下のように説明されている。

1．村の耕作力が弱まり、地味が劣悪化し、収益が大きく損なわれたときは、藩がこれを保護する。
2．改作法（後述）施行以後、延宝年間（1673〜80）に越中新川郡の格別難渋村を仕立てたことがある。
3．宝暦期以降（1751〜）そうした村に特別な保護を与えてきたが、寛政元年（1789）に仕法として制度化し、貧村には復古米（後に御救米と改称）が下付された。同3年に能登口郡（羽咋郡・鹿嶋郡）の極貧村59カ村に仕立が命じられた。
4．天保8年（1837）この御救米制度は廃止されたが、翌9年に再び仕法として復活した。これにより、まず石川郡内の内から、ついで同11年より領内諸郡から極貧村を選出して出願させた。改作所でとくと糾明した上で、その貧窮の根元を正し、米・銀を支給して救済することになった。
5．御仕立村は後年立ち直ることが確実と思われる村に限られていたので、簡単には仰せ付けられないものであった。
6．米・銀は非常時用に蓄積された別除米から支給された。別除米は弘化5年から「仕法高」と称され、郡預けになった高に組み込まれた。

　なお、加賀藩領は加賀（河北・石川・能美）、越中（砺波・射水・新川）、能登（珠洲・鳳至・鹿嶋・羽咋）の加越能3カ国・10郡で成っていたが、広瀬舘村は

9

越中砺波郡の 692 カ村のうちの一つである（天保 10 年調べ）。

　この二書の説明によれば、貧窮に陥った村に復古米とか別除米と称する援助米・銀を施し、村の再建を図るという方策はかなり古くから行われていた。しかし、天保の大飢饉に見舞われた天保 9 年以降は、仕法としてより厳格に運用されるようになった。実際に加賀藩領内で御仕立村になったところは少なくないようだが、そうした村の記録はわずかしか残っていない。極貧村などというあまり名誉にならない名称がついたからかもしれないが、支援策が村ごとにかなり異なった内容だったこともその理由に挙げられるかもしれない。

　だが、能登半島の付け根にあたる能登口郡の押水町、能登島町、中島町の町史に、村から認可を願い上げた記録が残っている。越中ではこうした文書はほとんどなく、広瀬舘村が御仕立村の認可を受けていたとすれば極めて稀な発見例になる。

御仕立資金

　本当に広瀬舘村が御仕立村になったのか——半信半疑に思っていたところ、その支援内容と思われるような記述が古歴メモから出てきた。以下にその概要の一部を記す。なお、加賀藩領内では「ものの価値」は米の量ないし銀の重さではかられた。前者の単位は石・斗・升・合・勺（夕）・才ですべて 10 進法、後者は貫・匁（目）で 1 貫＝ 1,000 匁であった。両者の関係は時々の相場（米 1 石＝銀何匁）で決まった。

（支援内容）
　　△弘化 3 年 2 月、御仕立ニ村方相成、屎代銀 1 貫 435 匁御かし付。
　　△弘化 4 年 2 月、（屎代銀）1 貫 435 匁御かし付。外ニ 9 匁利子也。
　　△同年 12 月、（銀）720 何匁御償有之候（高 1 石に付き米 1 升 3 合代、但し米 1 石の値段 69 匁）。
　　△弘化 5 年 2 月、（屎代）4 貫 305 匁御かし付（高 10 石につき 53 匁 1 分 1 厘）

10

△同年（嘉永元年と改元）12月24日、銀900匁（米15石代、米1石の値段は60匁）。

△嘉永2年2月、屎代銀4貫305匁御かし付。

△同年12月、（銀）907匁8分（米1石高に付1匁1分2厘）被仰付。

▲嘉永3年3月晦日、甚三郎殿得能様之被仰付仍而、御仕立銀廿弐貫五百外銀貸付、人々世話方之義、得能様帳面当村御役人中長百姓へ見せ被成候段、申聞有之候。

△同年12月、御仕立銀810匁5分4厘（高1石に付き1匁）被下。

△嘉永4年2月、屎代銀4貫305匁御かし付。

　以上が、弘化3年（1846）年から嘉永4年（1851）までの間、広瀬舘村に適用されていた御仕立支援策の概要と思われる。10件のうち▲のみ異質な内容になっているので別途検討することにし、他の9件をまとめてみよう。当時の広瀬舘村の草高（米の見込み生産高＝年貢の賦課基準高）は810石5斗4升であり、カッコ内の説明はこれをベースに計算した数値である。米の値段は弘化4年が1石＝銀69匁、翌年が60匁だったことがこのメモから分かる。支援内容は以下の屎代銀と御仕立銀の2項目に分類できる。

1．屎代銀（くそ）が各年2月（田植え前）に計5回、計15貫785匁貸し付けられた。
　・弘化3、4年に銀1貫435匁ずつ。それぞれ11月に利子付で返した。
　・弘化5年と嘉永2年、同4年に4貫305匁ずつ。これは年賦で返した。
2．御仕立銀が各年12月に計4回、計3貫338匁3分4厘余が支給された。
　・弘化4年726.57匁、同5年900匁、嘉永2年907.8匁、同3年810.54匁
　・それぞれ御償、被仰付、被下と異なる言葉が使われているが、貸付ではなく無償で給付されたものであろう。

　問題は▲である。主語が不明で、メモの内容がわかりにくいが、「得能様の帳面に御仕立銀22貫500匁貸付と書いてあり、それを甚三郎が得能様の仰せ

11

付けによって広瀬舘村の村役人（肝煎・組合頭・百姓惣代）らに見せた」。それを聞いた権右衛門がこのメモを書き付けた、ということであろう（権右衛門は2年前の弘化5年時点で肝煎役を退いていた）。得能様とは当時広瀬舘村が所属していた太美組の十村得能小四郎のことと思われる。十村とは加賀藩の郷村支配機構中百姓側の最高職にあった人物だ。甚三郎は勢子といって十村の命を村内へ伝達する役にあった。

　異例なタイミングで飛び出してきたこの「銀22貫500匁」、権右衛門はメモに「貸付」と書いているが、極貧村に対する御仕立金は無償給付であったはずだ。村高810石5斗4升、免5ツ（税率50%）の広瀬舘村にとって年貢米（定納米＋口米）は約450石になる。これに対して銀22貫500匁は1石69匁として米約326石となり、村の年貢米の72%に相当する。1石60匁なら375石、83%だ。しかも、御仕立村になっていた当時は定免の5ツではなく4ツ7歩（47%）程度に引免されていたと考えられるので、広瀬舘村にとってはとても大きな金額だった。

屎代銀

　まず「屎代銀」について触れておこう。この時代、屎（肥料）は金肥と呼ばれていた。堆肥、草木灰など農家が自家生産できる肥料だけでは生産力が上がらず、金銭を出して、より効き目のある鰯や鰊などの魚肥を購入していた。

　「天明6年（1786）時点の砺波郡における農家の肥料代は（米作にかかる）全経費の30%強を占めた」（『加賀藩の社会と政治』高澤裕一著）。「天保5年（1834）前後に砺波・射水両郡で使われていた魚肥代は、農家収入の平均20%に当たった」（『加賀藩・富山藩の社会経済史研究』水島茂著）といわれるほどだ。とりわけ砺波郡は北海道産の鰊の使用量が多かった。干した鰊を木槌など（頭部の一部に金属を差し込んだ専用のものもあった）で砕いて田圃に撒いた。

　加賀藩ではこうした肥料重視の考えがあり、百姓が屎物を購入する資金と

して、古くから銀 100 貫匁を役銀所に保管、これを郡ごとに割り当てて管理させていた。砺波郡への割り当ては 19 貫匁と 10 郡の中では最も多かったが、御仕立村になった広瀬舘村にはその枠外の措置がとられたと思われる。いずれにしろ、極貧村御仕立仕法を適用するに当たって、肥料を十分に施すことが収量確保に大きな効き目があると考えられていたことが分かる。

極貧村御仕立方願御聞届帳

天保の大飢饉後に、広瀬舘村より先にこの御仕立村になった例を見てみたい。

『中島町史』（現七尾市、それ以前は鹿嶋郡中島町）にこんな記述がある。「天保 8 年の改革時に極難渋村々の御仕立がはじまる。史料的に確認できるものでは、同 12 年から嘉永 2 年にかけての河北郡 29 カ村や同 14 年の押水組（羽

ニシンハタキ
蝦夷（北海道）から届いたニシンを細かくして田んぼにまいた。大きなニシンは食用にした。

13

咋郡押水町)の8カ村がある。当中島地区では、天保12年から15年にかけて、5カ村で極貧村御仕立が行われた」。

また『能登島町史』(現七尾市、それ以前は鹿嶋郡能登島町)には「天保12年から弘化4年にかけて(当町内の)6カ村から極貧村御仕立願が提出され、御仕立仕法が実行された」とある。同仕法の適用を受けるには、まず改作奉行宛に「願書」を提出する必要があった。村の財政状況を詳しく説明し、再建計画を立て、資金援助を願い上げるのである。それをもとに現地調査を含む厳しい詮議がなされ、不認可になることもあったという。

願書にはひな型があったようで、中島町史・資料編に同地区の5カ村分の「極貧村御仕立方願御聞届帳」が掲載されている。必要な書上項目は下記の8つである。
1．村の草高(年貢賦課基準となる石高)
  ・内訳として、その村に住む居村百姓の持高と、他村の百姓に所有されている持高。
2．村の出来高(現時点で実際に見込める年間生産石高)
  ・内訳として、田地および畠地・屋敷地ごとの出来高。
3．諸稼ぎ(年貢対象にならない作物や薪・炭・材木などによる販売収入および大工・木挽などの出稼ぎ収入)を米に換算した石高。
4．諸費用(年貢米・返上米・肝煎への扶持米・郡方や村方の各種費用負担)の米換算高。
5．飯米(耕作に関わる村民の食用米)の石高。
6．大唐米など米の代用食料となる雑穀類の米換算高。
7．村が窮状に陥った状況説明
  ・立地条件、自然災害、地盤の損傷、地味劣化、疫病被害状況などを書き上げる。
8．村の再建計画および再建に必要と思われる藩からの支援策の要請

要するに、米の石高に換算した村の年間見込み収入(2＋3＋6)から見込

み支出（4＋5）を引き、マイナスになる年間不足石高を示す。そのうえで、3〜5か年にわたる再建計画を示し、最後（8）にそれに必要な資金の給付を藩に願い出るのである。

羽咋郡町屋村

　では願書の具体例を羽咋郡町屋村で見てみよう。町屋村は片山里とされ、山村と里村の中間的な性格を持つ村であった。中島町史の注釈によれば「水損・旱損の被害が大きく難渋村となった。土地の5分の1は川嶋村・鹿嶋村（いずれも穴水町）の百姓が所有していた。他村の百姓の手に渡ったこのような高を「懸作高」といった。米以外の稼ぎ（収入）の手段としては炭・網のこ縄（魚網として編む縄）・木挽き・板へぎ（こけら葺きなどに使う薄い板）作りや大工仕事などがあった。町屋村が藩の改作方に願い出たのは「懸作高の買い返し」資金と、炭焼き増産のための「炭釜と雑木山の買い入れ」資金であった。願書の具体的な内容は以下の通りである。

1．町屋村の草高 226 石 4 斗

　　　内、177 石　　　　居村百姓持高

　　　　49 石 4 斗　　懸作高（川嶋村次郎右衛門・鹿嶋村孫左衛門の持高の
　　　　　　　　　　　　合計）

2．総出来高 174 石 2 升 8 合

　　　内、163 石 3 斗 5 升　　　　田高

　　　　9 石 9 斗 7 升 8 合　　畑高

　　　　7 斗　　　　　　　　屋敷高

3．諸稼ぎ 46 石 4 斗 1 升（下記内訳の合計 232 貫 50 文の米換算高。貫文は
　　　銅銭の単位）

　　　内、10 貫 50 文　　　松牧木（薪用の松材で、山役として納税する分を
　　　　　　　　　　　　　　差し引いた）

　　　152 貫文　　　　　焚炭（燃料として焼いた炭）

30貫文　　　　　網のこ縄
　　　40貫文　　　　　出稼ぎ賃（大工・木挽・板へぎ）
４．諸費用 146 石 1 斗 6 升 1 合
　　　内、115 石 8 斗 8 升　　　定納口米（定免 4 ツ 6 歩＝税率 46％の年貢米）
　　　　　10 石 4 斗 2 升 2 合　返上米・肝煎扶持米（借米の返上分と肝煎の
　　　　　　　　　　　　　　　　給金）
　　　　　11 石 3 斗 9 合　　　夫銀・郡への打銀・組への万雑・村への万雑
　　　　　 8 石 8 斗 9 升 2 合　懸作百姓 2 人分にかかる諸費用
５．飯米 98 石 2 斗 8 升（村民 91 人分の食料。1 人 1 日 3 合× 360 日分）
　　　家数 27 軒（百姓 26 軒・頭振 1 軒）
　　　人数 95 人（男 32 人・女 22 人・他所へ稼ぎ人 4 人・老幼男女 37 人）
　　　[注] 出稼ぎ人分は飯米に含めず。
６．雑穀等の米換算分 15 石
　　　大唐・かいの粉・籾・しいだ籾などを生産し、食料としていた。
７．略

　　以上、町屋村の年間収入見込み高（2 ＋ 3 ＋ 6）を計算すると 235 石 4 斗
3 升 8 合になる。これに対する総支出見込み高（4 ＋ 5）は 244 石 4 斗 4 升 1
合となり、差し引き 9 石 3 合の不足が 1 年で生じる。この穴を埋めるために
藩に要請したのが次の 8 である。
８．御仕立銀 5 貫 300 匁
　　　内、3 貫 12 匁 4 歩 1 厘（次郎右衛門の持高 49 石 4 斗分の田地を買い
　　　　　　　　　　　　　　　返す費用）
　　　　　119 匁 5 歩 1 厘（助左右衛門の持高 1 石 1 斗分の買い返し費用）
　　　　　2 貫 100 匁（炭焼窯 3 基を作り、隣村の雑木山を購入して焚炭を
　　　　　　　　　　　増産する資金）
　　　〆て 5 貫 331 匁 9 歩 2 厘（うち 31 匁 9 歩 2 厘は切り捨て）。
　　　ただし、この御仕立銀は次の 4 か年に分けてお渡し願い上げ奉ります。
　　　今年 1 貫 600 匁、2 年目 1 貫 600 匁、3 年目 1 貫 100 匁、4 年目 1 貫

このように問題は最後の御仕立銀の給付が認められるか否かにあった。当時、村々が給付を願い上げた資金の使い道は次のようなものが多かった。
①過去に近隣の大百姓や富裕な商人たちに切高（耕作権を売る）した高（懸作高）を居村百姓が買い返すための資金
②過去に耕作者の不在や違法な取引によって藩に取り上げられた高（御縮高という）の村への無償返却
③耕作牝馬・尿物・農具などの購入資金
④荒地の普請や新田開発のための支援資金

では広瀬舘村はどんな内容の願書を出したのか――。それが存在しない。筆まめな権右衛門であればそうした重要書類があれば写しを持っていたに違いないのだが、本当に広瀬舘村は御仕立村になったのか、今一つ確証を持てないでいたところ、その事実を全面的に裏付ける明治時代の村文書が出てきた。

御仕立金割當一件記

それが「御仕立金割當一件記」と記した明治23年4月付の文書である。これにより、かつて加賀藩から広瀬舘村に支給された御仕立銀が「円」になって戻り、村民がみんなで分配していたことがわかった。

冒頭、以下のように書かれている。

　　弘化四年二月、広瀬舘村御仕立為仕法金貳拾貳貫五百目、御上ヨリ御渡ニ相成度候ニ依テ、此金元利金費残リ金今廻四百弐拾壱円四拾九銭壱厘、仕法社ヨリ返済ニ相成候ニ依テ、村内集會仕、論議ノ上、左ノ通リ約定仕候也。

（大意）

　　弘化4年2月、広瀬舘村に御仕立仕法金22貫500匁が藩から支給されたが、それを現在まで運用してきた残高（元利合計）421円49銭1厘が仕法社より返済になった。村民が集まって話し合った結果、左記の通り（分配方法について）約定した。

これはびっくり。▲の権右衛門メモに書かれた「御仕立銀22貫500匁」とぴったり同じ金額がこの明治時代の文書に書かれている。この御仕立金はやはり存在したのだ。しかも「弘化4年（1847）2月…御上ヨリ御渡ニ相成」という。権右衛門は嘉永3年（1850）3月に聞いた話だったが、この一件記には弘化4年2月付で、しかも貸付ではなく「御渡」つまり支給されたことになっている。これが事実なら、弘化4年当時まだ現役の肝煎だった権右衛門が知らなかったはずはない。

　一体この大金が何時村に渡されたのか。本当に弘化4年だったのか。権右衛門は嘉永3年時点でその大金を「貸付」と聞いたが、村役人たちはそれが自分の村に与えられた御仕立金であるとの認識はなかったのではないか。
　御仕立金が何時村に渡り、どのような運用がなされ、なぜ明治23年になって分配することになったのか。「仕法社」より返済になったとあるが、仕法社とは何か。そもそも能登口郡のような御仕立金の申請願書がなぜ残っていないのか――謎と疑問は次々と湧いてくる。
　後で発見された文書により、御仕立銀22貫500匁は明治14年に新政府が円換算して村に償還していたことが分かったのだが、村人たちがこれをどのように分配したのかを含めて、この御仕立銀がたどった経緯を改めて検討することにしたい。

「御仕立金割當一件記」表紙

田植え

19

第2章　荘園と地頭 〜平安・鎌倉時代〜

広瀬舘村とは

　まず広瀬舘村とはどんな村か。概要を説明する。

　現在の広瀬舘村の行政地区名は「富山県南砺市舘」である。令和4年3月現在、47軒、159人が住んでいる。村名の由来は中世の荘園「円宗寺領石黒荘弘瀬郷」の遺称地で、「舘のあった村」の意から付けられたという。

　位置的には富山県の西南部、石川県との県境をなす医王山の山麓に位置する。山麓といっても主な生活圏は水田地帯であり、富山湾に向かって北上する2大河川（小矢部川・庄川）の扇状地に形成された砺波平野の西端にある。砺波平野は古代から越中国砺波郡（利波郡）といわれていた地域である。

　この地で「ようぜん」と呼ぶ医王山（標高939m）は北陸を代表する山岳信仰の山だった。白山を開いた泰澄大師が養老3年（713）にこの山も開き、弟子たちが山中に多くの寺坊を建てたといわれる。古くから北陸道の山伏たちが一夜の宿としたお寺（柿谷寺）が広瀬舘村にあり、荘園領主と地頭が奪い合った歴史がある。村の西側に城山（352.4m）と称する峰があり、ここに城砦

医王山麓の広瀬舘村

城山

南谷川

若宮

柿谷寺

地頭館

赤川

権右衛門

明神川

千手堂

広瀬舘村　中世〜近世　歴史地図

を築いた人物が郷士加藤右衛門佐から戦国時代の佐々成政まで何人かいたと伝えられている。

　農村として広瀬舘村の自然環境をみた場合、まず水に恵まれた地であった。医王山を水源とする明神川（槍の先川）、宮谷川、南谷川などいくつもの川から水を引くことができ、川淵の谷間を段々にして古代から水田が開けた。ただし、きちんと区画整理された現在と違って、かつては谷が深く、北隣の小山村と南隣の祖谷村に挟まれて窪地状になっていた。大きな川崩れが起きたことがあり、風通しはいいとは言えず、稲作にとっては熱病（イモチ病）が発生しやすいところでもあった。

　弘瀬郷とは、平安時代の院政期からこの地にあらわれた荘園「石黒荘」の一郷名である。鎌倉時代から室町時代に至るまでの弘瀬郷の実質的な領主（領家）は天皇家とゆかりの深い京都・仁和寺であった。現場で荘務を担った荘官や地頭は在地領主である武士団「石黒党」の面々であったが、弘瀬郷の地頭は石黒ではなく藤原と名乗った。その藤原氏一族が百姓たちへの支配を強める一方で、領主である仁和寺は現地に預所と称する管理者をたびたび派遣し、年貢の確保に努めた。

　室町時代に入ると幕府―守護―国人といった武家側の力が強まり、仁和寺は現場を国人代官らに任せ、京都に引き上げた。南北朝の争乱、応仁の乱などを経て戦国時代へ突入すると、この地最大の特徴である「一向一揆」が急速に勢力を増し、戦乱が続く中で村人たちは寄合・惣村といった自治組織を固めていった。

　近世に入ると徳川幕府の強力な幕藩体制に組み込まれ、越中のほとんどは前田氏支配下の加賀藩領になった。武士たちの争いがなくなり、広瀬舘村は「福光」という在郷町（農村の中に形成された町場）を中心とする経済圏に入った。藩都金沢とは県境（医王山）を挟んで表裏の近距離にあり、藩財政の基盤である米作りに力を入れた。加賀藩は加賀・越中・能登の3国10郡で成っており、藩全体の村数は嘉永7年（1854）時点で2,628村あった。10郡の中で砺波郡の米の生産量が最も多かった。

広瀬舘村は明治・大正・昭和期に入ると周辺の村々と何回かの合併・独立を経て、全国的規模で実施された平成7年の広域合併により富山県西砺波郡福光町舘から現在の南砺市舘となった。

荘園の始まりと円宗寺領石黒荘

さて、広瀬舘村という村名が号されたのはいつのことか明確ではないが、中世を通じて弘瀬郷の中心地域にあったので、広瀬舘村の歴史は弘瀬郷の歴史と考えていいであろう。つまり、広瀬舘村の年貢米史はこの荘園から始まる。

そもそも我が国において土地と人民は誰がどのように支配し、誰がどのように支配されていたか——この問題を、国家の統一的な体制として画一的に述べるのは難しいとされる。地域差も大きかったようだ。だが、あえて奈良時代から平安時代にかけての大筋の流れをつかもうとすれば、以下のようになる。

1．大化の改新（645年）以降、土地はすべて国有地＝公領とされた。さらに大宝律令の制定（701年）によって「班田収授の法」が本格的に導入されることになり、口分田が班給された公民（百姓）たちには租、庸、調、出挙などの負担が課せられた。これらの諸税は朝廷から各地（国）に派遣された「国司」および在地豪族から選ばれた「郡司」らによって徴収された。
2．実際には、公民の流亡などによって班田方式はすぐに機能しなくなり、のちに田堵や名主と呼ばれる有力な百姓に耕作を請負わせる仕組みに変わっていった。
3．聖武天皇の天平15年（743）、墾田永年私財法という開墾地の私有を認める制度がとり入れられた。その20年前に三世一身法という3世代に限って私有が可能になる法が定められたが、その時限枠を取り払った画期的な税収拡大策であった。この新法によって、親王・貴族から地方の郡司に至るまで（当初は位階に従って上限が定められた面積ではあったが）開墾開発地の永年私有が認められたのである。

4．私財法を機に土地所有制度が一気に流動化し、有力貴族や大寺院の私有地が生まれていった。彼等はその私有地を自分の庭や別荘とみなすことで、朝廷から「不輸の権」（土地からの収穫物を国家に納めなくてもよい特権）を得、在地の有力田堵（豪族）からの寄進地なども取り込んでいった。この不輸の特権を得た私有地を「官省符荘」（いわゆる荘園）といったが、摂関家はきちんとした公験（公的認可）手続きを経ない荘園も次々と手中に収めていった。

越中では天平 18 年（746）、大伴家持が朝廷から国司として派遣され、今の県庁に当たる国衙（高岡市伏木古国府）において政務を執った。家持が万葉集に残した歌 479 首のうち、越中時代のものが 220 首ある。そこから知ることができるのは、かなり頻繁に国内巡行（当時の越中国には後の能登国も含まれていた）に出かけていたことだ。百姓の生活状態を調べ、農業を勧め、税収の維持拡大を図る。なかでも春・秋の出挙の推進を重視していた。

出挙とは国家による利子付貸借制度のことである。播種期に種子を貸与し、収穫期に利子をつけて返却させる——これは初期の農業社会に世界で共通してみられる慣行であり、これを利子の起源とする見方もある。

家持の時代の公出挙（国守が行う出挙）の場合、春に正税（田租）の種籾を百姓に強制的に貸与し、秋になると 50％の利稲（利子分の稲）を付けて返却させた。国税である租（田租）自体は収穫稲の 3％程度だったといわれるが、公出挙分は地方機関（国府や郡家）の主要財源となるもので、百姓にとっては後者の負担の方が圧倒的に大きかった。こうした班田による田租や出挙による利子収入が我が国の年貢米制度の始まりとみることができ、類似した年貢徴収法が江戸時代まで引き継がれていく。

家持が越中国内を視察していたちょうどその頃、越中砺波郡に利波臣志留志という豪族が現れ、自らの墾田（予定地を含む）を東大寺に寄進した。奈良の東大寺では聖武天皇が巨大な毘盧遮那仏の建造を進めており、越中は有力な資金源とされた。志留志らの東大寺墾田地（越中では 7 か所）は初期荘園と呼

ばれた。

　そして9世紀に入ると地域の富豪・有力田堵（百姓）らが零細百姓を相手
に行なった私出挙が活発になり、富の集中・蓄積が進んでいった。

　やがて公領の内部や周辺地に、摂関家や京都・奈良の大寺院そして天皇家
（院）の荘園が次々と誕生し、12世紀には公領と荘園がほぼ1対1の割合で共
存する「荘園公領制」といわれる時代に入っていった。荘園も公領も、その地
にいた百姓たちから貢納物を集める仕組みは同じであり、荘園内では私出挙が
（利子率は5割以下だったとしても）半強制的に実施された。

　ここで話を円宗寺領石黒荘に戻そう。まず石黒荘全体の領主とされる円宗寺
とはどんな寺院だったのか——延久2年（1070）、後三条天皇が国家的祭祀を
行なうために京都・御室の仁和寺南郊に建立した天皇家の御願寺だった。壮麗
な伽藍を有する天台宗寺院だったといわれるが、寺そのものは現存しない。後
三条天皇は宇多天皇以来170年振りに生まれた「藤原氏を外戚としない天皇」
だった。延久の荘園整理令を発令して正式な認可手続きを経ていない摂関家の
荘園拡大を防ぐとともに、「院政」という王家主導の新しい政治体制を思い付
いた（子の白河天皇が院政創始者とされるが、発想においては後三条天皇だっ
たといわれる）。

　国家鎮護の法会を大々的に催すためには天皇家が私的に利用できる収入源が
必要であり、その一つとして、地方豪族石黒氏一族が越中砺波郡で展開しつつ
あった石黒荘に目を付けた。後三条天皇は大江匡房や豊原奉季（当時越中国司）
などの有力ブレーンを揃えており、彼らが手続きをして円宗寺の領地（荘園）
にしたとみられている。石黒荘が朝廷から官省符荘の本公験を受けたのは後三
条天皇の没後5年にあたる承暦2年（1078）、子の白河天皇によってであっ
た（章末の歴史年表を参照）。

　石黒荘は小矢部川の上流域と、支流である山田川流域に挟まれた広大な面積
を占めており、鎌倉～室町時代を通じてずっと円宗寺領だった。ただ、院領と
いわれる天皇家の荘園が各地で立荘され、白河院→鳥羽院→後白河院と伝領さ

25

れていく中で、石黒荘は下記の3庄10郷に分割支配されていった。

[石黒荘の3庄10郷]（鎌倉期）

1．石黒上郷・中郷・下郷（石黒氏が直接支配？）

2．弘瀬郷・山田郷（領家＝仁和寺菩提院門跡）

3．太海郷・院林郷（領家＝醍醐寺遍智院）、直海郷（領家＝鷹司家）、吉江郷
（領家不明）、大光寺郷（領家不明）

　つまり、それぞれの郷ごとに領家と呼ばれる実際に荘園管理能力のある領主

石黒壮想定図　『富山県史』通史編中世より転載

が置かれ、鎌倉時代になると、弘瀬郷と山田郷の領家は仁和寺菩提院、太美郷と院林郷は醍醐寺遍智院、直海郷は鷹司家に伝えられた。石黒上・中・下の3郷については石黒氏一族が当初から切り拓いた本領（私領）とされていたのではないかとみられている。私領とは官物（国家への租税）の納入義務はあるが、私人が土地を支配し、直営することができた墾田系の土地をいう。小規模な初期荘園のようなもので、国家の公験を得たものをいった。

石黒太郎光弘と藤原定直

　石黒荘の開発領主・在地領主（現地に居住する開墾領主）とされる石黒一族は我が国の石黒姓を名乗る人たちのルーツといわれる。一族の出自には諸説あるが、古代から小矢部川流域で栄えた豪族利波臣一族が発展し、『源平盛衰記』などに登場する石黒太郎光弘の祖父光久の代に石黒郷を本貫地として「石黒」を名乗った。と同時に石黒光久は隣国加賀にいた豪族林貞光の猶子となる関係を結んだとみられている（29頁の石黒系図参照）。林氏とはかつて鎮守府将軍として名を馳せ、のち越前国に住んだ藤原北家魚名流の武将貴族藤原利仁（としひと）を祖とする藤原氏であった。

　つまり、利波臣氏が藤原氏系一族と合体することによって、以後石黒氏一族の一部で姓を藤原と名乗る者も出たとみられている。系図の中で石黒光久の父である利波臣豊久が「郡少領」であったと記されているが、これは利波臣氏一族が砺波郡で天平勝宝3年（751）以来維持してきた郡司の職にあったことを示している。

　寿永2年（1183）、石黒太郎光弘を大将とする越中武士団は北陸道を京に向かって西上する木曽（源）義仲軍が倶利伽羅峠・砺波山の戦いで平維盛軍を破るのを助けた。武士団石黒党の全国デビューであった。

　その戦いの約1年3カ月前、義仲が弘瀬郷の藤原定直という人物に「以定直可為弘瀬村下司職」（貞直を弘瀬村の下司職と為すべし）とする安堵（あんど）の下文（くだしぶみ）を送ってきた。安堵するとは地位・身分と収益権を保証してやるという意味で

ある。つまり、「弘瀬郷の下司であることを保証してやるから（源氏の大将である）俺に味方せよ」という義仲からのサインであった。源平盛衰記に藤原定直の名前は出てこないが、石黒党の一員としてリーダー石黒光弘に従って義仲軍に参加したのは確実であろう。

　石黒荘において光弘は本領・本貫地といわれる石黒中郷の高楯城（今の南砺市川西）や上郷の福光城（南砺市福光）を本拠にしていたとみられる。定直のいた弘瀬郷とは隣り合っていた。当時の武士団は親子、兄弟、叔父、甥といった血縁者だけではなく、養子、猶子その他の幅広い擬制的親族関係によって形成されていた。定直もそうした一団の中にあったと思われるが、なぜ石黒ではなく藤原を名乗ったかを考えると、利仁系（林系）とのつながりをより強調したかったのかもしれない。

　実は定直の姓が藤原だとわかったのは、定直が建久３年（1192）に仁和寺に名簿（貴人や師匠に自分の身分を証明するために書いた名札）を差し出した際、自らを「藤原」と名乗ったことが弘長２年の関東下知状に書かれているからだ。つまり、裁判など正式・公式の場では藤原定直と名乗り、通称は石黒定直だった可能性もある。

　だが、いくら藤原と名乗っても単なる田舎武士のままではたかがしれる。定直にとって、武士の棟梁といわれる源氏の大将木曽義仲の麾下に収まることは心強く、この上なく望ましいことだったのではないか。

　というのは、定直はその前年の治承５年（1181）年に国司の役所である越中国衙（留守所＝国家の行政機関）からも全く同じ内容の下文を得ていた。当時の越中は平氏の知行国とされており、越中国司は平業家であった。つまり、平氏側からも安堵を受け、誘いがかかっていたことになる。ただし、定直は平氏か源氏かを選択できるような立場にはなかった。石黒党のリーダー石黒光弘が新川郡の宮崎太郎らと軍議を凝らし、越中軍団は早々と義仲支援を打ち出していたからである。

地頭藤原氏

そうした弘瀬郷の藤原氏の動静は、弘長2年（1262）の「関東下知状」およびその後の鎌倉幕府の裁判記録によってかなり明確になる。大山喬平氏がそれらの記録を読んで作成した弘瀬郷における藤原氏の系図（次頁）がある。これを参照して以下を読み進めてほしい。

　弘瀬郷の下司だった藤原定直はいつ地頭になったのか。同下知状によると、元久2年（1205）2月の御教書（幕府の命令書）により、鎌倉将軍から「御家人」かつ「地頭」の安堵を得た。将軍が2代頼家から3代実朝に代わったころで、これ以降藤原一族はその身分と地位を世襲し、弘瀬郷内の年貢徴収をはじめとする領家仁和寺の荘務全般に地頭かつ下司として携わっていく。

　ただ、承久3年（1221）に鎌倉幕府 vs. 後鳥羽上皇の承久の乱が起きたとき、石黒一族は宮方についた。『承久記』に「加賀国住人林・富樫・井上・津幡、越中国住人野尻・河上・石黒ノ者共」が朝廷方に味方したと記されている。この時点での弘瀬郷の地頭は定直から2代目定茂への移行期だったと思われる

「越中石黒系図」（故石黒定治氏蔵）の一部

＊『石黒氏の歴史の研究』（石黒秀雄）からの抜書

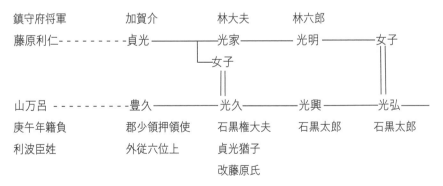

注）縦の二重線は婚姻関係を示す。

が、弘長２年関東下知状の法廷で「藤原氏は宮方に密通していた」と仁和寺預所の幸円から訴えられた。この時、宮方軍は北陸道に進軍してきた北条一族の名越朝時軍に蹴散らされ、後鳥羽側に付いた藤原氏は地頭職でいられるかどうかの窮地に陥ったとみられる。だが、弘長２年の時点では40年も前のことなので、時効と判断された。

　そして建長２年（1250）には、藤原定朝が弘瀬郷の３代目地頭および公文職（荘園の記録・文筆を掌る職務）であると幕府御教書によって安堵され、以後、一族の地頭・公文職が安定した。

弘瀬郷藤原氏系図（大山喬平「本補安堵地頭と修験の市庭」による）

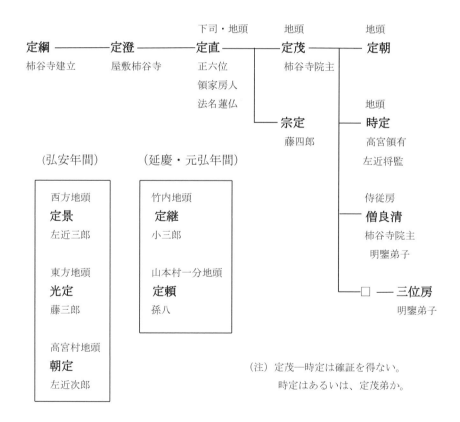

（注）定茂—時定は確証を得ない。
　　　時定はあるいは、定茂弟か。

鎌倉時代の地頭は承久の乱以前に安堵された本舗地頭とそれ以後に認められた新補地頭とに分けられる。富山県史によると、越中で本補地頭と（史料的に）認められるのは藤原定直一人しかいないという。承久の乱以前に山田郷や越中の他の荘園にも地頭はいたが、彼等は関東出身の御家人だったようで、その多くは領家側から将軍頼朝への抗議によって地頭職を停止させられていた。

職の体系

　ここで荘園統治の仕組みをみてみよう。
　荘園内には「職の体系」といわれる重層的な支配構造が出来ていた。領主と

地頭

百姓

いう地位と職権を何階層かに分け、年貢の得分（取分）を分け合う仕組みである。弘瀬郷の場合、円宗寺（＝天皇家）が最上位の本家職であり、その下に実務執行能力のある領家職として仁和寺が付いた。仁和寺は預所職という所領管理担当者（阿闍梨クラスの僧侶）を設けた。

　弘瀬郷の現場では、平安時代までは在地領主藤原氏が領家の房人とされ、下司職として諸々の荘官業務を行っていた。それが鎌倉時代に入ったとたん、藤原氏は将軍家から御家人かつ地頭という身分と地位を安堵され、仁和寺の荘官（下司）として荘務を担う一方で荘園内の土地や作物に対する押領・押妨行為を取り始めた。当然、領家は対抗上預所を現地に派遣し、政所を設けて既得権を守ろうとした。比較的公家政権の力が強かった西国を中心に、領主（預所）vs. 地頭の相論（裁判）が頻発するようになった。

　こうした所領を巡って争われる裁判は「所務沙汰」といわれた。領家側は雑掌といわれる担当者（弘瀬郷では預所が兼任）を立て、地頭が「新儀の非法を犯した」（先例・慣習を破って勝手な振舞いをした）と幕府の問注所に訴えた。鎌倉幕府は司法・行政とも承久の乱を境に越中を東国として扱うようになって

職（しき）の体系

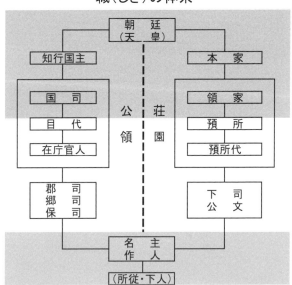

おり、弘瀬郷での両者の対決は鎌倉で行われた（西国扱いの地域だと京都・六波羅探題で対応）。

　ここで誰もが疑問に思う。将軍と御家人は「御恩と奉公」という密接な関係にあるのだから、将軍や執権が公正な判決を下せるわけがないではないか、と。しかし鎌倉幕府は3代執権北条泰時が御成敗式目を制定し、道理や慣習（先例・傍例）に基づく客観的な判断をしたと後世伝えられる。でないと新興の武家政権は公家政権から見くびられるからだ。関東（＝鎌倉幕府）の執権2名の連署により、下知状という文書形式で下した裁許状（判決状）が関東下知状であり、両者が和解したときは和与状が作成された。

　預所と地頭との対決案件を含む弘瀬郷の歴史年表をこの章の最後に掲載しておいた。中でも弘長2年の関東下知状は判決項目が26条にもわたっている。年表にあるように相論は弘瀬郷で何度も起き、鎌倉幕府崩壊年まで続いた。これらの裁判記録が仁和寺文書として各地に保管されていたことで、今日我々が以下の年貢徴納史を知ることができる。

百姓と名田

　現在、百姓という言葉は一般に「ひゃくしょう」と呼び、農民の意味でとらえられている。しかし古代においては「ひゃくせい」と呼び、「貴族や官僚を含む、姓（かばね）を有するもろもろの公民、人民」の意味であったという。姓とは氏（うじ）の下に付けた階級的称号のことで、律令制下では班田を給された者を含む多くの人々に与えられていた。それが荘園公領制の成立とともに「年貢・公事を負担する」という共通項でくくられた農民や漁民らが「ひゃくしょう」と呼ばれるようになり、さらに農作物で年貢を納める人たちをそう呼ぶようになった。本書では、日本史上そうした語義の変遷をたどった人たちを「百姓」と記述させてもらう。

　職の秩序は百姓の側でも形成された。荘園や公領内にある耕地のうち基本になるのは百姓名（みょう）とか百姓名田（みょうでん）と呼ばれ、名主（みょうしゅ）と呼ばれる百姓が領主から貢納物一切を請け負った。前の時代には田堵とよばれた有力な百姓である。このほか

33

に給田・給名・仏神田・佃（それぞれ後述する）といった耕作地があり、そこで耕作することだけを請け負った小百姓・作人（さくにん）と呼ばれるクラスの百姓もいた。つまり、大くくりに言えば「名主（本百姓）職—作人職—下人」の３階層である。

　では弘瀬郷の現場を見てみよう。

　文字通りの名田百姓村である弘瀬郷では百姓のほとんどは農業に従事していた。下知状や和与状の中では「平民」「平民百姓」といった言葉が使われ、来光、正二郎、三郎入道、与一入道、紀四郎といった人名が登場し、彼らの住まいや荘園の四至（四辺の境界）を表すのに私宅、本宅、垣根といった言葉が出てくる。私宅とか本宅とかを持つ百姓がいたのである。具体的には弘安元年（1278）の東方和与状のなかで、御田居野畠という野畠の境界線を説明するのに「東は来光の本宅から正二郎の私宅に至る線…」などと記述されている。

　また、弘瀬郷の平民百姓が請け負った名田にはそれぞれ末遠、定真、助依、野老、夫領、番頭、来仁、又四郎丸といった名前が付けられていた。これらの百姓名田は公田（くでん）とか定田（じょうでん）とも称されており、以下の貢納義務（租税）が課せられていた。

①所当（しょとう）（田畠に掛けられた租税）
②雑公事（ぞうくじ）（所当を除く地域の特産物やその加工品に対する賦課税）
③夫役（ぶやく）（労働で収める課役）

　これらは班田時代の租・調・庸に対応するもので、中世荘園では一般的に「年貢と公事」と表現された。租（正役）の系譜を引く①の所当を年貢といい、調や庸の系譜を引く雑徭系の課役②と③を合わせて公事と称した。

　預所と地頭にはそれぞれ、荘務にたいする給与として人給田（にんきゅうでん）と呼ばれる耕地が与えられていた。これは給与なので年貢・公事（①〜③）がともに免除され、収穫物は全て自分のものになった。

　さらに預所と地頭には名田も給されていた。弘瀬郷の預所名田は「安丸名」

と「石丸名」、地頭藤原氏の名田は「重松名」と名付けられており、両者に与えられた名田は百姓名田とは扱いが異なり、納税義務があるのは①の年貢だけで、②③の公事は免除されていた。

　ところが、地頭はこの重松名の年貢を恒常的に未進したうえ、領家支配下の百姓名田やその作物を押領し、本来なら地頭が駆使しえない夫役までも強引に百姓らに課した。

弘瀬郷の耕作面積

　弘瀬郷の田地状況を見てみよう。『宝治2年（1248）の内検帳』という仁和寺文書がある。当時預所だった重禅が3代目地頭藤原定朝の立ち合いで行った検注（検地）結果を京都の仁和寺政所に報告したものだ。

一. 見作田（現に耕作している田地）　　　　　41町2反50歩
　　　うち除田（年貢・公事が免除された田地）　　　　19町4反
　　　　　　　　　　　　　　　①神　田　5町7反
　　　　　　　　　　　　　　　②人給田　5町9反
　　　　　　　　　　　　　　　③御内免　4町7反
　　　　　　　　　　　　　　　④領家佃　3町1反
　　　〃　定田（公田＝年貢・公事が賦課された田地）　21町8反
一. 新田（前回の検注以後開発された耕作地）　　4町4反90歩
一. 勧農田（放棄された土地を再開発した耕作地）5町8反40歩
　　田地合計　　　　　　　　　　　　　　　51町4反180歩

　このうち除田とは納税義務が100％免除された田のことで、うち①神田とは神社・寺院の修理費や社司の俸給に充てた田地のこと。弘瀬郷には神田を持つ神社が6つあった。②人給田とは前述の通り預所、地頭（荘官）のほか手工業者などに給与として与えた田地で、預所分は約4町、地頭分は公文職分も合わせて1町6反。残り2反40歩は六呂師・紙漉き職人の給与だった。③御内免

の意味は不明。④領家佃とは領家仁和寺の直営地のことである。なお、この検注帳の中に預所名田は含まれていると思われるが、地頭藤原一族の名田「重松名」13町歩は含んでいないとみられる。

　また、ここには表れないが、当時は百姓・作人が逃亡したり荒地になったりした「不作田」があった。下知状によると、常不・年不（1年ないし長期の不作地）、河成（洪水で耕作不能になった土地）、当不（今年作付けしていない耕作地）と表現される土地がかなり広い範囲で存在していた。さらに仁和寺所有文書に「康和元年（1099）、橘為成という者に勤仕させたときに山田郷の田地

広瀬郷想定図（『富山県史』参照）

は 337 町 1 段 120 歩だった」という記述がある。康和の時代は弘瀬郷が山田郷に含まれていたので、福光町医王山文化調査委員会が平成 5 年にまとめた報告書『医王は語る』では、当時の弘瀬郷の耕地面積はそのうち 100 町歩くらいだったとみている。

　また、前出の藤原氏系図にみられるように弘安期以降は一族の分割相続が進み、医王山山麓一帯を西方（地図の A）、小矢部川左岸一帯を東方（B）、小矢部川右岸一帯を高宮村（C）と称して地頭の分地支配が行われていた。最も古くから開発が進んでいたのが西方であり、西方の中心地が後に広瀬舘村になる地域であった。その後も分割相続が進み、竹内村、山本村といった村ごとに藤原一族の地頭が配置された。領家の預所は各村の地頭をそれぞれ論人（被告人）として幕府に訴えた。鎌倉時代のこうした相続方式は所領の細分化を促進し、幕府弱体化の一因になったともいわれる。

弘瀬郷の百姓数

　では、弘瀬郷に百姓は何人いたであろうか。

　弘長 2 年の法廷で、預所幸円は「平民は四十名、地頭分は重松二十宇（脇在家十九宇を加えたもの）あった」と述べている。つまり、幸円が認識している弘瀬郷の百姓は「領家の管理下にある百姓名が 40、地頭の配下にある百姓は 20 宇」だったという。にもかかわらず「地頭は、領家が開発した土地を押領し、名田百姓を力ずくで自分の側に取り込み、諸税をきちんと払わなくなっている。建久の検注帳通りに戻せ」と訴えた。

　百姓を「名」（人の数なのか名田の数なのか）、「宇＝軒」という別々の単位で数えているので分かりにくいが、おそらく幸円の認識によれば、弘長年代のころに弘瀬郷にいた百姓は合計 60 人で、うち領家支配下の平民百姓が 40 人、地頭傘下の百姓が 20 人いたということではないか。19 宇の脇在家というのは「身分は百姓だが、実態は地頭の作人」というイメージではないか。脇とは従属という意味で、住まいを含めて地頭方に取り込まれ、軒数単位で数えられていた百姓と考えられる。脇ではない残り 1 宇は地頭自身（の屋敷）を指す

のではないか。もちろん百姓らは家族あるいは所従・下人といわれる者を抱えており、弘瀬郷の総人口は60人の何倍かだったと想像される。

　幸円のこの訴えに対し、地頭定朝は「（弘瀬郷を）領家が開発したというが、それは事実に反する（在地領主の藤原氏が開発したのだ）。百姓17名の所役は怠りなく納めている」と言い返している。この証言をもとに、富山県史では「名田40のうち17名を差し引いた23名がすでに地頭に押領されていたのではないか」と推測している。

　この推測は正しいのだろうか。地頭の17名うんぬんの反論は、預所が「平民のうち17人が地頭側に引き込まれ、諸役をきちんと払わなくなった」と指摘したからこそ、「そうではない」と反論したのではないか。だとすれば地頭がこのとき押領したのが17名で、23名はなお領家の支配下に属していることになる。押領という意味は年貢と公事のうち公事だけの場合もあり得るからだ。

　さらにこの法廷で地頭は百姓名が40であること自体を「承り及ばず（知らない）」と反論しており、地頭自身の認識では平民百姓は17名ですべてと思っているとも受け取れる。判決でも「百姓在家の検注をやり直すべし」といっており、幸円も「それでは別件の在家相論のところで決着を付けたい」といっている。残念ながら在家相論に関する文書は見つかっていない。

　実は弘長2年から16年後の弘安元年の「東方和与状」の判決の中に「在家11宇を地頭側から領家側に引き渡す」という大胆な合意内容がある（実際にこれが実行されたかは不明）。これはどういう意味かよくわからないが、平民百姓と地頭傘下百姓との融通・交換がかなり頻繁に行われていた感じがしないでもない。

　次第に話がこんがらかってきたので、他国の例を見てみよう。若狭国太良荘（小浜市、東大寺領、32町歩余）では鎌倉前期に名主12人がいた。関東からきた御家人が実効支配をしたあとは6人に減ったが、他に小百姓と呼ばれた農民が40人余りもいたという（永原慶二著『荘園』による）。また、山城国上久世荘（京都市、東寺八幡宮領、約60町歩）の場合は初期の検注帳には名

主が 13 名いたが、正中元年（1324）までに作人が年貢・公事負担者として名主に加えられ、登録名主数は 51 名に増えていたという（阿部猛著『日本の荘園』による）。

つまり、時代を経るとともに明確な本百姓といえるような名主の他に、小百姓、脇百姓、作人と呼ばれた農民が増え続け、検注帳に耕作者として名前が書かれた全員を百姓や在家と数えるようになっていった。弘瀬郷の百姓数もそうした変遷期にあり、預所と地頭の現状把握に差があったとみることもできる。

倉庫・市庭・庄家

今少し、百姓たちの生活レベルに合わせて弘瀬郷の農村現場を見てみたい。

そもそも年貢をどこに集めていたのであろうか。弘瀬・山田両郷の領家である仁和寺は年貢収蔵のための倉庫を山田郷の大井川の川縁にある安丸（現在の南砺市梅原）という地に設けていた。弘瀬郷の分もそこへ運ばせていた。その倉庫から川伝いに船で小矢部川の河口（富山湾）へ、さらに若狭湾の敦賀にある港湾倉庫まで運び、琵琶湖畔までは陸送し、再度船に積みかえて京都へ運搬していたとみられる。

平成 2 年および 6 〜 8 年に福光町教育委員会が梅原・安丸地区の発掘調査を行ったところ、この地域に集落跡の存在が明らかになり、古代に「川上の里」といわれた場所である可能性があるという。また、安丸地区には中世の掘立柱建物や船着き場跡なども検出された。

すでに市場もできていた。弘長 2 年の下知状中に地頭が管理する市庭（いちば）に関する相論があり、当時すでに米や米以外の生活必需品などが市場で売買されていたことがわかる。弘瀬郷の小矢部川をはさむ東西両岸に天満社（現南砺市天神の天神社）と高宮社（現南砺市高宮の比賣神社）があり、商人たちが船を使って物品を運搬し、両社周辺で定期的な市庭を開いていた。公事を銭納するには生産物を換金する市場が不可欠だ。弘瀬郷での事実確認はできないが、当時既に地方と京都の業者間で為替を使った商いをしていた例もあるという。

地頭は領家の下司でもあり、年貢の集荷や運搬作業の采配役（沙汰人）も務めたであろう。しかし地頭は年貢を胡麻化すかもしれない。つまり、仁和寺サイドに立ってきちんと沙汰できる長百姓もいたことが想像される。村には領家や地頭が来る前から庄家とか庄屋といわれるリーダー的な百姓たちが住んでいた。「庄家の一揆」という言葉があるが、彼らが一揆結合して対領主交渉を行うという意味だ。領家・預所は地頭だけを相手にしていたわけではない。日本中の農村に庄家と呼ばれる百姓がいた。

その証拠に、弘長２年の関東下知状の中に「庄家に尋問して」とか「庄屋に先例を訊ねて」決着せよ、と結論付けた判決が３件あった。どんな内容かというと①地頭と領家のどちらが先に柿谷寺（後述）を住まいとしたか②漆掻きはかつて地頭と預所のどちらの下人がする仕事だったか③弘瀬郷に惣追捕使がいたことがあるかどうか——と、いずれも過去の事実や先例を知る者にしか答えられない問題であった。

弘長二年関東下知状

さてここで、弘長２年関東下知状による26条の判決内容から荘園内で起こっていた争いの一部を紹介しよう。

①ある時、宝治の検注帳で「新田」とされている場所で預所方が稲を刈り取った。地頭定朝は「将軍頼朝は、新田は地頭分であると仰せられている。無法な行為だ」と訴えた。確かに東国では一般的に頼朝の言う通りだったらしい。しかし、預所幸円は「当郷の慣例では領家のものである」と反論した。定朝は頼朝が命じた証拠書類などを所持していなかったので、この件の軍配は預所に上がった。

②ある時、地頭定朝は領家の佃（直営田）３町１反の中の１町から、さらに預所の給田４町の中の２町から加徴米を取ろうとした。加徴米とは、幕府と朝廷が共に認めた「地頭の得分」のことで、地頭は荘園・公領の公田のすべて

40

から徴収していた。地頭は「当該箇所は以前には佃や給田ではなかった。慣習に従ったもの」と理由を述べたが、いくらなんでも現時点で除田扱いになっている仁和寺の直営地や預所の報酬・給与地から加徴米をとろうとする地頭の言い分は認められなかった。

　③ある時、高宮村にある「安丸名」と名付けられた預所方の田んぼで、600束刈余りの稲を預所の下人が刈り取った。束刈とは田積の単位のことで、600束刈は1反と思われる。地頭は「その稲は我々が植えたものだ」と抗議した。預所は「安丸というのは預所の名田だ。そこに勝手に地頭の下人が入り込んで強引に種をまいていった。しかも、その後は全く手入れをしないで放ってあったのでこちらで刈り取ったのだ」と言った。問題は、この田が安丸名であったかどうかだったが、預所が持っている検注帳にはその記載があり、地頭の持つ検注帳には何も書いてなかったらしい。本来は検注実施時に双方が帳面を付け、あとでそれを読み合わせて内容を一致させるのだが、地頭は難癖をつけて安丸名を認めていなかった。判決は地頭の負けだった。

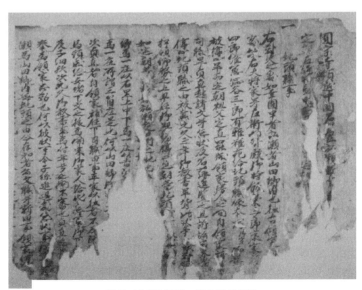

弘長二年関東下知状の巻首部分
（南砺市中央図書館所蔵コピー）

④ある時、同じ高宮村の畠の作物を預所方が収穫した。大豆、小豆、麻、苧、白苧、桑が植えてあった。地頭は「畠のことは地頭と領家が両方で沙汰せよと幕府が下知しているが、年来ここは地頭の下人である下藤庄司が畠としてきた。それを預所が強引に押し取った」と主張した。預所は「違う。双方で沙汰せよと仰せられたのは、平民が逃亡・死亡した後の畠についてである。ここは安丸名であり、庄司何某のものではない」と反論、判決はやはり預所の言い分が認められた。

⑤ある時、かつて松本名と名付けられていた勧農田を、預所が「松本名は預所分である」といって50束刈ばかり刈り取った。この件は「将軍の下知状通り、勧農田は預所と地頭の共同管理」という原則が適用され、預所側がいさめられた。

⑥ある時、村にある漆の木から預所の下人が漆を掻きとった。地頭は「百姓分の漆は地頭側が掻いて、領家の取分もこちらから進済していた。地頭の名田である曽波谷、伊加須谷、加々谷、高宮開発新田の漆まで押し取っている」と訴えた。しかし預所は「漆掻きは預所の下人の仕事である。地頭側に得分は一切ない」とはねつけた。判決は「双方にさしたる証拠はない。庄家に尋問した上で結論を出すように」であった。

以上のほか、村の催事用に準備された供物を地頭の母と子が掠めていったとか（節句や初穂祭、吉方片違い費用などは百姓が負担し、地頭が段取りをした）、預所が裁判中に悪口を吐いたとか（名誉棄損は重罪だった）、日常の詳細な活動についてまで言い争った。預所の訴えが認められたケースが多いが、それは当然のことで、武士たちはあらゆることで公家社会の権威や権力、習慣を覆そうとしていた。

検注

　こうした地頭の実力行使を防ぐためにも領家・預所は検注（検地）にこだわった。もちろん新田開発や荒地整備などに対応して定期的に検地を実施する必要はあった。領家トップである菩提院僧正の交代時にも実施されたようだ。弘瀬郷では相論史上に残るものだけで以下の５回が数えられる（歴史年表参照のこと）。

　①治承年間（1177 ～ 1181）
　②建久９年（1198）
　③承久２年（1220）
　④宝治２年（1248）
　⑤弘安元年（1278）

　検注帳には、田地の場所と面積と年貢（納税）を請負った百姓の名が記入される。これをもとに預所や地頭が年貢・公事を集めるのだが、下司だった時代には検注に立ち合わなかった藤原氏も地頭になると同行し、自分でも帳面を付けた。後日両者の帳面を突き合わせて合意することを「目録を固める」といった。

　地頭はできるだけ検注をやりたくなかった。先例や傍例に逆らって自由（勝手）な振舞いを続ける地頭にとって、裁判になったときに不利になることが多かったからだ。藤原氏の場合、自分が弘瀬郷の開発主である、と裁判で主張しているが、豪族・武士に成り上がる過程で、かつては彼らと競合するような有力な名主もいたであろう。時代を経ても他の百姓の土地や作物を押し取ろうという支配欲は強かった。また、両者とも目録を固めた後で自分の都合のいいように書き改めた部分があったらしい（だから相論が発生した）。

地頭の年貢未進

　弘瀬郷の地頭藤原氏一族は年貢の未進をほぼ恒常的に続けていた。以下は地頭名田である重松名の年貢について争われた相論の経緯である。

１．弘長２年（1262）の下知状において「宝治２年（1248）の検注以降の年貢を清算するように」との判決があった。この間の年貢を地頭がきちんと納めていなかったのだ。

２．弘安元年（1278）に実施された検注と相論の結果、「同年以前の地頭の年貢未進分について領家は請求しない」との和与が成立した。つまり、１の判決以降も地頭は未進を続けており、和解にあたって預所はこれを放棄した。

３．正応２年（1289）の相論の結果、新たな関東下知状が下され、「弘安元年以降の未進分の年貢は地頭が納入すべきである」との判決が下った。弘安元年以降も納めていなかったことが分かる。

４．延慶４年（1311）竹内村の地頭定継が幕府に提出した請文で「弘安元年の検注について預所と目録を固め、未進分を弁済しました」と報告している。つまり、地頭は弘安元年の判決にも従っていなかったが、33年後にようやく同年の検注目録を固め、和与、清算した。

　振り返ってみれば、地頭は宝治年代からずっと真面目に年貢を払っていなかったことになる。

弘瀬郷の年貢

　ところで、上記４項の請文によって広瀬舘村の年貢の内容が判明した。請文とは身分が上の者（この場合は鎌倉幕府）の仰せに対して承諾したことを書いた文書のことだが、仁和寺に残されていた竹内村地頭藤原定継の請文にはこう書かれていた。「竹内村の年貢検注について雑掌清賢が幕府に訴えを起こし、幕府から度々（私宛に）御教書（出頭命令書）が出されていたので、私も参上して訴陳したいと思っていましたが、今般（清賢との間で）和与の話し合いがつきました。検注目録を固めたうえで未進分の弁済も完了しましたので後日その証文を書くことにします」。

　心優しい？定継は33年前の弘安元年に領家雑掌と行なった検注内容にようやく合意して、この間の未進清算を行った。清算の対象になったのは２町７反240歩の「吉五方」と名付けられた地頭の名田である重松名の一部だった。た

だし、うち約半分は河成（洪水）などによって不作地となり、地頭給与として与えられた給田1町も吉五方の内に含まれていたので、地頭が年貢を納めなければならない定田部分は4反240歩しかなかった。この定田に対する年貢（前出の所当①に当たる部分）が以下のような内容だったことが明らかになった。

一. 分米（米による年貢高）　　2石4斗8升6合2夕2才
　　　　　　うち井料　　2斗
　　　　　　定御米　　2石2斗8升6合2夕2才
一. 御服綿　　　　　　　　　3分4朱4黍（金銭納）
一. 布代　　　　　　　　　50文（同）

　これを単位面積あたりに換算すると、以下のようになる。
一. 分米　　　　　　　　　1反当たり5斗3升2合7夕6才
　　　　　うち井料　　　 〃　　　4升2合8夕6才
一. 御服綿　　　　　　　5反当り1両（金銭納）
一. 布代　　　　　　　　1反当たり10文714（同）

　以上の年貢内容をチェックしてみよう。「分米」というのは米として納めた年貢である。1反あたりの分米を斗代といい、それが5斗3升余であった。鎌倉時代の収穫量は「1反（360坪）当たり、上田の出来の良い年で1石2〜3斗くらいだった」（『荘園』永原慶二著）といわれる。また、「一般的にいって、荘園領主への年貢よりも名主の得分（これを加地子という）比率の方が上だった」（『日本の荘園』阿部猛著）といわれることから、5斗3升余というのは領主の取分としてほぼ標準的な水準といえるのであろうか（地域や収量高、升の大きさによって単純には比較できない）。

　「井料」とは領主が灌漑施設の保守・修築に百姓を使役した場合に支払う人件費のことで、領主の負担義務としてあらかじめ分米から差し引かれていた。

「御服綿」というのは木綿ではなく、蚕からつくる真綿のこと。蚕を平面状に引き伸ばして綿のようにしたもので、保温性に優れ、糸として紡いで織物を作ることもできた。雑公事ではなく年貢として扱われていたのは、この地で広く生産されていたからであろう。これについて弘長2年の関東下知状で面白い判決があった。領主への年貢が5反当たり1両なのに、地頭は支配下の百姓から3反当り1両を徴収していた。預所がその事実を指摘し、「地頭は、公田を押領したうえで、百姓から過分な税を責め取っている」と訴えたが、地頭は「領主に5反当たり1両きちんと納めているのだからそれでいいではないか」と答えた。余分に集めた分を自分の懐に入れていたわけだが、「年貢は滞りなく納めているのだから、預所が訴訟を起こすまでもない」と裁許された。

「布代」の布とは麻布だったであろう。前述した弘長2年の関東下知状の中に、地頭定朝が「高宮村の畠から大豆、小豆、麻、苧、白苧、桑を預所が押し取っていった」と訴えた場面があった。麻、苧、白苧はいずれも麻布の原料になる。江戸時代になると「福光麻布」は有力なブランドになった。布代が年貢のうちに入っていたのは、臨時の税だったかもしれない。他の相論では「分米＋御服綿」がもっぱら年貢の対象になっていた。

ここで確認になるが、地頭はこれだけの年貢で済んだが、一般の名田百姓が納めていたのは、上記のほかに次のような負担が加わった。
①地頭に納める加徴米……地頭は鎌倉幕府の後ろ盾のもと、全荘の定田（公田）から加徴米の収取権を持っていた。幕府は承久の乱以降、朝廷側から没収した所領に新補地頭を送り込み、彼らに1反あたり5升の加徴米を取ることを認めた。弘瀬郷の藤原氏はそれ以前からの本補地頭と呼ばれる地頭だったが、先出の下知状の判決にある通り、加徴米をとることを幕府から認められていたので、少なくとも新補地頭並みの加徴米は収取していたとみられる。
②雑公事……特産物や加工品（広瀬郷では漆や材木）など。
③夫役……年貢の運搬、節季や祭りの供事、預所接待などに諸々の労働力が求められた。預所・地頭から個人的に働かされることも多かったようだ。

46

地頭請所

　地頭の押領や未進が続く中、鎌倉時代後期になると、広瀬郷でも画期的な局面を迎えた。元弘３年（1333）12 月 14 日、鎌倉幕府が崩壊したのと同じ年に広瀬舘村の２つ隣の山本村の地頭が、京都の仁和寺において地頭請所という契約を結んだ（仁和寺文書「円宗寺領石黒荘内弘瀬郷山本村雑掌地頭和与状」）。地頭の藤原孫六定頼が同村の年貢の３分の２に当たる７貫文を毎年京進する（京都の仁和寺に納める）代わり、荘園の所務一切の権限を得たのである。請所とは、領主に納めるべき年貢を銭納で契約し、預所は京に引き上げ、現地の土地と人民の支配を地頭に委ねてしまうことだ。

　実は、弘長２年の相論の際、裁判の終盤で預所幸円が「領家３分の２、地頭３分の１」で分領しようという和与の提案をしたことがわかっている。判決主文のあとに「この（幸円の）案を採用すべきかどうか確認したところ、領家のトップである菩提院僧正行遍が了承しないと答えた。これによって幸円は雑掌を辞任し地頭側に属した。教信阿闍梨が新任雑掌として裁判を引き継いだ」との付帯事項が記されている。こうした荘園農地を１対１とか２対１で折半・分割してしまい、相互に一円支配する契約を下地中分という。

　つまり、地頭の押領は単なる農産物や年貢の奪い合いから、荘園領主の持つ荘務権（検地・勧農・検断権）や下地進止権（土地そのものの支配権）の範囲にまで及んできた。預所が裁判でたびたび主張してきた「名田畠の下地は往古より本所これを進止（支配）する」という原理原則が実態として崩壊してきたのである。

　弘瀬郷における下地中分は確認できないが、幸円の提案に行遍は同意しなかったものの、地頭藤原氏は賛成していた雰囲気がある。先述の地頭の押領に関する相論の中で「弘瀬郷の百姓数は領主側 40 人・地頭方 20 人」と陳述した幸円の見方に信憑性を与える提案でもあった。

柿谷寺・千手堂の争奪戦

　最後に、鎌倉時代の弘瀬郷における領家 vs. 地頭のハイライトともいうべき
「柿谷寺および千手堂の争奪戦」を紹介する。預所と地頭とが互いの居住地と
水利権を巡って長くて激しい闘いを演じていた。

　場所はまさに弘瀬郷西方の中心地、今の広瀬舘村である。現在は舘の神明社
となっている所に柿谷寺があった。当時は若宮という神社と一体化し、郷内最
大の神田２町を抱えた神仏習合の社だった（神明社の後方の山中から若宮遺跡
が発見されている）。医王山麓の槍の先という地点から流れ出た明神川が柿谷
寺のすぐ脇を通り、東方約500mの台地にぶつかったところでほぼ直角に北
上し、弘瀬郷西方全体を潤した。その曲がり角に薬師如来を祀った千手堂があ
った。つまり、柿谷寺は明神川用水を下流の村々に分流する要の場所にあり、
千手堂は明神川用水の見張り場になっていた。

　相論の中で幸円がいった。「柿谷寺は泰澄大師が建立した白山修験道の末寺
であり、医王山の一宿として北陸道の山伏たちの宿坊だった。院主職は代々領
家が継いできた」。これに対し、地頭藤原定朝らは「柿谷寺が山伏の宿だった
ことは認めるが、広瀬郷はわが藤原一族が開墾した村で、柿谷寺は初代定綱が
建てた一族の氏寺だ」と反論した。

柿谷寺跡とみられる舘神明社

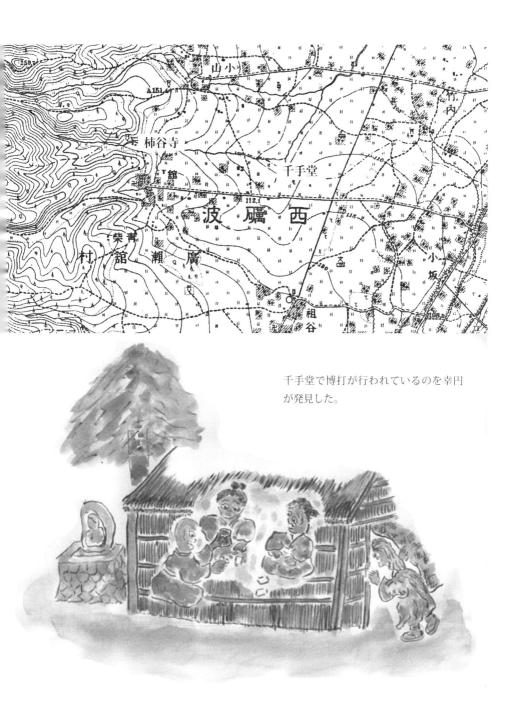

千手堂で博打が行われているのを幸円
が発見した。

49

相論は弘長2年で終わらず、正応2年になってもなお揉め続けていたが、双方の主張と争奪戦の進行を年代ごとにまとめると次のようになる。

1．藤原氏初代の定綱が柿谷寺を建立し、2代目の定澄はそこを屋敷とした。4代目の定茂（2代目地頭）は同寺の院主職を子の良清に与え、良清は院主職を師の僧侶明鑒に譲った（以上は藤原氏側の言い分）。

2．明鑒が院主のときに良清を含む弟子たちが千手堂で四一半の博打（帳半博打<ruby>丁<rt>しいちはん</rt></ruby>）をしていたのを預所幸円が発見、検断権（荘園領主に与えられた警察・刑事裁判権）を実行して関係者を捕らえ、鎌倉に報告した。以後幸円が柿谷寺境内に住み、領家の政所を置いた。

3．弘安元年の和与の際、西方地頭定景は柿谷寺を領家のものとすることに同意し、去り与えた。

4．にもかかわらず争いが再燃し、正応2年の相論で預所了覚は「地頭が柿谷寺の下地と神田の作稲を押取り、預所代の住宅を強奪した」と訴えた。幕府は「証拠不十分」としてこれを認めなかった。

　このように両者の争いは延々と続けられたが、最後にどうなったかは不明である。これについて現地を取材した大山喬平氏は『医王は語る』の中でこう述べている。「私は地頭がこの地へ遅れてやって来たのではなかろうかと考えている。弘安元年の和与によってこの寺を領家に去り渡しており、その後もここに領家の政所が置かれている。先祖建立の氏寺だという地頭の主張よりも、泰澄以来の古い修験の寺だと主張する幸円の言い分に真実味があると思う。」

　これは、石黒荘弘瀬郷が承暦2年（1078）に円宗寺領となった際に、藤原氏がそれ以前からこの地の開発領主・在地領主であったのか、それ以後のことであったかという問題にもつながる。だが、それを知っているのは庄家ではなく、物言わぬ柿谷寺と医王山だけであった。

円宗寺領石黒荘「弘瀬郷」の歴史年表

年		事象	預所	藤原氏	事象の内容
承暦2	1078	*1石黒荘本公験			朝廷が円宗寺領石黒荘の立荘を認可
康和1	1099	寺家政所下文		*2橘為成	山田郷(弘瀬郷含む)は337町1反120歩だった
治承	1177-81	「検注」実施	弁懴		内容不明
治承5	1181	越中国留守所下文	定直(下司)		「定直を弘瀬村下司職とする」(安堵状)
治承6	1182	木曽義仲下文	定直(下司)		「定直を弘瀬村下司職とする」(安堵状)
寿永2	1183	倶利伽羅峠の戦い			石黒氏・宮崎氏らが木曽義仲に従軍
		後白河法皇宣旨			頼朝に東海道・東山道の年貢統括権与える
					*3.頼朝、比企朝宗を北陸道勧農使とする
元暦1	1184				1月義仲、近江国粟津で敗死
		右大将家御教書			頼朝が山田郷の地頭を停止
文治1	1185				3月義経、壇の浦で平氏滅ぼす
					11月頼朝、諸国に守護・地頭を置く
建久3	1192	領家へ名簿提出	定直(下司)		*4.「藤原定直は正六位上(下司)です」
建久9	1198	「検注」実施	定心		実検使有兼土座が検注後検注帳を破棄
正治	1199～1201	取帳目録	実憲		新任預所実憲が年貢率を若干下げる
建仁2	1202	大田兵衛朝季状			越中地頭が定直の「地頭沙汰」を認める
建仁3	1203	*5.比企能員の乱			9月、北条時政が比企一族殺害。定直上京中
		領家へ起請文提出	定直(下司)		「定直は下司です(まだ地頭ではない)」
元久2	1205	御教書	定直(地頭)		幕府が定直の地頭・公文職を初めて安堵
		弁継訴状	弁継		政権交代した義時の法廷に、定直の非法訴え
元久3	1206	定直愁状	〃		定直が「起請文を守る」と詫び状提出
承久2	1220	「検注」実施	〃		地頭側検注帳に「重松名13町」の書き込み
承久3	1221	承久の乱			名越(北条)朝時＝泰時の弟が越中守護に
		式部丞(名越朝時)状	定直→定茂(地頭)		藤原氏が宮方密通の嫌疑かかるも安堵状獲得
宝治2	1248	「検注」実施	重禅	定朝(地頭)	「重松名13町」で預所と地頭が対立
建長2	1250	御下文		定朝(地頭)	3代定朝の地頭の地位を確認
弘長2	1262	関東下知状	幸円	定朝(地頭)	26条にわたる判決あり
				宗定(地頭)	対決終盤に至り幸円が「下地分割」を提案
				時定(高宮地頭)	→仁和寺菩提院行遍が幸円提案を認めず
弘安1	1278	「検注」実施	教位		検注後相論(裁判)起こすが和議に(下記)
		東方和与状	〃	光定(東方地頭)	年貢未進・野品・平民の万雑などで和与
		高宮村和与状	〃	朝定(高宮地頭)	年貢未進・野品・平民の万雑などで和与
		西方(和与状残らず)	〃	定景(西方地頭)	柿谷寺は領家に去り与える
正応2	1289	関東下知状	了覚	定景(西方地頭)	定景が領家政所(柿谷寺)を奪取
延慶4	1311	竹内地頭請文	清賢	定継(竹内地頭)	*6.安文1年の検注以降の未進年貢を弁済
元弘3	1333	山本村和与状	経泰	定能(山本村地頭)	「地頭請所」の契約合意。京進年貢7貫文で

*1.公験(くげん)とは律令国家が特権を認める際に出した証明文書

*2.橘為成は弘瀬郷が山田郷に含まれていた時代の下司と思われる

*3.鎌倉殿勧農使として　　　　　　　　　*4.定直の姓が藤原であることが初めてわかる

*5.能員は2代頼家の乳母父(めのとぶ)　　*6.この時に年貢内容が判明した

51

第3章　南北朝争乱 ～室町時代前期～

旧秩序の崩壊と国人の台頭

　鎌倉時代は東国と西国との温度差はあれ、幕府（鎌倉）と朝廷（京都）の両政権には「荘園公領制」という社会システムのもとで「職の秩序」を維持するという妥協が出来ていた。室町時代はそうした旧秩序が崩壊を辿り、武家が圧倒的な支配力をもつ幕藩体制（江戸時代）に至るまでの過渡的な、しかし大混乱の時代だった。

　鎌倉の北条政権が崩壊した後、後醍醐天皇による「建武の新政」は比較的短期間で終息したものの、武家の代表である足利氏一族の権力基盤がなかなか固まらなかった。後醍醐天皇が始めた南朝政府との争いに突入し、北朝と南朝に分かれた武家、朝廷・貴族らの入り交じった抗争は全国に波及した。さらに応仁の乱を経て本格的な戦国期に突入すると、加賀・越前・越中では一向一揆という激動が村々を揺さぶった。

　鎌倉時代の最後の年に京都・仁和寺において、弘瀬郷山本村での地頭請契約が成立したことは既にみた。地頭の荘園侵略がどんどん進み、石黒荘以外の荘園でも地頭請が拡がっていった。また、弘長年代の相論で預所幸円が地頭藤原氏に提案したような下地中分（分割）も全国の村々で成立していった。

　弘瀬郷の場合、室町時代に入っても円宗寺・仁和寺という本家職・領家職の関係は変わらなかった。しかし次第次第に旧来の領主たちは土地と人民の管理をあきらめ、年貢さえ確保出来ればよしとして京都に引き上げていった。在京の領主に代わって現場管理を請け負ったのは国人と呼ばれた侍たちで、国人はかつて領主のみに認められていた荘務権（検地権・勧農権・検断権）を代行し、名主や長百姓および彼らの中から派生した地侍たちと連携し、実質上の領主として荘園を治めていった。

　このような「国人代官」が年貢を徴収し、在京領主に銭納する仕組みを「請

負代官制」といい、室町時代は各地に広まった。石黒氏一族は鎌倉時代後期以降、石黒荘内だけでなく広く砺波郡、射水郡に勢力を拡大してきたが、それぞれの地盤を引き継いで国人化していった。

広瀬信定

地頭藤原氏がいた弘瀬郷はどうなったであろうか。弘瀬郷に史料上初めて国人が現れるのは永和3年（1377）である。「広瀬信定」なる人物が「越中国石黒荘内弘瀬郷領家方所務職として同郷西方分の年貢を京進75貫文で請け負った」（京都大学文学部所蔵「千草文書」）。ここでいう領家方所務職とは鎌倉時代だと預所職＋地頭職であろう。弘瀬郷西方とはその後広瀬舘村、小山村、山本村になった同郷の中心地域を指す。京進とは京都にいる領主に進上する（決済を京都で済ませる）という意味だ。

この広瀬信定とは何者であろうか。かつての石黒荘を含む近在の地頭で、その後、国人として存続し得た一族には、石黒氏のほか太美郷・院林郷の地頭だった院林氏、大光寺郷の井口氏、野尻郷の野尻氏などが知られる。いずれも広い意味でかつての石黒党に含まれた武士の子孫であろう。広瀬信定は上記史料に出てくるだけだが、福光町史によると、この広瀬信定は在地の侍のようだという。もしそうだとすれば真っ先に思い付くのは同郷の地頭だった藤原氏である。国人に転身した藤原氏が本貫地の名である「広瀬」姓を名乗ったとしてもおかしくはないし、名前に「定」が付くのは定直、定朝など一族の子孫に付けた通字だったかもしれない。

代官になるような国人は、地元と京都（足利幕府や本家・領家）の事情に通じ、商品流通や金融に詳しい者でなければ務まらなかったが、自分が請負った領地を誰にも押領されないという武力が何より重要だった。それには自力だけではなく、自分の身分を安堵してくれる、より上位の武将に付いていなければならなかった。

為政者たちの抗争

　足利政権が誕生した直後から南北朝の争乱に突入したが、信定が弘瀬郷に現れたときまでの40余年の間、越中に大きな影響を及ぼした武人為政者は誰だったか——石黒荘や砺波郡など越中の国人を支配した武将たちの動きを見てみよう。

　越中の守護には足利幕府の政権幹部が次々と補任され（66頁の一覧表参照）、都から離れた当地でも国家規模の混乱に巻き込まれた。どこの誰と結ぶのが自己の保身につながるか、厳しい生存競争が繰り広げられたのである。

1．元弘3年（1333）閏2月、後醍醐天皇が配流されていた隠岐を脱出するや討幕軍は急に勢力を増し、後醍醐支持の出羽・越後方面の軍勢が上洛のため越中を通過するようになった。5月には足利尊氏が京都六波羅を攻め探題北条仲時が自殺、同時に新田義貞が鎌倉に入って執権北条高時を自害させ、140年余り続いた鎌倉幕府が幕を閉じた。

　　越中では北条一族の守護名越時有が二塚（高岡市）に幽閉していた後醍醐の皇子で大覚寺門跡恒性法親王を殺害、北越勢の上洛を阻止するため石黒氏一族ら越中・能登の武士を二塚に集結させた。ところが六波羅や鎌倉からの情報が伝わると、武士たちは逆に時有を襲い、守護所だった放生津城（射水市新湊）を攻めた。これが最後と観念した時有は妻子を奈古海（富山湾）に身投げさせ、主従79人とともに城に火をかけて切腹した。越中・能登の侍たちは出羽・越後勢とともに軍を再編成して上洛し、後醍醐方に参じたといわれる。

　　『越中軍記』によると、以後しばらく越中国は内乱状態に陥り、石黒一族内でも「友（共）食合戦」と称される内輪争いが発生し、石黒右京介（福光城主）が同族の井口氏らを討伐したという。

2．同年7月、後醍醐天皇の親政「建武の新政」が始まり、天皇直属の国司制度が復活した。越中の国司には村上源氏出身の中院定清が就いた。

3．建武2年（1335）、鎌倉幕府最後の執権北条高時の遺児時行が信州→鎌倉

で反乱を起こし、越中でもこれに呼応した名越時有の遺児時兼が兵を挙げた。これを「中先代の乱」という。2年前に時兼は父と一緒に放生津城で自害しなかったのであろうか。『太平記』によると、この時、越中の武士では野尻氏・井口氏（いずれも砺波郡）および長沢氏（婦負郡）らが時兼に応じて挙兵した。

　この反乱に対し建武政権側は、足利尊氏が後醍醐天皇の了解を得ないまま鎌倉に進軍して北条時行を追い払った。北陸道には朝廷から派遣された桃井直常らが8月、名越時兼を加賀・大聖寺で自刃させた。野尻氏・井口氏・長沢氏らは逃げ帰った。なお、この当時の野尻氏は野尻玄蕃允高知と名乗った。

　桃井直常はこの後越中に深くかかわってくる重要人物である。上野国（群馬県）榛名山麓の桃井村を本貫地とする足利氏一門の武将で、元弘3年には新田義貞の鎌倉攻略戦に従軍し、以後は足利尊氏・直義兄弟に従っていた。また、長沢氏とは、木曽義仲軍の一員として入京した元検非違使源光長（美濃源氏）の孫光助がその後官人として越中に下向し、婦負郡長沢に住み付いて国人武家に成長した一族である。

4．同年11月、鎌倉で北条時行を追い払った尊氏は後醍醐天皇に反旗を掲げ、天皇親政に不満を持つ諸国の武士に蜂起を呼び掛けた。越中では尊氏の号令を受けた普門（井上）俊清が井口、野尻、長沢、波多野氏らを糾合し、国司の中院定清と定清に付いた石動山天平寺（石川県七尾市と富山県氷見市にまたがる山岳信仰の霊場。北陸修験道の中心寺）の僧兵らを攻め、定清を滅ぼした。普門俊清とはかつて名越時有の被官（又守護代）だったが、時有に反旗を翻した信濃・越後系井上源氏の子孫だった。

5．その後、尊氏は鎌倉→京都→丹波→九州→摂津・湊川→京都と西日本と九州を転戦して建武政権軍（新田義貞、楠木正成、北畠顕家ら）に逆転勝利を収め、建武3年（1336）京都に足利幕府を開いて「北朝」（光明天皇）を立てた。一方の後醍醐天皇は吉野に逃れて「南朝」を開き、これが南北朝分裂の初めとなった。

　尊氏は守護制度を復活させた。越中では、軍功のあった普門俊清を建武4年（1337）守護に任じた。また、かつて尊氏の丹波・夜久野合戦に従軍し、息子を死なせながらも軍忠を尽くした院林了法には石黒荘太美・院林両郷

の地頭職を安堵するという褒美を与えた。

6．南北朝争乱が続く中で、南朝軍が再挙の頼みとした有力武将は新田義貞と北畠顕家だったが、暦応元年（1338）5月顕家は和泉・石津の戦い（堺市）で、7月義貞は越前・藤島の戦い（福井市）で相次いで敗死。翌年8月には後醍醐天皇も吉野で崩じた。この時、義貞に従軍していた南軍兵は五箇山や能登に逃れ、一部は石黒荘に遁入した。福光地域へも伊予の豪族河野一族につながる土居・得能氏のほか上田・成瀬・上原氏らが五箇山などを経由したのち入部した。ちなみに得能氏の末裔は江戸時代になると吉江郷田中に住み、広瀬舘村などを担当する十村役になった（後述）。

　　石黒一族はこれ以前から木舟城（高岡市福岡）やその北方の吉岡荘（のちに五位荘と名を変える）など砺波郡全域に拠点を広げており、惣家の拠点である福光や木舟地域は南朝シンパのたまり場なっていたとみられる。

7．興国3年（1342）、南朝再挙を図る宗良親王（後醍醐天皇の第8皇子）が新田氏一族の拠点となっていた越後・寺泊から越中・放生津の奈古浦に着船した。親王は最初氷見の灘浦に入ったが、頼みにしていた石動山の僧兵が今度は幕府側に与していたので（これが南北朝期の複雑なところ）奈古浦に移ったともいわれる。守護の普門俊清はこのころ足利政権から独立するような姿勢を取り、宗良親王には是々非々の対応をしたようだ。

　　奈古で親王を出迎えたのが石黒重之だった。重之は高木城（射水市新湊市）の城主だったといわれ、木舟城主の石黒光吉らとともに親王を石黒一族の居城や安居寺（南砺市）などに案内した。『越中・吉野朝勤皇史』（越中宮宗良親王奉賛会編）によると、親王は庄川沿いから山深い五箇山にかけて南朝軍の拠点を設ける構想を持っていた。五箇山から先は飛騨、加賀、越前、美濃、信濃方面につながる。そのためには越中の庄川中部地域を石黒一族で固め、五箇山への入口に当たる井口城を重要な拠点にしたいと考えていたといわれる。

　　宗良親王は父後醍醐天皇と討幕活動をともにする前は、尊澄法親王の法名で120代および123代の天台座主（比叡山延暦寺貫主）であった。当時五箇山は人形山と金剛堂山を抱え、白山や医王山とつながる天台山門（延暦寺）

および修験道の霊地であった。親王の期するところ大であったろう。越中入り前年の興国２年には、親王の兄弟に当たる南朝２代後村上天皇（後醍醐天皇の７男）が石黒荘山田郷の上津見保（城端町）や大光寺郷（井口村）の地頭職を越後の新田党などに安堵しており、兄弟が連係して南朝の拠点づくりを進める宗良親王へのバックアップ体制を整えていた。

8．興国５年（1344）、幕府は南朝方に傾きかけた普門俊清の追討を決断、越中守護に桃井直常を補任した。直常の越中出陣が畿内情勢の影響で貞和３年（1347）まで遅れたため、幕府はまず能登守護吉見頼隆に松倉城（魚津市）に籠っていた俊清を越後国境方面に追い払わせた。その後直常はこの越中最大の山城を最初の属城にした。当然のことだが、この時点での桃井直常は尊氏（＝北朝）方武将として越中に入った。

9．ところが観応元年（1350）、幕府内で将軍尊氏・執事高師直方と、尊氏の弟の執政直義方が対立、「観応の擾乱」と呼ばれる内戦状態（兄弟ゲンカ）に入った。尊氏派の高師直と気の合わなかった直常は南朝と提携した直義に加担した。南朝に帰順した直常にとって、小矢部川流域に根を張る石黒党との邂逅は気持ちのいいものだったに違いない。

　直常は砺波郡の井口氏・野尻氏らを主力とする越中国人軍団を組織した。軍団の拠点は砺波平野東端の雄神郷に置いた庄城（別名壇城）。この城は庄川の東岸に位置し、延喜式内社の雄神神社を見下ろす岸壁の上にある。眼下に砺波平野全体と守山城（高岡市）や富山湾方面まで見渡せる。背後の三条山（334.5m）の頂に詰城の千代ヶ様城を置き、そこから見下ろす平野部に井口城（石黒荘大光寺郷）、野尻城（野尻荘）などの出城や支城を配置した。また、吉江郷田中村（南砺市福光）に住む郷士田中蔵人らも直常軍の京都や鎌倉への遠征に付き従ったといわれる。さらに倶利伽羅山南方の越中・加賀国境の山頂にも支城として一乗寺城（小矢部市）や松根城（蟹谷荘）を置き、直常の子直和が陣取った。親子で東西の高地から砺波平野を見下ろす構えをとった。

　直常は越中入国当初は木舟城主石黒光吉と戦ったが、南朝帰順後は和解しており、観応元年10月には弟の直信とともに尊氏陣営の能登守護吉見氏

を攻撃した。

10. 観応2年（1351）、直常は前年末に越中守護を罷免されていたが、1月北陸の兵を率いて西上し、足利尊氏・足利義詮・高師直を京都から追い出した。間もなく直義も入京し、尊氏派と和議が成立した。直常は3月越中守護に復帰し、幕府の引付頭人（所領裁判所の長官。5人いる）に抜擢された。この時が直常の絶頂期だったかと思われる。だが師直が殺されるなど両派の対立は止まず、8月、直義と直常は京を追い出された。この間、一時的に直義が南朝と決裂、尊氏が南朝と和睦するなど両派の内訌は複雑な経緯を辿ったが、越中兵を率いる直常はその後再度南朝に帰服した直義とともに戦い続けた。

　しかし12月、直義は相模国で尊氏に敗れた。直常はこの前後に越中守護を再び解任されたと思われる。次の守護は普門利清＝俊清を改名＝が返り咲いた。

11. 正平7年（1352）2月、直義が鎌倉で毒殺され、以後しばらく直常は行方をくらました。だが、南朝軍は宗良親王を征夷大将軍に任じ、上野・武蔵国などで戦闘を続けた。11月には直義の甥で養子の足利直冬（尊氏の落胤だが、尊氏と対立していた）が南朝に帰服し、中国地方で勢力を強めた。

12. 正平10年（1355）1月、直冬を擁立した反政府勢力（南朝軍）の桃井直常、山名時氏、石塔頼房、楠木正儀らは、京都〜鎌倉間を広範囲に出没し、またもや京都を回復した。だが3月、足利尊氏・義詮にすぐ京都を奪回された。

桃井直常

さて、戦いの途中ではあるが一区切りつける。このあと北朝方が南朝勢を圧倒していくのであるが、何といっても越中（特に砺波郡）の南北朝史を飾ったのは桃井直常であった。彼の行状を振り返りつつ後半の戦闘場面に移ろう。

直常は当初、足利一門の宗家である尊氏・直義兄弟に従って活躍し、越中に守護として派遣された。ところが、武家の棟梁で「戦陣の人」と呼ばれた尊氏と、「政道の人」直義は主義・肌合いが異なった。直常は直義に付き、直義の弱点ともいえる戦闘力を補う第一人者となり、直義亡き後も南朝と提携した足利直冬を擁立して戦い続けた。越中では南朝シンパがたむろする小矢部川流域、中でも井口・野尻氏ら「河上の里」の侍たちとは大いに気脈を通じた。

当然のことながら尊氏を将軍とする足利幕府は桃井直常を凶徒と呼んで「道皎（直常の別名）退治」に総力を挙げた。加賀の吉見氏、能登の富樫氏らの守護クラスから、太美・院林郷の院林氏など国人クラスにも直常追討令が出された。正平13年（1358）に尊氏が没すると、2代将軍義詮は当時越前守護職にあった斯波氏を道皎退治のリーダーに指名した。

康安元年（1361）まず幕府創業の元勲といわれる斯波高経に越中守護を兼務させた。次いで高経の子義将がまだ13歳の時に将軍の執事（後の管領）となり、貞治2年（1363）に父に代わって越前及び越中の守護となった。ただし、守護になったといってももう一方の管領家である細川氏との政権争いがあって

井口城址（南砺市池尻）

壇城跡

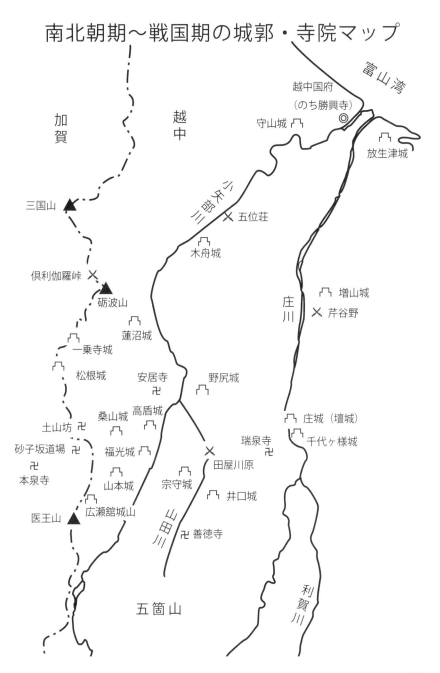

南北朝期〜戦国期の城郭・寺院マップ

富山湾

加賀

越中

越中国府
（のち勝興寺）◎

守山城

放生津城

三国山 ▲

三矢三郎

五位荘 ✕

木舟城

倶利伽羅峠 ✕ ▲
砺波山

庄川

増山城

芹谷野 ✕

蓮沼城

一乗寺城

松根城

安居寺 卍

野尻城

庄城（壇城）

土山坊 卍

桑山城

高盾城

千代ヶ様城

砂子坂道場 卍

福光城

瑞泉寺 卍

本泉寺 卍

山本城

宗守城

田屋川原 ✕

井口城

医王山 ▲

広瀬舘城山

三田川

善徳寺 卍

五箇山

利賀川

在京を続けざるを得ず、越中へは主に家臣（被官）団が赴いた。

斯波高経・義将

その桃井軍 vs. 斯波軍の戦いを見てみよう。

1．康安元年（1361）12 月、久しく逼塞を余儀なくされていた桃井直常が信濃で蜂起し、越中に再侵入し上洛の準備を始めた。越中でよしみの兵（野尻、井口、長沢氏など）を集めた。

2．康安 2 年（1362）、将軍足利義詮は越中守護斯波高経や能登守護吉見氏頼などに凶徒・直常退治を命じた。そして高経への援軍として越前の二宮次郎左衛門入道（二宮貞光）なる人物に「軍勢催促状」を送った。「斯波軍に加われ」との指令書である。この二宮氏のことを覚えておいてもらいたい。

　　同年、直常軍と斯波軍は井口城、庄城、御服峰（白鳥城、呉羽丘陵のピーク）などで戦った。『太平記』や『二宮円阿軍忠状』によると、大将直常は円阿などとの戦いの最中にふとした油断を犯し、井口城に追い込まれ、大敗した。これによって直常の 3 度目の入京は夢と消えた。二宮氏はこの後もいろいろな場面で現れるが、軍忠状を書いた円阿と催促状を受けた貞光とは同一人物と思われる。

3．このあと斯波高経・義将親子は奈良・興福寺にからむ事件で将軍義詮の勘気に触れ失脚し、直常の弟桃井直信が越中守護になる。貞治 6 年（1367）12 月義詮が死没、応安元年（1368）3 代将軍義満が 10 歳で家督を継いだ。この機に斯波義将は幕閣に復帰、2 度目の越中守護となる。

　　一方、しぶとく粘る桃井直常・直和父子も応安元年、越中に戻って再挙の準備を進め、翌年には松倉城を手に入れ勝負に出た。『花栄三代記』（義満以降 3 代の室町幕府将軍に関する記録書）によると、応安 2 年 9 月 29 日の条に「桃井播州入道引籠松蔵城。越中国人等悉参御方之由有其聞」（桃井直常が松倉城に籠った。越中国人らがことごとく御方に参じた）とある。越中武士、就中石黒氏系の侍は南朝・直常が好きだったようだ。

4．応安 2 年（1369）年、斯波義将は「今度こそ桃井根絶を」と自ら陣頭に

立って越中に侵攻した。能登守護吉見氏頼、加賀守護富樫昌家らを従え、守護所を置いた守山城（高岡市）に陣取り、桃井軍に対峙した。この年の８月、当時越前にいたと思われる二宮次郎左衛門入道（二宮円阿）宛てに幕府からまたもや「義将を越中に差し向けた。早々に出発して忠節を致すように」との指令（御教書）が出た。斯波氏親子２代にわたって幕府がわざわざ援軍を命じた二宮円阿とは何者なのだろうか（後述）。

　吉見氏の家臣『得田章房の軍忠状』や『二宮円阿軍忠状』によると、応安２年の両者の戦いは４月から12月にかけて能登→加賀→越中と転戦した。９月は加賀国境の一乗寺城から井口城、千代ヶ様城を攻め落としたという。軍忠状とは自らの手柄を書き残し、あとで褒美をもらうための記録であろう。

5．応安３年（1370）３〜４月、直常の子直和が長沢（富山市婦中町）の戦いで戦死した。直常は松倉城から飛騨に逃げ、義将は京へ帰った。

6．応安４年（1371）、直常は飛騨国司・姉小路家綱の兵をつれてまたまた越中に入った。今度は石動山天平寺の衆徒とも連携して斯波氏の本城になっていた守山城を破るなど一時的には優勢に立った。

　しかしそれが桃井氏の限界だった。桃井軍は吉見氏や富樫氏、二宮氏などの軍に連敗を重ねた。花栄三代記によると、応安４年７月21・28日、８月12・13日条に記された「後位庄の戦い」の後、直常は行方知れずとなった。後位庄とは小矢部川左岸地域の五位荘（高岡市福岡町）のこととされるが、御服庄（富山市五福地域）だったとの説もある。

　桃井兄弟はいつ、どこで死んだかわからないが、当時幼かった直常の３男直弘は奈良・西大寺に預けられ、後年、五位荘に戻って西大寺を建立した。同寺が今は高岡市にある。また、直弘の子幸若丸（直常の孫）は織田信長などの武将に好まれた舞曲「幸若舞」（『敦盛』などが有名）を考案した。福光に伝わる民謡「福光めでた」も幸若舞から発しているという。

7．なお、南朝の征夷大将軍宗良親王はその後も信濃大河原（長野県大鹿町大河原）などで宮方勢力の結集を図っていたが、関東管領上杉朝房の攻撃を受け、退勢を挽回できぬまま弘安７年（1374）36年振りに吉野に戻っ

た。弘和元年（1381）年、歌人として南朝３代長慶天皇による勅撰和歌集
「新葉和歌集」を完成したのち、数年後に大河原で斃死したとみられている。
最期の場所については数多くの説があり、それが南朝の衰退を印象付ける
ものでもある。

石黒一族の同士討ち

　桃井 Va. 斯波の戦いの激しさと地方武士の厳しい生きざまを物語る系図があ
る。「越中石黒系図」（石黒定治氏蔵）である。

　この石黒氏系図によると、惣領方とみられる光成と庶子方光政のそれぞれ
の子孫が桃井軍と斯波軍に分かれ、応安２年と４年の激戦に光成系が桃井直常・
直信兄弟側に、光政系は斯波義将軍側に属して戦い、互いに討死や行方不明者

「越中石黒系図」（故石黒定治氏蔵）の一部

＊『石黒氏の歴史の研究』（石黒秀雄著）からの抜書

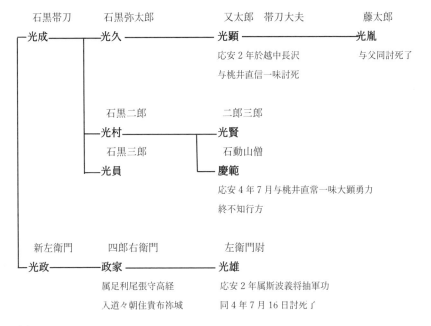

を出した。南朝色が強い石黒一族だったとはいえ、幕府の重鎮かつ現役の越中守護（斯波義将）が直接越中に乗り込んできたからには、一族を分断してでも従軍せざるを得なかった。

　この系図にあらわれる石黒氏は五位荘からいくらも離れていない木舟城にいた石黒氏一族のものとみられるが、嫡庶間で殺し合いをしてでも一方を残す（敗者側の領地は勝者側が得られるケースが多い）という地方武士の悲しい定めを見る思いがする。こうした場面では、互いに手加減はしないという誓詞を交わして戦場に赴いたという。木舟城主はこの戦を機に勝者である斯波側に付いた庶子方光政系が継いでいったとみられる。

斯波氏から畠山氏へ

　こうして足利一族同士の越中における南北朝の戦乱はほぼ終息した。結果、石黒氏系図にみられるように、越中全体の権力者構造を大きく変えた。久保尚文氏によると「桃井与党には旧関東御家人の嫡流家が多かったが、争乱過程で惣領制の解体が同時進行し、その軍事的敗北により没落も進んだ。庶家が所領を引き継いだ例もあるが、多くは幕府方に没収された。また越中各地に敗れた桃井方の子孫伝承を残し、子孫の中には幕府奉公衆に加えられた一流もあった。没収地の一部は将軍の母や兄弟子弟に給され、また幕府御料所（直轄地）とされた。また将軍家の菩提寺や寺社に寄進され、一部は細分化して将軍側近に給された。軍事制圧当事者の斯波家領も膨大だった」（『山野川湊の中世史』）と総括している。越中における桃井討伐後の所領・所職の給人交代は大規模だった。

　越中平定と桃井追討を成し遂げた斯波義将は、その後京都で政敵細川頼之との抗争を経つつ、足利義満・義持と2代にわたる足利黄金期に執事・管領職を務め、延べ18年にわたって幕政を主導した。守護として越中の分国支配に関しても強大な権力網を敷き、守護代に舎弟義種を置き、又守護代として二宮信濃入道・長田弾正蔵人・由宇又次郎の3人を布陣した。

　ただ、義将は約10年後の康暦2年（1380）、同じく管領御三家で当時越前

守護だった畠山基国と強引に守護管国を交換し、畿内に近い越前に移った。以後室町幕府の越中支配は畠山氏に世襲されていく。

畠山氏は武蔵国を本貫地とする武将一族で、河内・紀伊・能登の守護も兼帯した。越中守護を務めた基国、満家、持国、政長らも幕府の管領職を兼務し、越中に在国することはなかったが、越中はこの畠山時代になってから本来の守護領国（守護が任国を支配する）体制が固まったといわれる。

室町時代の越中国守護一覧

守護名	就任事由	在任期間		退任事由
吉見頼隆		建武3（1336）8月以前	建武4（1337）4月以後	
普門 俊清		建武4（1337）7月以前	康永3（1344）11月以前	罷免
桃井直常		康永3（1344）11月以前	観応1（1350）12月	罷免
〃	復帰	観応2（1351）3月	観応2（1351）8月	没落
井上俊清		観応2（1351）8月	延文1（1356）12月以後	没落
細川頼和		延文5（1360）5月以前	康安1（1361）6月	失脚
斯波高経		康安1（1361）9月	貞治1（1362）5月以後	
斯波義将		貞治2（1363）11月以前	貞治5（1366）8月	没落
桃井直信		貞治5（1366）8月	応安1（1368）2月	失脚
斯波義将		応安1（1368）2月	康暦1（1379）11月以後	交換
畠山基国	交換	康暦2（1380）7月以前	応永13（1406）1月	死去
畠山満慶	相続	応永13（1406）1月	応永15（1408）5月以後	辞退
畠山満家	相続	応永15（1408）10月以前	永享5（1433）9月	死去
畠山持国	譲与	永享5（1433）9月	永享13（1441）1月	没落
畠山持永		永享13（1441）1月	嘉吉1（1441）7月	没落
畠山持国	復帰	嘉吉1（1441）7月	享徳4（1455）3月	死去
畠山義就	相続	享徳4（1455）3月	長禄4（1460）9月	没落
畠山政長		長禄4（1460）9月	文正2（1467）1月	失脚
畠山義就	復帰	文正2（1467）1月	応仁1（1467）5月	失脚
畠山政長	復帰	応仁1（1467）5月	明応2（1493）4月	失脚
畠山尚順		明応2（1493）閏4月	永正14（1517）6月	譲与
畠山稙長	相続	永正14（1517）6月	天文14（1545）3月	死去

＊『富山大百科事典』（北日本新聞社）表は富田正弘氏作成による（一部略）

明徳3年（1392）8月28日、3代将軍足利義満の「花の御所」の東隣に開創された臨済宗の大寺相国寺の落慶法要が挙行された。この盛儀には公卿と在京の武士らが郎党を率いて参列したが、畠山基国は子の満家と郎党等30騎を従え、幕府から相国寺に向かう行列の先頭に立った。基国の家臣団の中に、のちに越中に関連していく遊佐氏（ゆさ）が河内守国長ら4人、神保氏（じんぼ）が宗三郎国久ら3人、そして井口彦五郎奉忠と椎名次郎長胤が随行していた。

　富山県史によると、遊佐氏は出羽国飽海郡遊佐郷（山形県）、神保氏は上野国多胡郡辛科郷神保邑（群馬県）がそれぞれ本貫の地であったが、この時すでに畠山氏譜代の家臣となっていた。椎名氏は名族千葉氏の一族胤光を祖とすると伝えられるが既に越中で国人として地歩を固めていた。

　もう一人の越中関係者とみられる井口奉忠とはあの桃井軍についていた井口氏と同じ一族なのか——井口村史では「これまでの越中井口氏とは直接関係がない畠山氏の被官」（平凡社の『日本歴史地名大系』）との見方を紹介しているが、富山県史では砺波郡に古くから在地していた石黒氏系井口氏一族とみて間違いないという。後者の見方だと桃井軍壊滅後もかつての井口氏が井口城付近に生き延びていたことになる。

　なお、相国寺落慶法要のほぼ1カ月後、義満の仲介により、南朝の後亀山天皇から北朝の後小松天皇に神器が譲られ「南北合一」が成立した。

　畠山氏による越中領国は、先述の通り、最初に守護になった基国の代から実質的に守護代が治めることになった。砺波郡の守護代遊佐氏は小矢部川水運の要地蓮沼（現小矢部市）に城を築き、庶家の遊佐加賀守家が又守護代となった。射水・婦負郡の守護代は神保氏が放生津（新湊）に、新川郡は椎名氏が守護代として小津（魚津）にそれぞれの居館を構え、越中は3守護代の統治下で動いていく。

　こうした中で、砺波郡の石黒氏一族は敗北した南朝サイドにあったとはいえ、一部は遊佐氏との繋がりを得て、在地の国人としての力量はそれほど衰えなかった。特に遊佐氏の場合は幕府重鎮の畠山氏を補佐する立場にあり、畿内

をあまり離れられなかった。そうした武家方の空白を埋める役割が石黒氏に回ってきたからである（後述）。

守護領国制

室町時代になって守護の役割は大きく変容した。鎌倉時代は「大犯三か条」という凶悪犯を拘束する検断権しか認められていなかったが、足利幕府によって以下にみるような広範な権力が与えられた。

①苅田狼藉検断権……他人の田んぼに入って勝手に稲を刈り取るのを検挙、断罪する権利

②使節遵行権……幕府裁判の判決結果を現地で執行する権利

③半済給付権……荘園の年貢の半分を取り、配下の武士に供与する権利

④闕所地給付権……罪科・敗戦等によって財産を没収された者の土地処分権

⑤段銭・棟別銭徴収権……田１反あるいは家１軒単位に幕府が課した臨時税を徴収する権利

鎌倉時代と明らかに違うのは、軍事・警察権に加えて経済的利得権が加わったことだ。室町時代の守護はこうした新たな権力を背景に、国人たちを被官として組織化し、被官を通じて分国の土地と人民を支配した。このような幕府・守護権力による支配形態が「守護領国制」といわれるものであった。

守護に認められた権限のうち最も都合が良かったのが使節遵行権だった。所領宛行などの際に抵抗者を武力排除してでも幕命を執行することが求められたからだが、これによって荘園内部に入り込むことができた。越中では守護畠山氏が在国しなかったため、こうした権限の行使は直属被官の守護代に任され、守護代は配下の又守護代（郡代）や国人に給与を与えて代行させた。現場に最も近い国人層が最も権力を行使できる立場にあり、守護は国人を如何に自分の陣営に取り込むかが権力強化のポイントとなった。

もう少し詳しく言うと、越中が畠山氏の領国になったといっても畠山氏が

領主になったわけではない。もちろん一部には幕府幹部や畠山氏自身が年貢徴税や百姓支配権のすべてを自分のものにした郷や村があり、これを「守護領」といった。元国衙領だったところや、鎌倉末期～南北朝の戦乱期に敵方（北条氏や南朝方）から没収した領地、あるいは犯罪者から取り上げた土地（闕所地）などは守護領になりやすかった。桃井方からの没収地のうち、新川郡の太田保のように「管領家領」という名目で細川頼之に給されたところもあった。

　だが従来からの荘園公領制に基づく土地支配形態がなくなったわけではない。むしろ足利幕府は、かつての寺社本所領とか公家領といわれる荘園に対してかなり融和的な政策をとった。武士の棟梁としては武士方の勢力拡張を支援しなければならないが、将軍や幕府の権威不足を補うためには、公家や寺社といった旧勢力の経済的基盤である荘園を温存しなければならなかった。南北朝の争乱が一段落した後は、いったん武家方が「戦時預り」していた荘園を旧来の領主に返還したほか、「守護使不入地」として侍の立ち入りを禁止する措置をとった荘園もあった。

　南北朝戦乱後の石黒荘についていえば、さすが天皇家立荘の門跡寺院領というべきか、一時的には武家領ないし守護請（守護が領主方代官になる）になったところがあったようだが、仁和寺や醍醐寺などから幕府へ強い働きかけがあり、次第に旧領主の領主権再興が認められていった。
　一方で、村落の百姓たちは、戦時の混乱から被害を最小限に止めようと自己防衛のための結束力を強めた。戦いに参加する国人たちにとっては、百姓たちと如何に協調関係を保つか、さもなければ力ずくで抑え込むか、といった状況が進行していたようだ。

院林了法と日野資康

　具体的に弘瀬郷に国人広瀬氏が現れたころの石黒荘内の出来事をみてみよう。

まず太美郷と院林郷。両郷とも鎌倉時代と同様に本家が円宗寺、領家は醍醐寺であったが、かなり古い時代から醍醐寺の内部で別院の「遍智院」と、醍醐寺を本寺とする五門跡のうちの「三宝院」とで両郷の奪い合いが続いていた。そこに在地領主の院林氏が地頭職として食い込むという複雑な状況にあった。建暦元年（1211）には院林二郎が鎌倉将軍源実朝から両郷の惣追捕使職を安堵されたという御教書が残っており、先述したように建武3年（1336）足利尊氏が御教書を出して院林了法に両郷地頭職を安堵し、事実上の武家領にしたこともあった。了法は尊氏に従軍して忠義を尽くしたからだが、この時は領家側が即座に抗議、光厳上皇が院宣を出して両郷を三宝院賢俊に安堵した。と思えば、その直後に幕府が地頭識を了法に渡すよう再度の命令を下す、といった武家と王家の争いも演じられていた。

　この混乱に乗じて両郷内に青柳孫二郎、今村十郎、さらには逸見次郎三郎、同小五郎、波田野下野守といった国人侍が乱入し、濫妨・狼藉を働いたといわれる。そのうち領家醍醐寺は年貢さえ確保できれば下地を放棄してもいいという状態になり、本家の円宗寺（法華堂）まで年貢が届かなくなってしまった。法華堂は応安2年（1369）後光厳天皇に頼んで「院林郷と石黒上郷の下地を法華堂禅衆らに知行させよ」との綸旨を出してもらったものの、法華堂には現場を管理する能力がなく、4年後、領家三宝院が「法華堂の寺用米代銭10貫文を毎年納入する」と約束してようやく一段落した。本家・領家の荘務能力の頼りなさが隣の石黒上郷まで影響を与えた。

　同じころ山田郷でも大きな変化があった。山田郷はかねてから幕府が越中守護職に命じて接収させていたが、康暦元年（1379）将軍足利義満によって仁和寺に返還され、同時に中納言日野資康が「円宗寺領石黒荘山田郷の年貢170貫文の納入を50か年契約で請け負った」（仁和寺文書）。日野家といえば藤原北家に属する名門貴族（堂上家）であり、歴代の足利将軍家に多くの正室を送り出した。資康は義満の御台所日野業子の兄である。義満が山田郷の代官職を妻の兄にプレゼントしたといった構図が浮かんでくる。

　だが、この日野資康の山田郷知行の背景に、幕府（足利義満）と北朝（後

小松天皇）の策謀があったとみられている。日野家の猶子であり資康の義兄弟となっていた本願寺5代綽如をくみ入れて、越中における南北朝争乱を完全終結させるための思想戦（宗教改革）を開始したとの見方である。幕府は桃井直常らの越中南朝軍を没落させはしたが、なお「後南朝」と呼ばれる残党が石黒荘や五箇山に集結し、天台密教系衆徒と合体して復活を図っていた。そこに綽如を下向させ、宗教・思想面から根こそぎの南朝排除を図った、との説である。

綽如の瑞泉寺建立

策謀の仕組みが分かりにくく、この説を単なる俗説とみなす向きもある。だが、地元での伝承を含めて今も多くの人が事実に近いと受け止めている。以下にその概要を示そう。

応安8年（1375）、綽如は26歳で父善如から譲状を受け、本願寺5代宗主となった。当時の本願寺は宗祖親鸞の廟所である京都・大谷にあった。天台宗青蓮院の末寺の末寺でしかなく、本堂や御影堂はあったものの、大谷一族に所領はなく、厳しい生活を強いられていた。ただ、親鸞は日野家の出身だったといわれ、歴代宗主は日野家の猶子となっていた。綽如も大納言日野時光の代に猶子となった。日野資康と業子は時光の実子なので、綽如にとって義満の妻業子は義理の妹、したがって将軍義満は綽如の義理の妹婿にあたり、義理の弟のような関係にあった。また、時光らの斡旋により延文2年（1357）本願寺は北朝後光厳天皇から勅願寺とされていたという。

瑞泉寺5代賢心が著した『賢心物語』にこうある。「大唐の国王から朝廷に来た書状の中に読めない文字が三字あり、南都北嶺五山その他の学匠誰一人読めなかった。越中下向中の綽如が呼ばれて解読し、返書までしたためた。天皇は、綽如に『周円上人』の諡号を与え、褒美として越中国利波郡山田郷を与えるとしたが、綽如は出家の身にはふさわしくないので一宇興隆させてほしいと申し出た」。それが瑞泉寺で、近国を勧進したのち、加賀・越中・越後・信濃・

能登・飛騨の六ヵ国の武士に働きかけ、明徳元年（1390）越中・井波に瑞泉寺を造立した。なお、大唐を異朝とする史書もあるが、中国のことであるとすれば当時は明であった。

　この国書解読の逸話が事実であったかは疑問が呈されている。当時の朝廷や今の政府にこれを裏付けるような史料がないからだ。後小松天皇が綽如に諡号を宣下した記録はない、との指摘もある。賢心物語では綽如の宗教活動を強調して「山田郷よりも勧進状の方を望んだ」と書いているが、久保尚文氏は「山田郷を宛がわれた後、瑞泉寺を建てたのではないか」と前段を重視する。

　先述の通り、康暦元年（1379）山田郷を再建するため日野資康が年貢170貫文の納入を50年契約で請け負った。この資康は綽如と義理の兄弟であった。「年貢請負契約の当事者資康に代わり、綽如が南砺山田郷に下向し、恐らく小矢部川水運業の有力者で、経済実務に長けた時衆商人杉谷慶善の協力を得て知行再建に成功した。10年後、利益を元手にし、勧進活動の協力を受けつつ、瑞泉寺を創建した」（久保氏の論文『石黒荘の成立と石黒氏の台頭』）。

　以上のような将軍義満と後小松天皇および綽如の動きの背後に、砺波郡南部や五箇山に残存する南朝勢を宗教・思想面で懐柔・改宗させようという目的があったというのが策謀説である。共に相国寺系の禅宗を尊んだとされる義満と後小松天皇にとって、改宗先は浄土真宗でもいいのかという気はするが、南朝と天台・真言・山伏系との関係を絶ち切りたかった二人にとって、とにかくこの地から密教系宗派を一掃したかった。もとより本願寺は親鸞の時代から山門（延暦寺）から迫害を受けていた。

　話がさらに複雑になってきたので、綽如の行動を年代順（年号は北朝）に追ってみよう。現在小矢部市西中にある「中村願称寺」の寺伝によると、綽如が初めて越中を訪れたのは応安2年（1369）20歳の時だったという。願称寺開祖とされる綽玄は、南北朝争乱に際して南朝方に属していたが、越前金ヶ崎城落城後に真言宗の僧になっていた。そこで敦賀に下向中の綽如に出会って浄土真宗に帰依し、綽如に従って越中入りしたという。越中に来たのは、当時本

願寺に出入りしていた砺波郡野尻の杉谷慶善の案内によるといわれる。これが事実だとすれば、斯波義将 vs. 桃井直常の激闘で越中の南朝軍が壊滅する寸前の状況を綽如が見ていたことになる。以下、綽如の足跡を見てみよう。

・応安 8 年（1375）綽如、本願寺 4 代の父善如から譲り状を受ける。

・永和 2 年（1376）綽如 27 歳、越中に下向（2 回目）し、越中西中村の一宇（願称寺）を弟子綽玄に譲る。

　　　　　　　　……願称寺伝によると、綽如は永和年間（1375 〜 1378）に越中野尻の杉谷慶善の支援を得て、杉谷村（井波）と西中村（小矢部市）にそれぞれ一宇（草庵？）を建立、越中門徒の化益にあたっていたとされる。

・康暦元年（1379）将軍義満、日野資康に山田郷代官職を与える。

・永徳 2 年（1382）後小松天皇、践祚する（6 歳）。

・至徳元年（1384）綽如 35 歳、京都で当時 9 歳の長男（のちの巧如）に第 1 回譲状を書く。この時に譲ったのは「本願寺寺務職」で、自らは「遼遠の地（越中のことか）に赴く」と書いている。

・康応元年（1389）2 月善如入寂。7 月綽如 40 歳、京都で 14 歳の長男（巧如）に第 2 回目の譲状を書き、越中に下向した。この時の譲状は「本願寺別当職」となっている。別当職とは、親鸞の廟堂を守る留守職に本願寺の住持職を含めた、のちの宗主にあたる。

・明徳元年（1390）綽如、「堯雲」の名で勧進状を作り、越中井波・杉谷に瑞泉寺建立。

・明徳 3 年（1392）南北朝合一が成立。

・明徳 4 年（1393）綽如 44 歳、4 月 22 日井波で第 3 回譲状を口授・花押。譲状は「本願寺別当職」。4 月 24 日五箇山中で横死。

　この綽如の経歴を見た第一印象は、永和年代までは、越後へ配流された宗祖親鸞の足跡をたどる形で北陸門徒の教化に取り組んだ歴代宗主と同じ姿がある。だが、その後の越中下向には確かに何か異様な切迫感が感じられる。

まず、譲状とは遺言状ではないのか。なぜ何度も書くのか。特に２回目は父が亡くなったばかりなのに幼い長男へ「時芸（綽如＝自分のこと）病気俄かに崩し命葉殞んとす」と書き置いて越中に向かった。綽如の決死の思い、尋常ならざる雰囲気がある。なぜ死にそうになっても越中下向を急ぐのか。

　現在の地図をみると、瑞泉寺の南東にあたるほぼ隣接地に井波城跡がある。本丸・二ノ丸・三ノ丸という縄張り跡が残っている。創建時の瑞泉寺の跡とみられ、文明年代の山田川の合戦（後述）以降、周辺の武士団に対する防衛手段として城郭化された。天正年代には佐々成政がその瑞泉寺を焼いたが、その後成政の武将が郭として使っていたといわれる。これを見ると綽如が建てた瑞泉寺が小規模な寺だったとは思えない。明徳元年に６ヵ国に勧進して建てたというが、勧進状を発した同じ年に完成したというのも何かおかしい。勧進状の執筆者名「堯雲」は綽如本人ではなくかつての学友だった三河国法蔵寺堯雲だったとの説もある。いずれにしろ、寺院建立までには相当な準備期間と資金が必要だったとみられ、その間綽如は何度もこの地を訪れていたはずだ。
　井波町史にこう書いてある。「思うに一寺建立には、その願主があることはもちろんであるが、その建立地の領主の承認が不可欠である。……井波瑞泉寺建立地の領主は斯波義将で、（建設のための）労力の提供者と目されるのは将軍義満と管領斯波義将の命を受けた北陸六カ国の武士」であった。
　瑞泉寺建立地の山斐郷は本願寺の教線拡大の拠点とするにはあまりにも寂しいところだった。だが越中⇔五箇山⇔飛騨をつなぐ要路とみればこれに勝る地点はない。綽如が譲状を書いた１回目から３回目までの期間、桃井軍との戦いに勝利した斯波義将がこの地の領主（しかも管領）として在任中であった。もともと本願寺が３代覚如以来北朝方であったことと合わせ、「将軍義満・管領義将・北朝後小松」と瑞泉寺建立に向けての幕府・北朝側のすべての条件がそろっていた。

　こうして『越中吉野朝勤皇史』によれば願主・綽如は密命をきちんと果たした。五箇山・下梨の瑞願寺に残る古記録に「綽如は明徳元年に五箇山に来た。

74

この寺をはじめ五箇山中伝来の天台山門を覆し浄土真宗に改宗せしめた」と記されている。しかもその方法が、後小松院の願いによって（教化にあらず）上申して改宗せしめた」ものだったという。

　義満の調停による南北朝合一の後も、南朝の子孫をかついで伊勢の北畠氏、河内の楠木氏、紀伊の湯浅氏、そして越中石黒氏ら「後南朝」といわれる勢力が各地で活動を続けた。ただし、綽如下向以降の五箇山からは南朝の火種はほとんど消えた。むしろ、その後の五箇山は妙好人「赤尾の道宗」を生むなど浄土真宗が染み渡った。かつて宗良親王の本陣が置かれたともみられる瑞願寺には、いま「綽如上人御舊（旧）跡」と南朝の「長慶天皇御陵」と記された2つの石碑が並んでいる。

　思えば、綽如上人ほど悲しい本願寺宗主はいなかったかもしれない。最後の越中下向には多くの武将が随伴していたといわれ、彼らは綽如亡き後、髪をそり、瑞泉寺周辺にいくつかの坊舎を建てた。だが、当時の綽如は宗教者としては独りぼっちだった。彼がいて瑞泉寺があったことが本願寺8代蓮如の越中下向につながり、一向一揆による越中惣国が生まれることになったのだが…

弘瀬郷の国人代官変遷記

　さてここからは広瀬舘村があった弘瀬郷に話を戻す。一部重複するが、富山県史の「中世史資料編」の中から同郷関連文書を拾っていこう（[] 内は文書番号）。同郷が誰に治められていたか——わずかではあるがその状況を垣間見ることができる。

1. 永和3年（1377）4月16日付の広瀬信定の請文。「弘瀬郷領家方所務職となり、同郷西方分の年貢を毎年京進75貫文で請負う」

（京都大学「千草文書」）[467]

〈補足〉
・これは既述した。越中守護が斯波義将だったときのことであるが、弘瀬郷は仁和寺菩提院領として継承され広瀬信定が代官を請け負ったことがわかる。

2．応永19年（1412）、幕府が東寺造営料として国中平均の棟別銭を越中各地に課した。これを受け、当時斯波義郷の所領であった広瀬庄（弘瀬郷）では、同庄の代官とみられる左衛門佐（二宮信濃入道）が「向田入道」と「あさみ入道」の2人宛に「領内の家数と奉行名を調べよ」との書状を送った。

（東寺百合文書）[576]

〈補足〉

・幕府が東寺の修復資金のため越中を含む数カ国かに棟別銭を課すという命令（御教書）を出した。かつては朝廷が行っていたこうした事業を足利幕府は自ら統括するようになっていた。棟別銭とは1棟単位に課される家屋税であり、国中平均とは寺社本所領・武家領など土地の領有関係と関係なく一律に家屋1棟当り1疋（10文）などといった税を課した。

・弘瀬郷はこの時、斯波義郷なる者の所領となっていた。義郷とは義将の2代あとの斯波家当主であるが、この時はわずか2歳。斯波氏の子供名義の所領であったことになる。桃井討伐後、弘瀬郷では領家仁和寺菩提院の下地権が斯波氏一族に掌握されていたのであろう。

・重要なのは代官の名前が二宮信濃入道であることだ。次の3項で明らかになる「二宮信濃入道是信」と同一人物であろう。あの二宮円阿に連なる一族であったと想像される。多分、是信はいつも弘瀬郷に在郷しておらず、この時は現地にいる又代官クラスの向田・あさみ両入道に領内の家屋数と奉行の名前を調べ、棟別銭を徴収するよう指示した。京済といって決済は京で済ますので棟数などを知らせろといってきたのであろう。向田入道という名は、源平盛衰記で木曽義仲に従軍した越中武士の中に向田荒次郎兄弟がいたことを思い出させる。

・なお、棟別銭や段銭は守護が介入できない「守護不入地」には課せられなかった。例えば三社領（伊勢神宮・石清水八幡宮・賀茂神社）、臨済宗の五山・諸塔頭領などには守護の権限が及ばなかった。三代御起請地（白河・鳥羽・後白河院が立てた荘園）もその対象地だったとされるが、後三条天皇が発起した円宗寺領石黒荘にはこの特権が適用されていなかった。

・応永19年は畠山基国が越中守護になってから32年たっており、畠山満家

76

が守護の時代。この時になってもなお元守護である斯波氏の所領が残り、彼の被官たち（二宮氏）が越中に根を張っていたことになる。

3．応永26年（1419）10月17日付御教書。将軍家（足利義持）から越中守護畠山満家宛に「仁和寺雑掌が申すには、これまで二宮信濃入道是信に弘瀬郷領家職の代官を請け負わせてきたが、その跡を継いだ代官が年貢を納めなくなったという。それが事実であれば、下地を仁和寺雑掌に返還させるように」との命令が出された。

（仁和寺文書）[607]

〈補足〉
・弘瀬郷を掌握しているのは斯波氏から守護畠山満家に代わっていた。
・弘瀬郷の領家仁和寺の存在も明らかである。二宮是信は応永19年の東寺造営棟別銭の賦課に際しては向田・あさみ両入道にしかるべく命を下し、代官役をきちんと果たしていた。しかし、間もなく没したとみえ、応永26年、仁和寺雑掌が「是信の後の代官が違乱に及ぶ」と幕府に訴え出た。こうした場合は、係争地の下地をいったん領家に返させてから処理する方式になっていたようで、幕府は守護満家に対してしかるべき沙汰（措置）を命じたのがこの御教書である。

4．同年10月26日付で守護畠山満家から守護代遊佐河内守国盛宛てに「弘瀬郷の代官の違乱を止めさせ、下地を雑掌に沙汰付けするように」との施行状が出された。

（仁和寺文書）[608]

〈補足〉
・施行状とは守護から守護代に命令を伝達する書状。3項で幕府からの命令があった9日後に、守護満家が守護代遊佐国盛に伝えたものだ（両者とも越中にはいない）。

5．同年10月27日付で守護代遊佐国盛が又守護代の遊佐加賀守宛に「代官

の違乱を停止させよ」との遵行状（じゅんぎょう）を出した。

（仁和寺文書）[609]

〈補足〉

・守護代の国盛は河内にいたのであろう。守護からの命令を受け取るとすぐ翌
　日、現場（越中）にいる又守護代の加賀守宛てに命令を回送した。施行状と
　遵行状は同一紙に筆写されており、両状は同じ意味である。こうした伝達が
　スムーズに行われるのは畠山氏の領国経営体制が整ったことの反映といえ
　る。弘瀬郷の武家方支配構造が「幕府―守護畠山満家―守護代遊佐国盛―又
　守護代遊佐加賀守―領家代官二宮氏（違乱者が出る前）―又代官向田入道・
　あさみ入道」であったことが判明した。

・このあと、違乱者を突き止め、又守護代ないし守護使が「使節遵行権」に
　基づく係争地返却命令を出して従わせる。この命令書を打渡状といったが、
　これは見つかっていない。

6．応永28年（1421）12月11日付で（代官の違乱処理が終わったらしく）「小
　　野左京亮道阿」なる人物が「菩提院領越中国石黒庄内広瀬郷領家方代官職」
　　を請負うとの請文を出した。内容は以下の通り。

　一、年貢を毎年180貫文、8〜12月に京進する。干水損や諸事の煩い事
　　　によらず沙汰（実行）する。

　一、恒例の臨時役（段銭など）・御代一度の天役（天皇交代時の諸役）はか
　　　たく沙汰する。

　一、惣荘ならびに庶子分である高宮・東広瀬・山本・竹内以下の年貢を増
　　　やせたら、京進の年貢も増進させる。

　一、一期務めた後は代官職を器用な仁に相続させるが、いないときは本所
　　　のはからいとする。

　一、地下（じげ）のことはよろず本所のはからいとするが、地下人が反抗してきて
　　　も年貢には響かせない。請人をたてたからには一切異議は唱えない。
　　　この請文の最後に「寄懸屋」という請人の押印がある。

（仁和寺文書）[616]

78

〈補足〉

・弘瀬郷の新代官に小野道阿が決まったことがわかる。道阿は小谷入道とも呼ばれており、惣荘（広瀬舘村あたり）に居を構え、庶子たちを東広瀬その他弘瀬郷の各地に住まわせている。この支配形態はかつての地頭藤原氏一族を思い出させる。

・この時代の代官は2通りあった。荘園の年貢・公事の収納に至るまでのすべての荘務を本所の指示通りに行う「直務代官」と、荘園経営を全面的に受託し納入年貢額のみに責任を負う「請切代官」である。富山県史では「二宮是信の後継代官が違乱して退けられたあとだけに、この（小野氏の）請負の内容は直務代官といえる」という。庶子を各村に分散して住まわせた現地の有力武士だったとみている。

・地下人（百姓・地侍ら）がきちんと年貢を払ってくれるかどうか不安な雰囲気が感じられるが、京都と取引のある商人の屋号とみられる寄懸屋という請人（保証人）を立て、請切代官的な契約文書となっている。この時代になると「請文の文面は、常に代官によって無視され、請負った年貢の員数（金額）は次第に減少していくのが、あたかも定まったコースであった」（富山県史）といわれているのだが…。

7．寛正5年（1464）2月25日付で「越中国石黒荘内山田郷・弘瀬郷などを仁和寺菩提院領とする」旨の安堵状が出た。これは8代将軍足利義政による安堵とみられる。

（仁和寺文書）[795]

〈補足〉

・この時、弘瀬郷・山田郷とも仁和寺菩提院の領地として回復していたことがこの安堵状で確認できる。将軍が代わるたびに安堵のお墨付きを求めたのであろうか。

・ただし「下地は散在状態になっている」との注釈文書が付いていた。領地の一部が誰かに侵略され、一円支配できない状態になっていたようだ。

8. 文明2年（1470）、弘瀬郷に新たな領家方代官が補任されたが、その名は
またも二宮氏であった。関連する以下の3通の仁和寺文書がある。

一．仁和寺菩提院が「二宮与三郎」を弘瀬郷領家方代官に任せたとする補
任状　　　　　　　　　　　　　　　　　　　　　　　　　　　[851]

一．「当年より5年間、京進年貢毎年60貫文を請け切る」との二宮氏の請
文　　　　　　　　　　　　　　　　　　　　　　　　　　　　[852]

一．この契約ができたこと及びその内容を「按察僧都御坊」に知らせる書
状　　　　　　　　　　　　　　　　　　　　　　　　　　　　[850]

〈補足〉

・応仁の乱の渦中にあった年であったが、弘瀬郷の年貢を請負ってくれる新た
な代官が見つかった。また二宮を名乗る人物だったが、請負額は46年前に
小野道阿が請け負った180貫文のちょうど3分の1でしかない。にもかか
わらず、按察僧都に知らせる書状では二宮与三郎氏が代官を請負ってくれ
たことを「目出候」と書いている。年貢が大幅に減っても、仁和寺にとっ
てはめでたいことだった。

　按察僧都とは律令制下における仏教の僧尼を管理するために置かれた僧
官の職名である。仁和寺なども荘園経営に関わる重要事項（およびその変更）
についてはその都度国家機関に報告する義務があったようだ。

・二宮与三郎の請文には小野道阿の時代と同じように「地下の公事については
（何か問題が起きれば領家側に）成敗を任せる」という付帯条件が付いてい
る。百姓の中には年貢がきつくなると逃散して村を出て行くとか、村民が
集団で山の中に隠れて農作業を放棄するといった者たちが出た。村人たち
をうまく差配できる長百姓や地侍らの協力がなくては年貢の収集・運搬は
成り立たなくなっていた。

・注目したいのは、二宮氏が「請切申之上者…」（請切ったからには…）と年
貢収納へ自信をみせていることである。直務代官より請切代官の方が京都
の武家政権とより強いつながりを持つ者が多く、仁和寺としては小野氏の
ような直務代官に任せるより（プロと見込む）請切代官二宮氏に頼むしか
なくなったようだ。

80

・文明 2 年といえば蓮如上人が越後・吉崎に移り住むようになる前年であるが、その当時に弘瀬郷の荘園領主として仁和寺がなお健在？であったことがわかる。

国人二宮氏

さて以上の広瀬郷国人代官変遷史の中で気になるのは二宮氏である。仁和寺が頼んでまで代官を引き受けてもらった二宮氏とはどんな一族だったのだろうか。

弘瀬郷の国人代官となった広瀬信定、二宮是信、小野道阿、二宮与三郎らは、一般の歴史書によるといずれも在地（越中）の国人だったとみられている。確かに広瀬氏と小野氏には姓名や庶子の配置などで在地性が感じられる。しかし、二宮是信と二宮与三郎については、斯波氏の被官二宮信濃入道円阿とのつながりを考えざるを得ないのではないか。円阿は幕府によって桃井軍との戦のため 2 度にわたって斯波氏の援軍を命じられた。井口城や千代ヶ様城など砺波郡での戦いの他、最後の五位荘の戦いでは桃井・南朝方が拠点とした赤丸浅井城近くの鴨城（高岡市福岡町加茂）に拠ったとの説もある。そして戦後は斯波氏が治める越中の又守護代の一人として残留した。新川郡若杉郷の一部を所領（守護領）とし、同族とみられる二宮五郎光広へ宛てた譲状も残されている。

また、井波町史でも「井波地方の山斐郷は斯波義将が越中守護になったときから斯波氏領とされていた。寛正 6 年（1465）、それまで同郷の領主は斯波持種（義将の弟）であったが、被官である二宮信濃守が押領したので、これを本主に還付されるよう幕府に申請がなされた」との記述がある。弘瀬郷の国人二宮氏は守護に逆らわなかったのに対し、山斐郷では現地にいた二宮信濃守と称する家臣が主家の領を押領する下剋上が発生していた。

つまり、越中の守護が斯波→畠山と変わった後も、斯波氏の被官が長らく越中に留まっており、二宮是信や与三郎はやはり円阿と同一族とみていいように思われる。

ここに河村昭一氏が「若越郷土研究」（福井県郷土誌懇談会編）第23巻第4号で発表した『斯波氏の被官構成』という論文がある。そのなかで南北朝期の斯波氏の権力を支えた中核的被官の一人として二宮氏の出自を調べているので紹介したい。

　河村氏によると、多くの学者に「二宮氏は越中国の人」と見られてきたが、その理由の一つに『満済准后日記』の永享3年（1431）9月18日の条で、二宮信濃入道なる人物が満済を訪れ、「越中本領事、本所仁和寺菩提院何様子細哉由、…」と挨拶していることにあるという。満済とは醍醐寺三宝院の座主である。信濃入道本人が「仁和寺領石黒荘弘瀬郷は自分の本領だ」といっているのだから、越中出身者とみられたのではないかという。しかし、河村氏は「二宮氏を越中出身の武士とはみなしがたい」と述べている。

　というのは、二宮氏はもともと越前にいて、「幕府御家人的立場の独立的国人として将軍家に参じていたが、ある軍事行動において斯波氏の指揮下に配されたのを契機にして、以後次第に斯波氏との関係を強めていったと想定される」とみる。貞治期（1362〜1368）、越前の守護代に在職していたとみられる二宮円阿に対して幕府から「斯波氏に従軍せよ」との指令が下った。元越前守護だった斯波氏が円阿に援軍を頼むのは不思議ではないが、なぜ幕府が御教書まで出して「凶徒退治」の援軍を命じたのか。二宮氏は斯波氏の根本被官でなく、越前に昔からいた豪族武士だった可能性が高い、と河村氏はみる。

　同氏によると、円阿は越中に残ったときに砺波郡の「郡代」も務めており、三宝院満済に会いに行ったのは是信だったのではないかという。円阿の関係氏族が越中国内に所領や代官職を得ても何ら不思議はなく、弘瀬郷に来た国人二宮氏もその流れだったとみていいのではないか。だが、二宮氏の越中におけるそもそもの権力基盤が斯波氏にあったことから、越中で畠山氏の勢力が強まるにつれ徐々に一族の本貫の地である越前大野郡に帰っていった。

　つまり、弘瀬郷にとって二宮氏は他所者だったことになるが、このことは不思議でも何でもない。むしろ直務をやらない請負代官の方が室町時代の主流だったとの見方もある。代官請負制度に詳しい高橋敏子氏は「この時代、請負

代官に任じられたのは、禅僧、土倉、酒屋、商人、山伏など経営能力と財力を持つ者、幕府奉公衆、守護被官、国人などの武家領主たちであった。補任に際しては、年貢納入が滞った時の保証として、補任料あるいは敷銭の納入や請人を立てることを求められた」という。

　法（律令）や昔からの社会システム（職の秩序）が崩壊する中で、実質的な下地知行権を持てなくなった荘園領主がどうしたら年貢を確保できるか――。そのためには「室町幕府や守護からの援助」（高橋氏）が不可欠であった。すなわち他所者であっても「中央武家権力とつながりを持つ国人代官」という暴力装置が必要だった。在京領主が欲しいのは銭であり、代官は腕力のある赤の他人に任せた方が余分な手間が省けたからである。

荘園の解体

　荘園は応仁の乱（1467〜1477）を境に解体の時期を迎えた。守護大名が嫡庶間で生存競争を続ける中で、弘瀬郷や礪波郡の年貢は天皇家や仁和寺、醍醐寺、東大寺、あるいは鷹司家、勧修寺家といったかつての権門には届かなくなっていった。といって幕府の管領家や守護・守護代クラスがそれを全部収取したかといえばそうでもなかった。形式的には彼ら上位者が年貢徴収ルートに名を連ねているが、実質的には又、又といくつもの又がつくような武人代官が現場を抑えていた。つまり末端の国人クラスや長百姓・地侍たちが年貢を差配し、自らの懐も温めるような状況が出現していたのではないか。もちろん、その国人たちも周辺からの侵入者・違乱者を100％防ぐことはできなかった。

　百姓サイドから見たこの時代の史料はほとんどなく、彼らが徴収された年貢が増えたか減ったかは定かではない。

　だが、こうした環境変化の延長線上に、幕府権力の外にあっても実力だけで一国以上の領主にのし上がっていく戦国大名誕生の萌芽があったように思える。

綽如の足跡

　この章の最後として越中で綽如の足跡が残る寺を紹介しておきたい。一つは広瀬舘村の妙敬寺である。鎌倉時代、仁和寺の預所と地頭藤原氏一族が奪い合った柿谷寺とは目と鼻の先にあり、大山喬平氏が「領家（仁和寺）の政所が柿谷寺にあったとすれば地頭の館は妙敬寺の場所にあったのではないか」とみているところにある。

　妙敬寺の由緒書にはこうある。「越中に下向された綽如上人は矢立の峠（倶利伽羅峠）を越え、野尻のあたりに寄宿せられ、後この立野（舘）に移られ御庵室を結ばれた。その頃杉谷というところに慶善という禅門あり、立野にいる上人に深く帰依し、彼の地にも一宇建立ありて杉谷山瑞泉寺と名付けられた。……この井波御坊（瑞泉寺）を『東之堂』と称するのに対して（妙敬寺は）『西野堂』と号された。……（妙敬寺の）開基教宗は瑞泉寺４代蓮欽の３男で、教宗の時初めて妙敬寺と名づけた」。

　綽如は越中に入ってまず野尻に入ったといわれるが、その後瑞泉寺を建てる前に越中各所を巡錫した。彼の足跡を記録したものは何もないが、その中で杉谷村（井波）、西中村（小矢部市）、北野村（城端）そしてこの広瀬舘村などに草庵を設け、それぞれしばらく滞在したのであろうか。現在、妙敬寺の庭には「綽如上人御墓所」があり、教宗の母である蓮如上人の娘（15女）了如禅尼の遺骨も納められているという。

　この妙敬寺の由緒書には「綽如上人伝」が添えてある。その中に「上人の（越

妙敬寺

綽如上人御墓所（妙敬寺）

中）下向は単なる法義宣揚のためばかりでなく、当時、本願寺は北朝武家方の祈願所であり、南北朝時代の政争の中で財政的に衰退し、生活費を請う状態であったので越中に来錫した。……宮方の残党は南朝復活の夢を抱き、石黒荘ならびに五箇山へ終結していたので、上人の下向は北朝・後小松天皇の勅諚を受けて瑞泉寺を建立して宗教による思想統一を企てた（井波住の松緑正範師著）」とある。南朝懐柔説には根強いものがある。

　次の綽如関連寺は西勝寺という。石黒荘中郷の西勝寺村（現南砺市川西）にあった。かつて石黒氏の宗家の高盾城があった村で、一族の本貫地といわれる。そこに、以前から天台系の最勝寺というお寺があったが、住職が綽如に帰依・改宗し、瑞泉寺建立と同じ年に西勝寺と寺号を変えたという。56年後の文安3年（1446）に加賀に引っ越し、現在は金沢市瓢箪町に浄土真宗本願寺派西勝寺としてある。石黒荘西勝寺村時代に綽如から賜ったとされる方便法身尊像（掛軸）や当時の扁額が今も大切に保存されている。短期間の越中下向にもかかわらず、綽如の化益が南朝方石黒氏一族の根源地まで食い込んでいたことになる。

瑞泉寺（左は太子堂）

もう一つは砺波・般若野にある厳照寺。お寺の前に樹齢450年といわれる巨大杉が2本立っている。この寺は綽如の3男越前興行寺周覚の孫で永平寺にいた了勝という僧侶が、高祖父綽如を思って越中に移住して建てたとみられている。当初の寺基は今の庄川の河心にあり、加賀藩時代の正保3年（1646）に現在地に移されたという。

　綽如は瑞泉寺創建の翌年、親鸞聖人の御正忌を執り行った。そのさらに翌年の明徳3年には南北朝合一が成り、綽如は近江の木辺錦織寺にいた存覚7子の慈観鋼厳から『六要鈔』（存覚著）を授かった。六要鈔は親鸞の『教行信証』の注釈書で浄土真宗の聖典の一つに数えられる。存覚は本願寺教団の創始者といわれる父覚如（3代宗主）から義絶され、布教の旅に出た。存覚系の法圏が石黒荘にものび、吉江郷遊部に常楽寺が建立されたこともある。常楽寺の末寺や存覚の法灯を相続した僧が建てたと伝えられるお寺が今も福光新町（願全寺）や院林（常願寺）にある。綽如がこの地に来たときも存覚の影響は色濃く残っていた。俗界から頼まれた使命をすべて果たした綽如にとって存覚はどんな存在だったのだろうか。

　『越中真宗史』（寺野宗孝著）の中で、「本願寺を中心とする教団確立のため、覚如が京都に在って北朝方に接近したのに対し、存覚は南朝方に好を通じ、南朝の隠密的役割を果たした。両者の義絶は父子了解のもとで行われた偽装的なものであったとみる学者もいる」と興味深い指摘がなされている。

　明徳4年4月22日、綽如は井波で長男への3回目の譲状を侍者尊俊に口授し、花押した。悲劇の人となったのはその2日後、場所は五箇山中であったといわれる。まだ44歳であった。

盆踊り

権右衛門の家の前に築山があり、その
周りで、ちょんがれ踊りを踊った。

第4章　一向一揆 〜室町時代中期〜

一向宗

　応仁の乱以降、幕府や守護大名の地方に対する権力が弱まり、農村にまで命令が届きにくくなった。というより、命令を聞いても利益につながらない——「勝手にやろうか」という空気が醸成されていった。現地にいる国人クラスが反乱を起こしたのを国一揆、百姓たちの集団蜂起を「土一揆」というが、北陸地方で起きたのはそのいずれでもない一向一揆であった。一揆の主体になったのは浄土真宗の門信徒として団結した百姓と国人下部クラスの地侍たちであり、年貢の軽減を目指して武装闘争を展開した。

　越中に「念仏」が伝わったのは一遍智真が開いた時宗によってであった。踊り念仏を始めた一遍上人その人は越中を遊行しなかったようだが、2世を継いだ他阿真教が正応5年（1292）末から翌年2月にかけて小矢部川河口の放生津や氷見など射水郡域を歴訪した。福光には他阿真教に教化された吉江道場慮阿が田中村に「仏土寺」を建立し、放生津の「報土寺」とともに越中における時宗寺院の双璧をなしていた。小矢部川を行き来する時宗商人らの媒介によって「南無阿弥陀仏」を唱える土壌がこの時代から培われていた。

　一向宗というのは、元々、鎌倉時代の浄土宗の僧侶一向俊聖が創めた仏教宗派の名称であったが、その後、時宗の一派とされ、さらに称名念仏を同じくするという意味で浄土真宗と混同され、真宗門徒のことも一向宗徒と呼ぶようになったといわれる。

　本願寺では3代覚如の代から北陸を訪れていたようだ。ただし、福光地方に最初に定着したのは覚如に義絶された長男存覚だった。仏土寺に接する場所に常楽寺（吉江郷遊部）が建てられ、仏土寺とともに南朝方の拠点にもなっていたといわれる。4代善如の長男綽如が何回かの越中下向のあと、明徳元年（1390）井波瑞泉寺を建立したというのがこれまでの経緯だ。

本泉寺〜如乗と勝如尼〜

　さて、綽如示寂のあと本願寺6代を継いだ巧如も北陸布教に尽力したとされ、数カ月間瑞泉寺に滞在した記録（存如書状）もある。瑞泉寺は実際には約45年間無住のままで、永享10年（1438）に巧如の3男「如乗」が父に伴われて2代住持として井波に来た。それまでは杉谷慶善の娘如蓮尼や、綽如に随従して下向した下間氏らが寺を守っていたという。瑞泉寺は東大寺八幡宮領の高瀬荘の隣にあり、当時、同荘の代官職は東大寺が選任した直務代官今村殿（先に院林・太美郷でみた今村十郎と同系一族か）であったが、前代官の下長氏が越中守護代の遊佐国盛に嘆願を重ね、代官復帰を目論んだ。村の百姓たちは下長氏によるかつての苛政を思い出し、惣中こぞって同氏の復帰に反対した。如乗は百姓側に付いたのであろうが、国盛は下長氏を押し込んだ。東大寺も武家には逆らえなかったようで、「如乗の立場が大いに苦しくなることが予想された」と井波町史は記している。

　如乗は下長氏が高瀬荘に戻る前に瑞泉寺を去った。本願寺坊官の下間氏（井

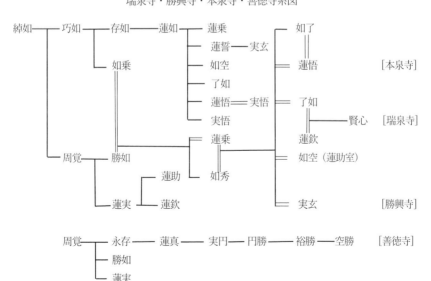

瑞泉寺・勝興寺・本泉寺・善徳寺系図

（注）　縦二重線は夫婦関係、横二重線は猶子にあることを示す。

波の下間家は代々「竹部豊前」と名乗った）にあとを任せ、京都に向かったところ、加賀の河北郡二俣というところで門徒に引き留められた。二俣は、金沢から越中・南砺地方（福光・井波方面）に通じる往来にあり、かつて綽如が折々憩うた草庵があったと伝えられる。ここで如乗は草坊を営むことになった。嘉吉2年（1442）のころで、如乗31歳。のちに蓮如によって「本泉寺」と名付けられた。蓮如は宗主に就く前の宝徳元年（1449）35歳の時、二俣の坊舎を訪れかなり長期間滞留したといわれる。同地の門徒の一人に高坂定賢という者がおり、この高坂と名乗る土豪一族が本泉寺およびそこから谷一つ離れた砂子坂道場の支援者だったといわれる（後述）。

　本願寺6代巧如の長男が7代存如。如乗は巧如の3男だったから、存如の長男である蓮如は如乗の甥になる。如乗は綽如の3男周覚（越前・荒川の興行寺祖）の女勝如を室として迎えた。本願寺の8代目宗主を蓮如とするにあたって継母如円らと揉め事が発生し、その際、如乗が京都に赴いて蓮如を支持する獅子奮迅の働きをした。如乗と蓮如はお互いを認め合っていた。蓮如はのちに本泉寺を越中への教線拡大の根拠地とし、布教のテキストにした御文（御文章ともいわれる）は本泉寺滞留の時に、如乗を見習って書き始めたといわれる。
　勝如尼の働きも蓮如や実如をして「北陸道ノ仏法ハ此尼公ノ所為ナリ」といわしめる大きなものがあった。寛正元年（1460）如乗が49歳で亡くなると、勝如（当時33歳）は髪を下ろして尼となり、本泉・瑞泉寺の住持代となった。そして、二俣の東方で加越国境の越中・蟹谷荘土山に「土山坊」を開いた。土山には蓮如に帰依した土豪杉浦万兵衛という支援者がいた。土山坊は後に「高木場坊」→「末友（小矢部市）安養寺」と移り、瑞泉寺と並ぶ越中の大刹「古国府（伏木）勝興寺」と発展していく。勝興寺は令和4年国宝に指定された。
　勝如尼は如乗との間に男子がなかったので、女如秀に蓮如の2男「蓮乗」を迎えた。蓮乗は二俣・井波・土山の3寺坊の住持を兼帯し、本泉寺にあって井波や土山に通っていた。だが、実悟の『塵拾鈔』などによると、蓮乗は文明7年ころに落馬事故に遭い、その後病気がちになって加賀若松（金沢市）に

籠居していたといわれる。このため蓮乗は３カ寺とも弟妹に譲ることになったのだが、その譲渡時期を何時とみるかによって文明13年に発生した「越中一向一揆」のリーダー像が変わってくる。

蓮如上人の北陸下向

　蓮如自身が最初に井波瑞泉寺に下向したのは文明元年（1469）だった。後年瑞泉寺５代賢心が執筆した『賢心物語』によると、蓮如はこの時５人の供を連れて中１日逗留したが、だれも会いに来なかった。瑞泉寺や綽如のことについて亡くなった如乗から情報を得ていたと思われるが、どんな印象を持ったであろうか。帰りは小矢部川上流の渓谷を経て横根峠（加越国境）から帰った。往路か帰路の際、二俣の本泉寺に寄ったと思われるが、この時に24歳になった蓮乗と16歳になった如乗・勝如の女如秀を結婚させたといわれる。

　そして文明３年７月、今度は蓮如自身が越前・細呂宜郷吉崎に移り住んだ。57歳だった。念仏を異端とする山門（延暦寺）による迫害から大津（顕証寺）などに逃れていたが、大津も弾圧の危険が高まり、加賀との国境間近に「吉崎御坊」を建てた。かねてから本願寺と深い関係のあった奈良興福寺大乗院経覚の所領であり、越前守護朝倉孝景の了解を得た。単に弾圧を避けるためだけでなく、北陸開教をさらに推し進める狙いだった。吉崎では御坊完成前から加賀、能登、越前の門徒たちが「多屋」と称する宿泊所をつくり、それが約200軒も建ち並ぶ寺内町が出現した。

　浄土真宗中興の祖と称され、蓮如上人がいなければ、本願寺は足利時代の争乱に埋没して今日の歴史に残らなかったとさえいわれる。その蓮如上人が吉崎に来てわずか10年後に、一向宗徒が越中砺波郡で武士勢力と一戦交えることになるのである。

　文明13年（1481）２月18日、砺波郡で年貢徴収の最前線に立っていた石黒惣家（福光城主）と、瑞泉寺周辺に集まった一向宗徒とが福光と井波のほぼ中間地点「山田川・田屋川原」で合戦に及んだ。この「越中一向一揆」の模様

が『闘諍記』という写本に残されている。なぜ両者が殺し合うまでの争いになったのか。そこに至るまでの経緯と結果を点検してみたい。

戦い前夜①～百姓たち～

室町時代に入って職の体系が解体し始めた。すでに見てきたように「本家―領家―預所・地頭」という領主サイドのうち、この時代「本所」と呼ばれた本家・領家はこぞって荘園の直接支配をあきらめた。在地ではまず預所・地頭に代わって国人と呼ばれる代官職を得た者が年貢・公事を取り仕切るようになり、南北朝の争乱とともに「守護―守護代―国人」の武家ラインが現地を取り仕切るようになった。

この構造変化が「名主―作人」の百姓サイドにも及んだ。同じ百姓身分とはいえ、きちんとした年貢の請負主である名主職と耕作に従事するだけの作人職とは身分に差があり、名主は作人から地代（加地子）を取る権利を有していた。ところが南北朝内乱の頃から、小百姓や作人らがその加地子収取権を名主から買い取るという状況が生まれていたのである。

この加地子とはいくらくらいのものだったか。永原慶二氏は著作『荘園』の中で「南北朝から室町時代にかけて『名主職１反を売る。加地子は１石５斗』といった売券が広く見られるようになった。領主に納める年貢の額より加地子の方が高い場合が少なくない。しかも名主加地子権の売買は荘外の人々との間でも行われた」と述べている。つまり、作人たちの加地子権保有に伴って名主層と作人層との流動化・融合が進んだ。身分差が薄まった百姓らは家々の結び合いを広げ、惣村、惣郷、惣荘といわれる自衛的な集団を形成していった。

これが「名体制」から「惣体制」への移行といわれるものだ。惣とは、守護権力の直接支配構造から外れ、ある目的のために集う人間集団やその勢力圏を指す言葉である。砺波郡でも守護代（遊佐氏）・郡代（石黒氏）・国人（二宮氏など）ら領主権を担うべき為政者たちの支配力が弱まり、年貢・諸税の取りまとめから用水路や道路工事まで惣村が主体となって沙汰するようになってきた。すなわち、長百姓や若衆らを中心とする一種の共同体が大きな力を持つよ

蓮如上人は、平座で村人と同じ目線
で説法された。

うになった。

　惣は「宮座」という祭祀執行組織とも深く結びついていた。宝治2年（1248）
の弘瀬郷検注状には、同郷において若宮（小山）、小白山（舘）、湯涌宮（舘）、
梅宮（小坂）、天満（天神）、高宮（高宮）の鎮守六座が領主からそれぞれ神田
を与えられていた。神社ごとにその地区の住民が所属する宮座があり、そこで
は医王山の山伏が祭祀を司り、長百姓が沙汰人として百姓・若衆らとともに神
事を執り行っていたとみられる。
　広瀬舘村の隣村である才川七村や山本村には「一味神水」という石製の器
が今も残っている。古くは惣領と主従の誓約を結ぶ時や出陣の時に使われ、狼
藉からの自衛、用水・栽草・伐木・狩猟の打ち合わせなど惣民の結束を図ると
きに水盃による神前盟約を行った。
　惣村の構成員は年貢義務のある百姓だったが、強い平等・連帯意識のもと
で「寄合」と呼ばれる全体会議を開いて決め事を進めていった。中には、荘園
領主や国人への年貢納入も惣村が一括して請け負う「地下請」「百姓請」に発
展するようなところもあった。
　そして、この結束力がさらに強まると、中世の法慣習であれば領主や地頭
にしか与えられていなかった検断権（警察・検察検）までも惣村が握るように
なり、何か要求活動を行おうとしたときは、強い連帯、すなわち「一揆」を結
成する力をはぐくんでいった。

　こうした環境下に蓮如が現れたのである。布教の天才といわれる蓮如が行
ったのは、各地の惣村の寄合や宮座を「講」と呼ぶ組織に変容させることだっ
た。宗祖親鸞の教えを百姓にもわかりやすい文章に書き替えた250通りもの
御文を作り、講で読み合わせをさせた。蓮如が呼びかける「御同朋御同行」に
結集した門徒衆の中には、後に一揆の戦闘員となる国人侍たちも混じってい
た。
　井沢元彦氏は『逆説の日本史8』の中で、一向一揆が他国でみられるよう
な土一揆から変質した転換点は「地方武士いわゆる土豪・国人クラスの一向宗

94

への帰依にある」という。百姓らは講の寄合で「なぜこんなに年貢はきついのか」と不満を訴える。それは国人らへの突き上げになるのだが、国人自身が入信してしまえば百姓たちと御同朋御同行になれる。

　蓮如は吉崎下向中に越前、加賀、越中のほか奥飛騨なども巡錫した。その経路は明確ではないが、当地では医王山々麓の山本、舘、才川七などの村も回った。明治5年の役所の調査ではあるが、福光町域にある寺院のうち、文明年代というわずかな期間だけで蓮如に帰依して道場を開いた寺や蓮如によって真言宗や医王山山伏から改宗したという寺が10ヵ寺もある（光徳寺・長恩寺・本敬寺・正等寺・善性寺・宗善寺・隋順寺・専徳寺・聴信寺・教了寺）。

　『賢心物語』によると、文明7年（1475）蓮如は二俣経由で瑞泉寺に下向した。6年前、5人の御供を連れて下向した時、門徒衆は誰一人参りに来なかったのに、「六年之間ニ仏法ヒロマリ申、貴賤群衆無限候ツルコト不思議ノ次第也」と、蓮如が通る道筋や瑞泉寺周辺を人々が埋め尽くしたと語られている。ただし、そこにいたのは地元の一般宗徒だけではなかったのだ（後述）。

戦い前夜②〜加賀の内乱〜

　蓮如が吉崎に来た翌々年、応仁の乱が地方に波及し、東軍（細川方）対西軍（山名方）の対立抗争に一向宗徒も巻き込まれていった。越前では斯波義廉に代わって守護にのし上がった朝倉孝景が東軍で、斯波氏のもとで守護代だった甲斐一族の八郎敏光が西軍。一方、加賀では東軍が守護の富樫政親で、西軍は弟の守護代幸千代を擁して家督を政親から奪おうとする勢力だった。一時は政親の勢力が押し込んでいたが、越前から亡命してきた甲斐敏光や、前々から本願寺に敵対してきた浄土真宗高田派の門徒が西軍に加わり、形勢が逆転した。将軍足利義政からは蓮如に対して「（守護に歯向かう）幸千代を追討せよ」との奉書（命令書）が届いていた。

　しかし蓮如には領土的・王法的な野心はなく、日ごろから「念仏者において、国の守護・地頭を専らにすべし。軽んずべからざる事」（文明5年11月の掟11か条）と門徒が政争に関わることを戒めていた。混乱を鎮めようと同6年

正月、門徒の吉崎参集も禁止した。2月17日の御文にはこう書いた。「…他門の人にむかいて沙汰すべからず。…守護地頭にむきても、われは他力の信心をえたりといひて、疎略の儀なく、いよいよ公事をまたくすべし。…ことに外には王法をおもてとし、内心には他力の信心をふかくたくはへて、世間の仁義を本とすべし」。

だが、政親は越前朝倉孝景のもとに逃げ、勢いに乗った高田派・幸千代連合は吉崎御坊に迫った。蓮如としては高田専修寺が参戦してきた以上、絶対に負けられなかった。多屋衆との協議の結果、「専守防衛に徹しても相手からの攻撃が止まないときは」と尋ねられた蓮如は「仏法ノタメニ一命ヲ惜シムベカラズ。合戦スベシ」と答えたという。この最後の一言が効いて、加賀一向衆は多数の犠牲者を出しながら政親軍の勝利に貢献した。親政も加賀に戻り、幸千代の居城（蓮台寺城）が陥落したのは同6年10月14日だった（この最終局面で甲斐敏光は京都におり、東軍に寝返って遠江の守護代の地位を得た）。

ところが、本当に大変なことになったのはその後だった。あろうことか百姓が守護代や国人などの侍と戦い、やっつけてしまったからだ。加賀には多くの白山神社がありそこに年貢を納めている百姓がいたが「本願寺門徒になれば

本泉寺（金沢市二俣町）

（神社に）年貢を踏み倒しても領主は手出しできない」という雰囲気が広がった。同7年3月、年貢未納に怒った守護富樫政親に対し、石川・河北両郡の門徒らが一斉蜂起した。政親は一揆勢を虐殺、村を焼き払った。多屋衆坊主や門徒は戦意を失い、蓮如に窮状を訴えたが、これを取り次いだ坊官・下間法眼蓮崇の謀略によって、逆に対立が激化。加賀を追い出された一向宗徒が大量の難民となって井波瑞泉寺周辺に集まっていた、というのが『賢心物語』に書かれた「貴賤群衆無限候ツルコト不思議ノ次第也」の真相だった。

「何かがおかしい」と思って、井波に状況を探りに来た蓮如はショックを受け、自らも命を狙われていることを悟った。混乱を鎮めるには自分が北陸を去ることしかない。下間蓮崇に曲事と称する破門に準じる懲罰を与え、急いで吉崎を去ったのは文明7年8月21日の夜のことだった。蓮如の吉崎布教は4年2カ月、1,500日余りで終わった。なお下間氏は代々本願寺の坊官（家宰）を務めてきた家柄であるが、蓮崇は蓮如からこの姓を下賜されたもので本姓は違った。法眼は仏僧の位の一つである。

　いくつかの史書によって伝えられた以上のような経緯を100％信じることはできない。しかし、これに続く文明13年の越中での一向一揆や、長享2年（1488）の富樫政親を自刃に追い込んだ加賀一向一揆の流れを見ると、加賀の念仏者を戦士にかえたのは、この文明6、7年であったといわざるを得ない。

　なお、吉崎を出た蓮如は敦賀の小浜などを経て河内出口村（現枚方市）に3年間逗留し、教線の拡大を図った。京都・山科に祖像安置の場を求め、御影堂と阿弥陀堂を建立、文明12年（1480）山科本願寺を完成した。

戦い前夜③〜真宗寺坊〜

　文明13年の戦いで本願寺側の主力となるべきは加賀の二俣本泉寺、越中の井波瑞泉寺と土山坊であったと思われる。この3寺坊とその支援者たちが富樫氏に追い出されて難民化した加賀一向宗徒の受け入れ先になったとみられるからだ。ところが、先述したように、この3寺の住職を兼帯していた蓮乗は混

乱が始まった同7年ころから病臥していたといわれる。以下89頁の系図を参照して読み進めてほしい。

　蓮乗は、同11年ころ蓮如4男で弟の「蓮誓」を土山御坊に迎え、本泉寺の方は同13年に蓮如7男の「蓮悟」を猶子として継がせた。また瑞泉寺には綽如の3男周覚の孫「蓮欽」を入寺させ、自分の妹（蓮如の9女）了如尼を室とした。だが、文明13年の段階で蓮悟はまだ14歳、蓮欽は13歳であり、特に蓮欽については越前から井波に来ていたかどうか明確ではない。瑞泉寺としては存亡の危機に瀕していたともいえる。

　ではこうした僧侶たちの中でだれが実質的に越中一向一揆の指揮を執ったのであろうか——この問いに対する統一された見解はない。以下に諸説を紹介する。

　まずは年齢的・体力的にみて、最も一揆勢の采配を振るえたと想像できるのは27歳の土山坊蓮誓だった。

　だが、病臥中だったといわれる本泉寺蓮乗に作戦指揮能力は十分あったとの見方もある。富樫の攻撃を避けて一時的に寺を近くの山上に移すとともに、文明13年には妻の勝如尼とともに2人そろって井波瑞泉寺に陣取っていた（『城端町の歴史と文化』の中の太田浩史氏論文）という。闘諍記そのものにも「瑞泉寺院主蓮乗」との記述がある。

　一方、事実上のリーダーは蓮如に同行を許されなかった下間蓮崇と彼が根拠地としていた湯涌谷村（加賀石川郡。医王山を境として越中・福光と相対する）の宗徒、そして以前から瑞泉寺を任されていた下間一族（竹部氏）だったという見方もある（『福光町史・平成23年版』の草野顕之氏論文）。

　さらにもう一人注目される大物僧侶がいた。黒幕というよりも十分にリーダー足り得た可能性がある。それは綽如の3男周覚の孫にあたる「蓮真」である。

　蓮真は母が蓮如の腹違いの妹だったから、蓮如にとっては甥にあたる。越前・石田の西光寺で生まれ、同国の桂島照護寺に入寺し、文明年代初期に加賀砂子坂に入った。砂子坂は二俣本泉寺とは谷一つか二つ隔たっているが、土山坊の近くにある（101頁の一揆地図参照のこと）。蓮真が越前からはるばるやって

きたのは、照護寺が甲斐家の菩提寺であり、甲斐一族とともに加賀に亡命し、叔母である勝如尼を頼ってきたからだ。

　彼が砂子坂に来た時、すでに一つの道場が存在していた。道場には高坂四良佐衛門および舎弟（甥ともいう）の高坂道乗がいた。2人は二俣の高坂定賢と同一族とみられ、すぐに蓮真を手次として照護寺門徒となった。ところが高坂四良佐衛門とほぼ同姓同名の「坊坂四郎左衛門」という人物が闘諍記に出てくるのだ（詳しくは後述）。

　蓮真自身はこの後、越中では勝興寺・瑞泉寺に並ぶ寺格とされる城端善徳寺の開基（寺譜略書）と言われるようになる。太田浩史氏は前出論文の中で「文明4年当時吉崎に集まったとみられる一家衆の年齢を見ると、蓮真が32歳、蓮乗が27歳、蓮鋼（加賀波佐谷松岡寺、蓮如3男）が23歳、蓮誓が18歳、実如が15歳、蓮超（越前藤島超勝寺）が12歳であり、蓮真が最年長の働き盛りであった」と書いている。この蓮真が文明13年に加越国境周辺にいなかったとは考えにくく、土山坊蓮誓らと連携プレーをとった可能性は大いにあるのではないか。齢の差こそあれ、幼くして瑞泉寺に入る（予定の）蓮欽とは従弟関係になる。

　なお、こうした本・瑞泉寺系の僧侶たちのほか、蓮如以前から本願寺の加賀在地系有力寺院だった吉藤専光寺（現金沢市）が越中の五箇山や射水郡、般

砂子坂道場跡とみられる平坦地

若野に門徒衆を擁しており、彼らが文明13年の主な参集者だったとみる見方もある（久保尚文氏の論文『室町時代の五箇山を探る』）。

戦い前夜④〜瑞泉寺周辺〜

　昭和年代になって新たに発掘された東大寺文書によると、越中一向一揆の勃発直前とみられる頃、合戦の舞台となった山田川・田屋川原のすぐそばにある高瀬荘で、土一揆が爆発寸前になるという事態が発生していた。この東大寺八幡宮領の高瀬荘ではかつて如乗が瑞泉寺にいたころ、代官下長氏の復帰をめぐって守護代遊佐氏方と百姓らの対立が深まり、混乱に巻き込まれるのを恐れた如乗が加賀二俣に去る原因になったところである。同荘の代官はその後も井口美濃守国定、柚留木藤五郎、泉蔵坊らが次々と交代になっていたが、この東大寺文書では同荘地頭方預所から「地下人と一向衆とが同心して、年貢を年々未進し続けており、今年3月には砺波郡内で土一揆を企てた」という情報を伝えていた。

　この書状は、明確な年号がわからないのと、農民たちの企てが一向一揆なのか土一揆なのか区別がつかない曖昧さがある。だが「年貢を減らしたい」という百姓の願いと、「万人平等」という宗教的願いとが合体・融合した動きだったとみることができ、富山県史では「一向衆が（当時砺波郡で領地支配にかかわっていた）石黒氏に連なる、たとえば旧代官井口氏の得分にかかわるものを、『仏法の戦い』の名目で抑留（押さえ取ること）したのかもしれない」と推測している。

　つまり、この東大寺文書はひょっとして田屋川原合戦の前哨戦的な事態が発生し、そのことの報告だったかもしれないが、百姓たちの怨念と、国人石黒氏らが武士のメンツにかけても一揆を抑え込みたいという切羽詰まったムードが「殺人も辞さない」エネルギーに高まっていたことを伝えている。

　戦い前夜の瑞泉寺周辺は難民キャンプのような様相を呈していたといわれ、中にはその後の加賀一向一揆の指導者となっていく石川郡の須崎和泉入道慶覚、能美郡の河合藤左衛門尉宣久、河北郡湯沸谷の石黒孫左衛門正末といった

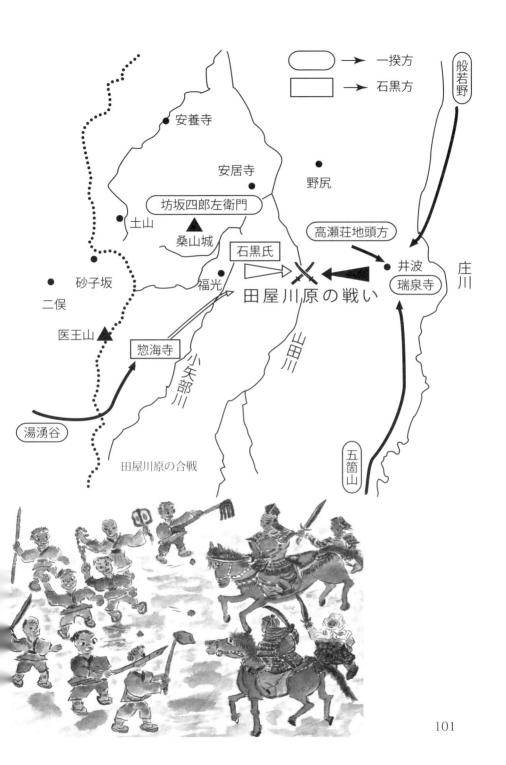

田屋川原の合戦

国人クラスの武士もいたのではないか。一向一揆勢といっても鍬や鎌だけでなく、戦闘に長けた武人の宗徒もいたのだ。もちろんこの時代の百姓自身が自分の田畠の防御に役立つ何らかの装備を有していた。

文明１３年越中一向一揆～田屋川原の合戦～

　文明 13 年（1481）2 月ついに越中一向一揆が勃発した。これを記した『闘諍記』は原本がなく、井波に 3 本の写本しか残っていない。写本のいずれにもあとで書き足した形跡があると歴史学者から指摘されているが、合戦自体はほぼ事実だったとみられている。

　概要は以下の通りである。

〈端緒〉文明 7 年の一揆で敗れた加賀の石川・河北郡の坊主・百姓・町人が当寺（瑞泉寺）へ逃れて集まっていた。文明 13 年、富樫政親から、その頃利波郡の大半を領していた福光城主石黒右近光義に対し、「貴殿の軍勢を以って瑞泉寺を焼亡し、坊主どもの首をハネラルべき」と要請してきた。石黒氏は「近年一向宗ハビコリ、ややもすれば国主に対し我儘な働、其上、瑞泉寺へ加州より逃集り坊主ども、もし一揆を起こし、加賀のゴトク騒動に及ばゞ、国の乱れと申すもの也」と判断、2 月 18 日に出陣することを決めた。

〈一揆方対応〉これを知った瑞泉寺院主は寺侍の竹部豊前（下間氏）らと相談し、一戦に及び、利がなければ五箇山に逃げ込むことを決めた。

〈石黒方戦力〉医王山一帯で四十八ヵ寺を形成し、石黒氏一族と共存してきた天台宗育王山（医王山）「惣海寺」の衆徒を味方にした。先陣は野村五郎、石黒次郎左衛門 500 人、2 陣が惣海寺衆徒 1,000 余人、本陣が大将石黒右近（光義）500 余人、後陣 300 余人の都合 1,600 人。そろって 18 日福光を出馬した。

〈一揆方戦力・本体〉五箇山勢 300 余人、近在百姓 2,000 余人、山田谷又は般若野郷の百姓 1,500 人、その他射水郡百姓 1,000 人ばかり、坊主 23 人、都合

5,000 余人。竹槍、熊手、棒、鎌を持って井波より 1 里西、山田川で石黒勢を待ち受けた。

〈一揆方戦力・別動隊〉医王山の反対側にあたる加賀河北郡湯涌谷の者ども 2,000 余人を 2 手に分け、一手は育王山惣海寺に、もう一方は福光城下に向かわせ、井波の本体と挟み撃ち作戦をとることにした。当時、「石黒家分にて桑山城を預かっていた坊坂四郎左衛門」が「仔細あって」光義に城を追い出され土山坊にいた。その四郎左衛門が光義の企てを聞きつけ、協議の上この二方面攻撃を決行することになった。

〈戦闘〉山田川の田屋川原周辺で本体同士が激突した。石黒勢は不意打ちしたつもりだったが、多勢に返り討ちされた。しかも後ろ振り返ると、医王山中や福光城下から煙が立ちのぼり、寺や町が焼き打ちされていることがわかった。石黒勢は総崩れとなり、700 余人が首を取られ、石黒主従 36 人は真言宗の古刹安居寺（南砺市福野）方面に逃げ、うち 16 人は寺近くの山中で切腹した。安居寺の南隣の丘陵に「石黒墳墓群」として今に残っている。

〈分領？〉闘諍記によると、終戦後は「利波郡は瑞泉寺領と成りける也」と書かれた後に「山田川の西は安養寺領と定ける。川東は瑞泉寺領也」と記されている。いったんは、砺波郡全体が瑞泉寺の領土になったように記述しながら、あとで山田川の西と東を安養寺と瑞泉寺に分領支配したという矛盾した表現になっている。これについて久保氏は、「土山坊が焼失し『安養寺』として再建されたのは永正 16 年（1519）年以降のことであり、闘諍記が書かれた当初はまだ安養寺はなかった。後で後段部分が書き加えられたのであろう」とみている。しかも、同氏によると「領」というのは誤解を与える表現であるという。この後、越中一向一揆勢がこの両寺に率いられていくのは事実であるが、守護勢力にとってかわるような領土的支配をしたのはずっと後のことで、真宗寺坊に対する門徒衆らの「与力（加勢）体制」を確立した、という意味であろうという。

石黒氏と医王山惣海寺の衰退

　田屋川原の合戦後、医王山麓に長らく歴史を刻んできた石黒荘の権力絵図が塗り替えられた。もちろん新たな主人公は一向宗（衆）という宗教勢力である。多くの歴史書に「石黒氏はこの一揆によってほぼその力を失い、またその支持の上に築かれてきた医王山山麓の天台宗系宗教文化も、これを転機として崩壊していった」と書いてある。

　しかし、本当はどうだったのか。田屋川原合戦以後というよりも、そもそも室町時代に入ったあと「石黒荘の在地領主としての石黒氏一族」の行動を記した史料は極めて少ない。かつて宗良親王を迎えた高木城主石黒重之や木舟城主石黒光吉、あるいは桃井直常軍として足利幕府軍と戦った井口氏・野尻氏なども石黒党の一員だったとみられているが、宗家・惣家・本家といわれるようないわゆる福光・石黒氏ではなかった。そういう意味では、井波に残った闘諍記には重大な証言が含まれていた。

　闘諍記には、石黒右近光義が「福満城主としてそのころ砺波郡の大半を領し、富豪であった」と書かれていた。光義は切腹したかもしれないが、少なく

福光城址　栖霞園

とも生前は彼が石黒荘だけでなく砺波郡全体の国人の親分である「郡代」的な立場を有していたことが想像される。そして石黒主従 36 人中、切腹しなかった 20 人はどこかで生き残った可能性がある。

　一方、医王山惣海寺はどうなったか。『越の下草』（宮永正運著）によると、医王山は養老 3 年（719）に泰澄大師によって開かれた。大師の弟子たちは山中・山麓に 36 ヵ寺 3,000 坊という堂舎を築いたといわれる。石黒氏一族はこの山伏・天台系・真言系の寺院群に人的・経済的な支援を行い、共存していた。それが悉く焼き滅ぼされてしまった。

　「惣海寺はどこにあったのか」――福光の歴史愛好家らの「福光城址・栖霞園をひらく会」（土生居弘会長）が平成 26 年（2014）から 29 年までこんなプロジェクトを実施した。惣海寺跡である可能性が高いといわれる前医王中腹（標高 460 ～ 470m）の「オオクボ惣海寺跡」と名付けられた地点までの登山道を開き、富山考古学会長の西井龍儀氏を招いて数回の測量と発掘調査を行った。平坦面が 9 面あり、もし闘諍記の通り焼失したのであれば炭化物でも残っていないかと取り組んだが、残念ながらその痕跡は発見できなかった。

善徳寺（南砺市城端）

しかし、この地に数多くの寺坊が存在していたことを感じ取ることはできる。平成3～5年度の3年間にわたり、歴史学者の黒田俊雄氏や大山喬平氏を監修者とする「福光町医王山文化調査委員会」が延べ1,200人を動員して実施した遺跡調査がある。その報告書が『医王は語る』であるが、調査対象地域は166か所に及び、本堂の礎石が焼けたショウゴン寺遺跡や9世紀末に大規模な伽藍が整えられたとみられる香城寺惣堂遺跡からは礎石だけでなく、いくつもの墳墓・蔵骨器・人骨が見つかった。

砺波郡の南部地域に今なお泰澄大師を感じられる場所が残っているとすれば、五箇山下梨の「白山宮」であろう。富山県内最古の木造建築物（国の重要文化財）で、泰澄が越中・飛騨国境の人形山を開き、山頂に建てた建物を平安末期に移築したものとされる。白山宮では毎年9月に「こきりこ祭り」が開催され、踊りが奉納される。茅葺きの社殿には石黒重之の子重行が記銘・寄進したとされる仏像があるという。

蓮真と善徳寺

先に、闘諍記には触れられていない人物だが、一揆方の影のリーダーとして越前照護寺からきた蓮真が加越国境地域にいたのではないかと書いた。蓮真は綽如の子周覚の孫。越前守護朝倉孝景に押し出された甲斐一族とともに加賀に亡命した。叔母に当たる二俣本泉寺の勝如尼を頼って、谷一つ離れた河北郡井家庄の砂子坂にやってきたが、そこには既に道場があり、高坂四良佐衛門と高坂道乗がいたことは先述した。両者の道場は別々だったか一緒だったかはわからないが、極めて狭い地域なので同居同然だったと想像される。

ところが闘諍記には坊坂四郎左衛門なる人物が登場した。「石黒家分にて（石黒氏の）桑山城を預かりけるに、仔細有りて桑山城を立ち退き、土山安養寺に有りける」という。そして「石黒企てを密に聞いて」加賀衆に知らせた。土山坊（この時点ではまだ安養寺になっていない）住持だった蓮誓がこの情報をもとに下間蓮崇らと協議してあの挟み撃ち作戦を考え出した……というのが闘諍記の一般的な解釈である。そして多くの歴史家が坊坂四郎左衛門＝高坂四良佐

衛門とみる。

　河北郡の土豪とみられる高坂氏は「石黒家分」でありながら一向衆徒（正確には照護寺門徒）だった。家分という言葉は「分家」と同じ意味なのだろうか。子分、庶家、家臣といった言葉も連想され、何とも微妙な表現である。いずれにしろ、石黒氏の支城桑山城を預かっていたからには石黒党の有力者であったに違いなく、その高坂氏が一向宗徒になっていたことが惣領石黒光義に「仔細あって城を立ち退かされていた」原因だったとも考えられる。高坂氏が「石黒氏の企て」を知らせた相手は土山坊の蓮誓だけでなく、師と仰ぐ砂子坂の蓮真にも伝えていたであろう。

　ただし、この時蓮真は砂子坂にはいなかった可能性が高い。蓮真は砂子坂道場を嫡男「実円」に譲り、山を下りて越中石黒荘法林寺村、次いで山本村に暫居し、最期は太美郷才川七村の「松寺」に住んで永正8年（1512）寂したという。『福光町才川七郷土史』によると、『大日本寺院総覧』（明治出版社）を参考にして「松寺とは泰澄大師の遺弟浄定法師の遺言により医王山中に建てられた真言宗皆住院聖護寺を濫觴とする。文明3年蓮如上人が北陸垂化の砌、住持の寂浄が上人に帰依し、道海に改めた。8年6月、皆住院を山麓の太美郷才川に移し、松寺と称し、蓮如の甥蓮真を山本善徳寺から迎えて松寺の開基とした」と記している。これが事実であれば、文明13年には蓮真は松寺にいたことになる。

　ところが、蓮真の子実円も父蓮真と同じように加賀砂子坂→越中法林寺村→山本村と移動し「善徳寺」の寺号を名乗る。城端町史によると、彼が寺号を得たのは文亀元（1501）か2年ごろ、法林寺村に移建した時ではないかとみる。実円は父蓮真と同じように砂子坂から山本村に移動し、長男円勝が天文年中（1532〜1555）に福光に移った。さらに永禄2年（1559）ごろに円勝の嫡男裕勝が城端城主荒木大膳に請われて現在の地（城端）に移住したのである。

　『善徳寺由緒略記』には「善徳寺初代蓮如、2代蓮真、3代実円」と書かれているという。そして今の城端善徳寺には、蓮如が吉崎開創のおり蓮真に与え

たとされる開山（親鸞）御影や聖徳太子御影、七高僧御影などが伝わっている。こうした経緯は、実円が父蓮真と常に連携して行動していたことを物語る。蓮真は瑞泉寺に入った蓮欽の26歳上の従兄である。しかも時期は明確ではないが、高坂氏の砂子坂道場も高坂四良佐衛門の弟ないし甥といわれる高坂道乗が法林寺村に下りて「光徳寺」を開いているのである。彼等は既に砂子坂にはいなかったかもしれないが、地理的には松寺や善徳寺のあった才川七村や山本村の方が田屋川原や瑞泉寺に近い。かつての砂子坂グループが一体となって文明13年の一揆に策動したと考えても不思議ではないだろう。

　現在の才川七村に松寺はない。松寺は慶長元年（1596）前田利家により越中東方300ヵ寺の触頭を命ぜられるが、同4年（1599）「松寺永福寺」と改称し、才川七村には隣接する「宗善寺」を掛所扱いにして高岡に移った。さらに慶安元年（1648）富山に移動した。加賀藩の富山藩分領に伴う動きである。宗善寺も、もともとはこの地にあった真言寺院（道場）で、文明年中の蓮如巡錫の折り住職が帰依改宗して法号宗善を贈られたという由来を持つ。蓮真との繋がりがあると見られ、後に掛所扱いから独立した。

　山田川で合戦が行われた時、惣海寺寺院群の直下にある村々の僧侶や百姓たちはどう動いたのか。寺を焼かれた惣海寺衆徒もいれば宗善寺や松寺のように蓮如や蓮真によって真宗に帰依した者もいた。福光町才川七郷土史には「じっと戦いの推移を見守っていたか、あるいはこっそりと瑞泉寺の一兵として山田川をはさんで惣海寺側と対峙していた者もいたかもしれない」と書かれている。

　石黒荘の医王山麓の村は北側から法林寺、山本、小山、広瀬舘、祖谷、香城寺、才川七と並ぶ。広瀬舘村は蓮如や蓮真の通り道に当たった。綽如が一時住まいをしたという草庵（のちの妙敬寺？）が同村にあったとしたらそこに立ち寄ったか寄らなかったか？　当時広瀬舘村に住む湯浅一族の中に湯浅清左衛門という惣海寺の地侍がおり、田屋川原の合戦で寺を焼かれたので小坂村（広瀬舘村の東隣）に帰って真宗に帰依して百姓になった」という言い伝えがある。その子孫がいま城端にいるという。

蓮如の思い

　闘諍記にはなおいくつかの疑問が残る。「二俣本泉寺は富樫介がサイソクに応じてそのままにナシオキけるが」と書かれており、越中にある瑞泉寺・土山坊が戦闘の中心になったのに、加賀にある兄寺ともいうべき本泉寺が合戦に参加せず、富樫政親の要請に応じて沈黙を保ったという。理由はどこにも言及されていないが、宗主蓮如の気持ちを慮り「蓮如的王法為本を踏襲したのではないだろうか」（久保尚文氏）との見方がある。

　蓮如の悩みは深い。文明6年には富樫幸千代や高田門徒らに対する「仏法を守る戦い」を許容したものの、あくまでも仏法の防衛戦であり「外には王法を専らにし（為政者には従う）、内心には仏法を根本にすべき」という宗教者としての掟はあらゆる機会に表明していた。蓮如の中では王法と仏法とは別次元のものだった。もとより親鸞の教えは、鎮護国家や五穀豊穣を祈念する奈良・平安時代の王法的・世法的仏教と決別するところから始まっている。さらにいえば「信心為本」という浄土真宗の本義、つまり阿弥陀如来の本願への信心を第一義とし、念仏だけで人は救われるとした浄土宗や時宗とも決別したいという、より深い悩みがあったとされる。蓮如は晩年、弟子に対して「おれは門徒にもたれたり」「ひとえに門徒に養わるゝものなり」と語っていたといわれるが、この時も、久しく権力に収奪にされてきた一揆衆の鬱憤と怒りに共感しつつ、王法・仏法のジレンマから逃れるには北陸を去ることしかできなかったのであろうか。

　二俣本泉寺の静観が事実だったとすれば、こうした蓮如的王法為本に従ったと見るほかはない。となれば、砂子坂ないし山本村か才川七村にいた蓮真が闘諍記に登場しないのも同じ理由だったかもしれない。

　しかし、越中の教線拡大を担っていた土山坊蓮誓と防官下間氏らにとって、燃え上がった炎に水を掛けるわけにはいかなかった。本泉寺が「富樫氏に内応した」という闘諍記の記述はこうした蓮如の思いを別角度で表したのかもしれない。

長享の一向一揆

　だが越中での一向一揆の勝利を受けて、蓮如自身を含め、多くの本願寺寺院が「一線を越えた」のは事実だった。勢いづいた一揆勢は加賀に舞い戻り、長享2年（1488）今度は7年前の越中一揆の黒幕だった加賀守護富樫政親の高尾城（金沢市）を包囲し、政親を自害させた。この一向一揆の模様は戦記『官知論』に描かれている。洲崎慶覚・河合宜久・石黒正末らの国人門徒が先頭に立ち、鳥越（津幡町）の弘願寺、吉藤（金沢市）の専光寺、磯部（同）の聖安寺、木越（同）の光徳寺の地元4ケ寺の大坊主も一味同心して法衣を脱ぎ、甲冑、刀剣、弓箭を負って大勢の衆徒を従えたと書かれている。寺側のリーダーは蓮悟の本泉寺（金沢市若松）と蓮鋼（蓮如の3男）の松岡寺（小松市）だったとされる。急ぎ幕府は越前守護の朝倉氏らに富樫への援軍を命じたが間に合わなかった。越中4郡の郡代たちも加賀に入ろうとしたが、一向衆徒らが蓮真とともに防いだといわれる。蓮悟も蓮真も文明13年の時とは考えが変わっていたのだろうか。

　こうして富樫政親方の侍の多くが殺され、彼らが従来代官職を得ていたところは無主之地（所有者のいない土地）となった。そうした荘園・公領には一向宗徒（主に武家衆徒）が直務代官として入り込み（＝事実上の押領）、加賀における本願寺支配が進んでいった。怒った9代将軍足利義尚は蓮如に加賀一国の門徒を破門するよう命じたが、この時は、管領だった細川政元が蓮如に救いの手を差し伸べ、「お叱りの御文」を門徒中に申し付けるだけで収拾してもらった。このお礼は後で高くつくことになるだが…（後述）。

　こうして加賀での一揆を収めた蓮如はその翌年の延徳元年（1489）に隠居、5男実如に本願寺を譲った。隠居所として建てたのが大阪御坊で、明応5年（1496）以降ここに住んだが、同8年山科に帰り85年にわたる生涯を閉じた。大阪御坊が石山本願寺になったのは、山科本願寺が六角定頼・法華宗徒らに焼き討ちにあった年の翌年になる天文2年（1533）である。

百姓ノ持チタル国

　この長享の一揆以降、加賀一向一揆が以後約100年にわたって加賀国を「百姓ノ持タル国」(『実悟記拾遺』) にしていく。天正10年 (1582) 織田信長の軍勢が一揆の拠点・鳥越城 (白山市) を落城させたことで百姓の国は終わることになるのだが、それまでは本願寺9代実如、10代証如、11代顕如が君臨し、加賀を本願寺領とした。本願寺教団そのものが、越前の朝倉教景、越後の上杉謙信、そして織田信長らに勝るとも劣らぬ強力な戦国大名であった。加賀における「仏法領」の政治がどのように行われていたかを井上鋭夫著『一向一揆の研究』でみておこう。

1. 本願寺は加賀に所領・所職を持ち、年貢を徴収する。
2. 郡・組・講などの組織、または惣庄・惣村、ないし個人より、年貢・志納・勧進物が本願寺へ進納される。
3. 寺坊を単位とする門徒は交互に1カ月を期として御堂当番に勤仕する (30日番衆)。
4. 郡・組より番衆を上番させる。大阪に上番した番衆は、武具を帯び、寺内の警護を行い、戦闘に従事する。
5. 金沢坊舎や超勝寺の建立に夫役を提供させる。

　これをみると全く荘園領主そのものだ。井上氏によると、本願寺とその領国との関係は「(かつて) 荘園領主がその知行分から年貢・公事を徴し、佃・名田・散田 (没収地) を支配し、倉庫や邸宅を警護せしめる兵士を徴発し、堰堤・溜池の築造修理に庄民を駆使した関係」と現象的に酷似しているという。

　ただし、支配の仕方は武断的支配というよりも「宗教的・権威的支配」であり、「個人を、今生のみならず後生までも規制する」ところに特徴があった。「門徒の別心 (裏切り) に対して採った手段は折檻および勘気であったが、証如の時代には生害が公然と行われるにいたった」という。

　もちろん、長享2年以降も、豪族富樫家や京都の公家ら加賀に知行所を持つ権門・社寺は存在していた。しかし、彼らは「代官に本願寺関係者 (下間氏

など）を補任するか、あるいは本願寺と親交ある親族や御内衆を派遣するか、ないしは自ら下向して直務を行うか、いずれにしても本願寺の了解のもとに、その威令を借りて事を運ばねばならなかった」（井上氏）。

稲刈り

第5章　戦国の争乱 〜室町時代後期〜

加賀と越中の違い

「百姓ノ持チタル国」になった加賀と違い、越中はそうはならなかった。理由の一つは、当時の越中における浄土真宗の布教が加賀ほど進んでいなかったからだ。文明13年の越中一向一揆で重要な役割を果たしたであろう土山坊の蓮誓は終戦後すぐに砺波郡の北東部に進出、般若荘中田村（現高岡市中田）に徳成寺を建てたが（現存しない）、文明18年（1486）に蓮如から加賀江沼郡の山田光教寺に移住を命ぜられた。跡を継いだ蓮誓の子実玄は土山から高木場（南砺市高窪）に移り、その後さらに末広（小矢部市）安養寺へと移転していった。この高木場坊・安養寺を支える「越中衆」と井波瑞泉寺が率いる「河上衆」「五箇山衆」が越中一向一揆の与力衆団として次第に力を増していくのだが、文明期においてはまだ一部地域にとどまっていた。

二つ目の理由は、加賀では武家（守護）の主力勢力をほぼ完全に追放できたのに対し、越中は基本的に畠山氏の領国だった。文明19年（1487）、越中守護畠山政長は蓮如に対し「越中については、加賀・越前の門弟は堅く制止される事」を求めている。文明13年の段階では加賀守護の富樫氏が（畠山氏を差し置いて）直接福光の石黒氏に瑞泉寺と一向衆徒の排除を頼んだ。富樫氏と石黒氏はともに藤原利仁系という同族意識で通じ合っていたのかもしれないが、政長にとって、一揆騒動は「加賀の問題」という認識だったのかもしれない。

永正三年北陸一揆

その加賀一向一揆が越中の政治問題に介入してきたのが「永正3年（1506）の一向一揆」だった。本願寺は9代実如、加賀教団は若宮本泉寺実悟がリーダーシップをとっていた時期だ。きっかけは明応2年（1493）に起きた管領細川政元のクーデターだった。追放された10代将軍足利義材（よしき）が京都から畠山

政長の領国である越中に逃れ、政元政権（足利義澄を11代将軍として擁立）と対抗したときだった。「明応の政変」といわれ、我が国の戦国時代の始まりとされる。この時敗れた政長は河内で自刃した。

　突然越中に現れた義材を迎えたのは、政長の第一の忠臣で婦負・射水両郡の守護代神保長誠だった。長誠が造営した放生津御座所は越中御所と呼ばれ、政長の家臣である遊佐氏や椎名氏はもとより能登（畠山）・越前（朝倉）・越後（上杉）の諸大名がこぞって義材を奉じ、放生津に参上した。紀伊に逃れていた政長の子畠山尚順が細川政元方や畠山家内の対立勢力（畠山義豊）に反撃を加え、ようやく放生津を訪れて義材に拝謁できたのは明応7年になってからだった。再開の慶びの記として名を尚慶と改め、同席した神保慶宗（長誠の子）、椎名慶胤、遊佐慶親にそれぞれ自分の名を一字ずつ与えて、それぞれ婦負・射水、新川、砺波の越中4郡の守護代に命じた。おそらく越中守護家と守護代が全員そろって越中にいられたのはこれが最後であった。尚慶は間もなく河内へ帰り、若くして入道し、卜山と名乗った。

　義尹と改名した義材はその後周防国大内氏のもとに移っていったが、永正2年（1505）になると河内に移り、畠山卜山と連携して上洛軍の挙兵を企てた。これに対し細川政元は「門徒叱りおきの御文」で恩を売ってあった本願寺の実如に門徒の派兵を要請した。政元政権に加担すれば、義尹をこぞって支援している北陸の武将たちと敵対することになる。苦渋の決断を迫られた実如であったが、やむを得ぬ思いで政元側に付き、加賀門徒1,000余人を河内に派兵した。これが「坊主衆以下、具足かけ始めたる事」（蓮如の10男実悟）といわれた、本願寺宗主の命令による初めての軍事行動だった。

　そして翌永正3年3月、今度は実如の弟である本泉寺蓮悟が全北陸の一向衆に檄文を発し「身命をも捨て、馳走あるべき」と決起を促した。蓮悟の耳には、能登の畠山氏や越後の上杉・長尾氏らの守護陣営が「仏法をたやそう」と数年前からよしみを通じていたとの情報が入り、後に引けなくなったといわれる。北陸一向衆 vs. 北陸守護連合との全面闘争である。

一揆勢はまず守護不在の越中から手を付けた。３月、蓮悟が統括する加賀一揆勢が越中になだれ込み、これに越中一揆勢が呼応した。富山県史によると「この一揆には一向衆以外の者も独自に戦っていた。荘園の年貢台帳や目録の破棄など農民闘争的行動も散見された」という。『戦国越中外史』（盛永宏太郎著）によると、「越中国の土民百姓は皆一揆に加わった。守護代や地頭配下で一向宗徒の兵卒や手代（下級家臣）も主君に背いて一揆勢に加わった。神保、椎名、遊佐らは戦わずして越後に逃げ遁れた」という。

　次に一向一揆勢は一転して越前を襲った。福井県史によると、６月越前の一向宗徒が反政元派の守護朝倉氏と戦闘を開始した。７月には加賀・越中・能登などから 30 万人といわれる一揆勢が応援に集結、九頭竜川の両岸 14㎞にわたって朝倉軍と対陣した。ところが８月に入り一揆勢は全線で総崩れに陥り大敗北を喫してしまった。

　これを「下剋上の事態発生」とみた越中守護 (畿内在住) 畠山卜山は越後守護上杉房能に加賀・越中の一向一揆撲滅を要請、房能は守護代で春日山城主の長尾能景に越中出陣を命じた。神保慶宗と椎名慶胤は能景に追随して越中に復帰した。軍事力に勝る長尾能景は一揆勢を砺波郡の増山城まで押し返し、壊滅寸前に追い込んだ。ところが９月 18 〜 19 日、般若野芹谷（砺波市頼成）の合戦で神保慶宗が突如能景を裏切り、能景は戦死してしまった。

　この芹谷（栴檀野ともいわれる）から直線距離にして約 10km 西南方向の石黒荘山田郷宗守に宗守館跡がある。『越登賀三州志』（富田景周著）などによると、上杉房能の臣小林壱岐守が築城し一時山田郷を治めていたという。とすれば、越後守護房能は守護代の長尾氏だけでなく、直臣を石黒荘内まで送り込んでいたことになる。

　こうした一連の戦いで、越中も加賀並みの一向宗徒主導国になるかと思われた瞬間もあったようだが、永正４年（1507）５月、本願寺が手を結んでいた細川政元が家臣に殺されてしまい、一揆方の勢いが鈍った。

　ただし、守護代の神保氏と椎名氏は越中に戻ったものの、遊佐慶親は砺波郡に入れず紀伊・河内に在国する畠山卜山・植長父子のところに留まらざるを

得なくなった。この時以来、砺波郡守護代遊佐氏は越中に足を踏み入れることが出来なくなり、畠山領国下における三守護代体制にほころびが生じた。

　これは砺波郡における一向宗徒の勢力が、他の越中地域に勝っていたことの反映でもある。木舟城にいたと思われる石黒惣家の「又次郎光直」（後述）という人物が遊佐氏の蓮沼城に入り、郡代的な役割を果たしたとみられるのはこれ以後である。石黒惣家は文明13年の段階で壊滅していなかったのだ。

長尾為景の越中入り

　もうしばらく侍たちと一向一揆勢の動きを辿ってみよう。

　越後守護代長尾能景の跡を継いでいた子の為景が永正12年（1515）越中入りした。同16年、17年にも出兵してきた。いずれも越中守護および能登守護の両畠山氏方から出兵要請を受けていた。為景はそれまでに自分の上にいた越後守護上杉房能とその兄である関東管領上杉顕定とそれぞれ戦い、2度にわたる主殺しを行っていた。まさに下剋上を体現する北陸戦国大名の第一走者にのし上がっていた。

　この時、為景が畠山氏から頼まれたのは一揆勢の討伐以外にもう一つあった。越中守護代の神保慶宗と椎名慶胤が一向一揆勢と手を結び、畠山氏から独立するような動きをみせており、その討伐を依頼されていたのである。永正17年冬、為景は常願寺川を渡って新庄城に籠る椎名慶胤勢数千人を壊滅した。次いで、父の仇でもある神保慶宗を詰城である守山城（高岡市）方面に追い込んだ。守山城はすでに能登の畠山勢の手に落ちており、逃げ場を失った慶宗は雪降る森の中で自刃せざるを得なかった（この時もし慶宗が為景を返り討っていたなら、長尾能景・為景親子を討ち取ることになり、北陸戦国大名の第2走者になる可能性があったのだが…）。

　畠山氏との約束通り軍功をあげた為景には越中新川郡守護代の地位が付与され、大永元年（1521）に改めて越中入した。長尾勢の進軍に対し、本願寺実如は北陸門徒衆に蜂起を求めた。が、同3年になって為景に越中出兵を要

請した畠山ト山が淡路島で亡くなり、これを機に一向一揆と為景は和睦することになった。この和睦は、世俗公権力（幕府・守護）と本願寺・一向一揆方との表立った抗争を止めるという大きな意味があり、永禄8年（1565）に武田信玄と盟約した本願寺証如が翌9年に上杉謙信との対決に踏み切るまで大勢として維持されることになった。

ただし、何度も言うが、越中守護畠山氏が越中にいたわけではない。越中では長尾為景と椎名長常（慶胤の弟）の守護代・又守護代コンビによる新川郡支配だけが効力を持ち、遊佐氏は砺波郡守護代に復帰できず、射水・婦負郡の神保慶宗はいなくなった。つまり、和睦状態とは武家（守護）方の空白状態であり、越中の一揆勢はこの間、爆発的に活気づいた。現地での実効支配を進め、特に砺波郡では安養寺から名を変えた勝興寺の越中衆と瑞泉寺の河上衆という与力体制がより強固なものになっていった。

なお、現在の砺波市頼成の芹谷野（栴檀野）の田圃の中に為景の墓と伝わる「長尾為景塚」があるが、為景が亡くなった場所は越後春日山城である。

享禄の錯乱（大小一揆）

大永5年（1525）以降、本願寺は実如から証如の時代になったが、ここで北陸教団に内乱が発生した。享禄4年（1531）の「享禄の錯乱」（大小一揆）といわれるもので、永正年代の一連の戦いを経ていよいよ領国支配を強化しようとする若松本泉寺蓮悟らの加賀派（本泉寺・松岡寺・光教寺＝小一揆という）に対して、越前守護朝倉氏に攻められ、加賀に亡命してきた越前の有力寺院（超勝寺・本覚寺＝大一揆という）は朝倉氏との戦闘を優先すべきと主張した。利害を異にする一向宗徒同士の戦いが始まり、紆余曲折を経たのち、本願寺宗主の命を奉じた大一揆の勝利となった。これまで加賀一向一揆を率いていた本泉寺ら加賀派3ヶ寺は破門され、この後、子孫を含めて誰一人故地に戻れなくなった。かつて蓮悟がいた若松本泉寺（金沢市）跡は今、平地のまま児童公園になっている。

この享録の錯乱に際して、越中の２ヶ寺はどう対応したか。まず安養寺は永正年代に「勝興寺」と名前を変えていたが、住持実玄の父蓮誓は加賀山田光教寺の事実上の開祖であり、この血縁関係から言えば小一揆である。だが、実玄の長男証玄は姉が越前超勝寺実顕の長男実照に嫁いでいる関係から大一揆側に立ち、争いの最中に毒殺された。しかも大永元年（1521）には父蓮誓と本泉寺如秀がともに亡くなっていたこともあり、実玄は大一揆側に転じた。実玄の室と本願寺証如の母がともに蓮如の２男蓮淳の娘であるという関係から、これを境に本願寺との親密度が増していった。

　一方、この時の瑞泉寺は５代賢心であった。賢心は、顕証寺蓮淳と本泉寺蓮悟という両伯父の板挟みにあって大小どちらにもつかなかったようだ。賢心は、蓮如が生前絶大な信頼を寄せていた五箇山衆の妙好人赤尾道宗の遺訓「雑行雑修を捨て弥陀をたのめ」を守り、もっぱら信仰主体の生活を続けていたといわれる。蓮如・蓮淳の系統で本願寺に接近する勝興寺と、周覚系の瑞泉寺・善徳寺との立場の差がこの時以来にじみ出てくる。

　いずれにしろ大小一揆によってそれまで加賀の一向衆徒を率いてきた加賀３ヶ寺が滅び、加賀は本願寺直轄の「本願寺領国体制」の色を濃くした。それとは対照的に、勝興寺・瑞泉寺は加賀教団から独立した越中における中核寺院としての歩みをそれぞれ進めていくことになる。

教団の在地支配

　一向宗教団の在地支配についてもう一度考えてみよう。『富山県史通史編・中世』には「戦国期の本願寺は、最後まで大名権力の如き領域的支配を追求しようとはしなかった」と書いている。実如の「所領之儀停止すべし」という遺言によって、のちの証如も顕如も「宗主には、知行権や代官職を保証するとか、年貢の未進を催促するなどといった領主権（国支配権）に関与すべき権限も義務もない」というのが基本的立場だったという。宗教家としては蓮如と同じなのである。

　しかし、これだけ僧兵や国人衆徒の武力に頼り、志納金・勧進といった名

目で実質的に百姓から年貢を集めながら、領土的野望がなかったとはどういうことか。それは建前に過ぎないのではないか。先に見た井上鋭夫氏の「仏法国」の定義である「本願寺は加賀に所領・所職を持ち、年貢を徴収する」とは余りにも違わないか。与力衆が年貢を自分のものにし、本願寺に志納していたことは事実であろう。

これについて富山県史によると、加賀では事実上武士方権力は一掃されており、有力寺社などを領主とする荘園が残っていたとしてもその代官は宗主付き（坊官・執事）の下間氏一族に握られていた（たとえば代官が下間氏の猶子になる）。ということは、宗主は教説の世界では領土や年貢のことには触れない。しかし一方で、家人（＝下間氏）に対する内々の申し下しをすることによってそれが実質的に世俗的命令になった、という解釈を示している。つまり、坊官への指令という形で実質的に領主的得分を得た、ということである。

これがどういう形で現れるかというと、幕府やかつての領主である貴族や寺社から、本願寺に対して「年貢が未進だから、宗主様から衆徒らにきちんと領主に納めるよう『申し付け』てほしい」という要請があっても、そうした世俗的な仲介事は「宗主のすることではない」とはねつけることができる。

寺社本所領返還令

では、本願寺とはやや独立した歩みを始めたといわれる越中の状況を見てみよう。先に、永正３年に加賀衆を主力とする一向一揆勢が越中守護方を攻め、一時的に越中支配に乗り出したことを述べた。この時、越中と能登の一向一揆が「寺社本所領返還令」というスローガンを打ち上げたという。これは、守護方のグリップ力が弱まった状況を見計らい、荘園の知行権を旧来の領主である寺社本所に返還しようとしたものだ。これには京都の寺社本所から「越中で不思議なことが起きた」と驚かれたという。この時点の越中教団には為政者の領域に踏み込むつもりがなかったことの証左とも受けとめられるし、いったん武家方から奪取した所領・所職（代官職）を闕所化し、ひとまず旧本所に返還しておこうという作戦のようにも見受けられる。

実際に旧領主に所領を返還した（しようとした）ことを示す具体的事実が弘瀬郷にある。前章で応永28年（1421）に弘瀬郷領家方代官を小野道阿に請け負わせたという仁和寺文書を紹介した。実は、この文書の奥面に「永正3年（1506）6月、学厳という僧を使いとして、正文を越中に下す」という仁和寺側の書き入れが残っていた。85年も前のこの請文の原本を提出してほしいとの要請があり、越中に送ったというのだ。つまり、一揆方が弘瀬郷を仁和寺に返還するにあたり、いったん旧領主から所領返還申請を出させると同時に、この原本によって「かつて仁和寺が領主であった」ことの確認をしたことが分かる。

　別の見方をすれば、「永正・大永のころに弘瀬郷が仁和寺によってまがりなりにも知行されていたことを示すものであり、同地は永正3年の還付の恩恵に浴して、知行を回復していたとみていい」（富山県史）。

　王法的領主になるつもりのない越中教団にとって、領主は武家であるより寺社本所であった方が対応しやすい。いずれ守護勢に領主権を奪い戻されることがあるとしても、その前に本所に返還しておこう。そうして代官以下を一揆方で固めておけば、実質的には加賀の仏教領国と同じように越中を支配できるという思惑があったのではないか。

証如の「天文日記」

　では、その後の弘瀬郷がどうなったかを「天文日記」で見てみよう。本願寺証如が天文5年（1536）から同23年まで書き付けていた日記の中から4ヵ所ばかり拾ってみる。

・天文9年4月3日［醍醐寺三宝院からの依頼］、わが寺領である院林郷の代官として遊佐九郎次郎（守護の被官と思われる）を任命している。ところが同郷の公用（年貢）は本願寺門下の者たちに奪われたままになっており、瑞泉寺が納めさせない。これを納めさせるよう申し付けてほしい。

・同年 4 月 7 日 [三宝院への返事]、越中のことは先年の錯乱（1531 年の大
　小一揆のことと思われる）以来何も申し付けていない。
・同年 4 月 22 日 [仁和寺に頼まれた甘露寺＝藤原北家勧修寺派の名家＝から
　の依頼]、弘瀬郷の公用が錯乱のあと有名無実になっている。勝興寺・瑞泉
　寺から百姓中にきちんと納めるよう申し付けてほしい。
・同年 4 月 27 日 [甘露寺経由で仁和寺へ出した返事]、錯乱以降は越中とは
　交渉を持っていない。

　以上、いずれも天文 9 年（1540）4 月のことであるが、かつて院林郷の領
家であった醍醐寺三宝院と弘瀬郷の領家であった仁和寺がそれぞれ証如に対し
て直接、間接に年貢納入復活の仲介を頼んでいる。しかし、証如は建前を盾と
して一切断った。この時院林郷や弘瀬郷の年貢を押領していたのは一揆方の息
のかかった者だったに違いない。弘瀬郷の場合は、先の寺社本所領返還令によ
って旧領主の仁和寺に年貢の少なくとも一部は戻っていたはずなのに、享禄の
錯乱後は河上衆や越中衆にすべて奪われていたことがわかる。
　天文日記にはこのほか、「石黒荘の太美郷は高野山三宝院領の遊佐衛門大夫
なる人物が代官だったが、一向一揆勢の洲崎兵庫によって押領されたので三宝
院から証如に対して返還申し付けをしてほしいと要請があった」とか、東大寺
領高瀬庄や太田庄、雄神庄などでも領主側から証如に同様な申し付け要請がな
されたことが記されている。だが、証如はこうした要請のいずれにも「勝興・
瑞泉両寺の自治に任せてある」といって断った。

　つまり、この時点で弘瀬郷や院林郷では年貢が仁和寺や醍醐寺に全く納め
られておらず、瑞泉寺・勝興寺勢力下にある砺波郡の一部は加賀の「百姓ノ持
チタル国」同然だったとみることができる。

惣領石黒又次郎光直

　だが、本当に砺波郡のすべての荘園がこうした状況になっていたのだろうか。証如日記をもう少し見てみよう。

　弘瀬郷への公用申し付け要請があった翌年の天文10年（1541）2月4日のことだが、「越中国石黒惣領又五郎・庶子小三郎が書状を以て門徒にしてほしいといってきた」とある。証如が言うこの石黒惣領又五郎とは、この章のはじめに触れておいたが、「越中砺波郡石黒氏系図」（石黒武重蔵）にあらわれる「石黒又次郎光直」である。福光城主石黒光義が文明13年の田屋川原の戦いで滅び、一族の惣領がいなくなったといわれる中で、文明期以降も生き残り、しかも証如に「惣領」といわれた石黒氏が登場してきたのである。証如はそれなりの確証があって惣領と認めたのであろう。

　実は又次郎の名は上記の系図のみならず、本願寺、瑞泉寺、上杉家などの文書に登場してくる。この証如日記より20年余り前には、光直に関して記述された下記のような文書がある。

1．永正16年（1519）、長蓮・蓮宗という親子が、石黒荘「上郷」内と雄神荘「木並之郷」内の土地を御霊供田として又次郎家の菩提寺「長寿院」に寄進すると申し出た。その寄進状を又次郎が長寿院に取り次いだ。この日蓮宗長寿院は当時蓮沼（小矢部市）にあった。この寄進状や又次郎の取次文書は金沢市の石黒伝六家（福久屋）に残されている。寄進状の内容などから、又次郎は石黒荘上郷（現南砺市福光地域）および雄神荘（現砺波市庄川地域）の支配権を持っていたことが想像され、文明13年の田屋川原の戦いの後も、砺波郡南部地域の有力国人として存在していたと判断される。

2．長寿院は現在日蓮宗「本長寺」と名を変え、金沢市蛤坂町にある。蓮沼の後、江戸時代は前田利長に従って守山（高岡）、富山と転じた後、藩都金沢に移った。同寺の由緒書によると、「享徳2年（1453）越中砺波石黒郷に、福光城主石黒氏が菩提寺として創建、その後一向一揆との抗争で何度も焼

失…」とある。この通りだとすれば、福光・石黒氏は文明13年の約30年前には日蓮宗徒だったとも考えられる。

　実際、石黒氏の系図（越中砺波郡石黒氏系）の中で又次郎光直はこう書かれている。「享禄2年（1529）後奈良院の世に、日蓮宗門の族大半が被害を受けている中で、余宗に傾かず信心を貫いたと強く叡感され掛物を賜った」。又次郎が当時財政窮乏に陥っていた天皇家に贈り物をし、その返礼を賜ったのであろう。しかし「御掛物は宝蔵に納めてあったが、年経て天正9年木舟城が地震で自焼した際に焼失した」とある。光直は日蓮宗徒であり、木舟城主だったことがあると認められる。

　以上のことから、当時は①福光城主の菩提寺が日蓮宗であったこと、②又次郎が日蓮宗門にあったこと、③又次郎が長寿院へ石黒荘と木並庄の寄進地を取り次いだこと、④おそらく木舟城主だったこと、と話が次々に連動してくる。光直の当初の居場所が福光であるという確証はないが、文明13年に自決した福光石黒一族の生き残りとの見方を捨て去ることはできない。

3．それを証明するかのように、長蓮・蓮宗の寄進状には「石黒大炊助光教」「石黒大炊左衛門尉成親」「石黒左近蔵人成綱」と系図上に表れる又次郎光直以降の歴代木舟城主3名の裏書（押印）が付いている。系図によると、光教とは証如日記にある小三郎のことで光直の嫡男とみられ、この寄進状が光直から代々城主に引き継がれていたことがわかる。ただし、石黒惣領の通字は「光」であり、「成」のつく成綱らは分家あるいは庶家であるとすれば、久保尚文氏の以下の推論を導き出すことができるだろう。「永正3年加賀一向一揆の越中乱入事件で砺波郡守護代遊佐慶親（蓮沼城主）が越中を追われたが、代わって木舟にいた又次郎が蓮沼に入り、郡代的な立場で公務を執ったのであろう」。つまり、惣領家の光直が福光→木舟→蓮沼という動きを見せ、長寿院もそれに従って福光から蓮沼に移動した。光直の蓮沼移転によって庶家筋だった成字系石黒氏が木舟城の留守を預かり、以後、成綱らが木舟・石黒氏としての権勢を確立していった。

4．その又次郎が天文10年2月4日、小三郎（光教）とともに証如に「真宗門徒にしてほしい」と頼んだわけだ。大永3年（1523）の講和体制下にありながらじりじりと武家方を追い詰めてくる越中一向一揆方の圧力に抗し切れなくなったのであろうか。しかし、又次郎は「本願寺の直門徒」にしてほしいと頼んだのであって地元の勝興寺・瑞泉寺に対してではなかった。「砺波郡を加賀同様に本願寺・一向一揆支配下に組み入れてもよい」と述べたという。だが、証如は当然のようにこの頼みを断った。又次郎の狙いは何だったのか。通常の門徒ではない特別の立場を砺波郡で得ようとしたのではないかという見方もあるが、本願寺と越中教団の間に混乱を生み出そうとしたとも思える。どちらにしろ、この後の又次郎の動きをみれば、この要請が本願寺・一向一揆に屈した一方的な敗北宣言でなかったことは明らかである。

5．後奈良天皇の前の天皇である後柏原天皇は明応9年（1500）に践祚して皇位についたが、即位の式は大永元年（1521）にようやく挙行された。26年の治世のうち20年以上も即位できなかった。挙式を行う資金がなかったからだ。幕府に頼んで全国から集めさせたがすぐには無理だった。応仁の乱以降、年貢その他の上納が京都までなかなか届かなくなっており、天皇家の不如意は豊臣政権発足時まで続いたという。後奈良天皇の代、織田信長の父信秀が朝廷に贈り物をし、天皇から手紙と古今集を賜ったといわれる。又次郎も何かを贈ったに違いない。ただし、後奈良天皇は自分の方から全国の有力者あてに直筆の短冊などを贈ったといわれるので、贈呈の後先は逆かもしれない。

6．越中砺波郡石黒氏系図によれば、光直の父光国は「永正9年（1512）4月8日砂子坂道場を責め破り、即ちここを焼亡す」とある。文明13年から31年後のことだが、敗北した石黒一族の復讐のにおいがする。これが事実だとすれば、田屋川原合戦の生き残りは光直本人ではなく父光国であった可能性があり、光義らの自決現場から「生きて敵をとれ」と後を託された

惣領家の裔だったかもしれない。また、光国が砂子坂を敵とみなしたとすれば、文明13年越中一向一揆に砂子坂蓮真（善徳寺実円の父）がからんでいた可能性を想像させるものでもある。

石黒宗五郎と光秀

実は、又次郎光直とほぼ同時代にもう一人の有力な石黒氏がいたことがいくつかの文献で知られている。

先に、蓮真から砂子坂道場を譲られた実円は善徳寺と号し、永正6年（1509）までに石黒荘法林寺村、さらに山本村へと寺基を移したことを述べた。門前に市が立つほど賑わっていたという。そして次の円勝の代に、遅くとも天文12年(1543)までに福光城跡の近くに移った（現在の福光五宝町の知源寺の場所）。平安・鎌倉時代からこの地を支配してきた石黒氏の拠点のど真ん中に浄土真宗の寺が出現したのである。これを以て、石黒荘の武士勢力（石黒氏）に対する一向一揆の勝利宣言とみなすことを否定できない。蓮如が最初に井波瑞泉寺を訪れた際は、加賀・二俣から加越国境の鎌中峠を越えて医王山麓の山本村に入り、広瀬舘村、才川七村などをいったん南下して小矢部川の上流を迂回したとみられ、福光城下へ直接足を踏み入れることはなかったといわれる。

この善徳寺円勝の福光下向には「石黒宗五郎」という随行者がいた。山本村には善徳寺が来る前から石黒一族の支城である山本城があったが、そこにいた宗五郎が善徳寺に帰依し、番衆（寺を警護する門徒）となって福光に随身した。宗五郎の父は「石黒太郎光秀」といい、石黒荘中郷の「西勝寺城」に住んでいたという。宗五郎は光秀の2男。父がいた西勝寺城は、鎌倉時代に石黒宗家が居城していた高楯城から100mくらいしか離れていない山中で、平成年代の学術調査によって初めてその跡が発見された。戦国時代に築かれた山城であるという。

ある時、この父子が対立し、宗五郎は家を失い、父は西勝寺を去って木舟（城）に移住したと伝わる。また、光秀の弟石黒五郎光信が福光在住の家臣山谷勘右

衛門の屋敷に住んでおり、宗五郎は叔父の光信を頼って福光に移った。光信の子孫は代々福光で右京亮と名乗っていたといわれ、今に残る福光城址・栖霞園の地は江戸時代の地図に「右京亮」と描かれている。

　気になるのは息子宗五郎と諍いをして木舟に行ったという光秀である。同じような時代の石黒又次郎光直を思い出すからである。光秀が宗五郎と諍いをしたのは、自分の息子がかつての一族の敵である一向宗徒になったからではないか。西勝寺城から木舟に去ったという。まるで石黒郷のどこかから菩提寺とともに木舟に行ったとみられる日蓮宗徒又次郎光直とそっくりな行動ではないか。両者の関係を記すものは何もないが、光直や光国が記載された系図とは別の系図（越中石黒系図）に、光秀という名が室町期に載っている。

　善徳寺のその後のことだが、永禄年間（1558 ～ 1570）に至り、円勝の子裕勝の時、福光から城端に移った。小矢部川支流の山田川の上流で石黒荘山田郷と直海郷の境地点にあたる。福光より標高が高く城郭的地形に恵まれており、そこに荒木善太夫という者が城を構えていた。彼はそれ以前、福光・荒木の正円寺にいた。元々侍だったらしいが、一向一揆勢のリーダーの一人であり、将来の戦を想定して善徳寺を福光から自分の居城に誘致したとされる。

　その折、石黒宗五郎の嫡男も善徳寺と一緒に城端に引っ越し、善徳寺脇に「真覚寺」を建てた。真覚寺の住職は歴代石黒氏の子孫が務め、今もそうである。

　以上の光秀・宗五郎父子の話は、①天明 8 年（1788）から 50 年にわたり福光村の肝煎を勤めた和泉屋（石崎）喜兵衛が書き残した『家傳雑記』②加賀藩の陰聞横目役・山廻役・産物裁許役などを歴任した宮永正運が著した『越の下草』③西勝寺跡を発見した福光町医王山文化調査委員会の調査報告書『医王は語る』の内容を突き合わせてまとめたものである。

越中惣国

　こうした石黒又次郎光直や石黒太郎光秀が生きていたのは越中惣国といわれるようになった時代であったが、越中は一国まるごと本願寺・一向衆が支配権を握った加賀惣国とは異なり、守護代の神保氏・椎名氏の力が及ぶ地域（射水・婦負郡、新川郡）は彼らが主体性を保っていた。その中で、砺波郡では石黒氏に幕府からの公的な権限は与えられておらず、勝興寺と瑞泉寺を頂点とする惣国が徐々に形成されていった。証如の天文日記によると、越中衆（砺波郡北部＝勝興寺統括）、河上衆（砺波郡南部＝瑞泉寺統括）といわれた坊主衆が本願寺への番銭上納や三十日番役と称される御堂仏事役に勤仕していたが、そうした与力衆を動かす権限は軍事催促権も含めて、本願寺宗主を代行・分有する形で勝・瑞両寺が握っていた。もちろん寺の住持がそれを行うのではなく、俗務的な事務・采配を振るうのは坊官下間一族であった。

　これまで何度も「衆」「与力衆」「宗徒」などという言葉をつかってきたが、これは一定地域内の寺院・道場坊主および、その門徒衆の集合体を指している。寺院と与力・門徒衆との結びつきはあくまでも個々の人的つながりである。番役や志納金の義務は、年貢を徴収されるという感覚ではなく、与力としての貢献・貢納・志納であった。天文日記には年中いろいろな志納品が京都に集まったことが記録されている。もちろん村には一向宗徒ではない百姓がいたし、彼らは命令下達の対象外であった。だが伝達することは可能であり、門信徒でなくても従う者もいた。惣国で暮らす人々には、阿弥陀如来＝神仏の代表とみなされて、それに全体が従うような社会になっていたのであろう。

　広瀬舘村周辺の村ではだれが惣国運営を行っていたであろうか。『富山県の歴史』（山川出版社）には「その中核となっていたのは井波瑞泉寺と城端善徳寺のほか、松寺の永福寺など一家衆といわれる本願寺連枝寺であり、これをたすけて荒木の正円寺・金戸の専徳寺・舘の妙敬寺など、有力坊主衆があり…」とある。広瀬舘村の妙敬寺は初代教宗が永禄8年(1565)に78歳で没したあと、2代住持の勝宗、3代専宗が天正5、7年に立て続けに大阪・石山本願寺での信長との戦いで討死した。広瀬舘村の何人かがこれに参戦したのは確実であろ

う。

　これまで「郡代」という地位にも何度か触れ、砺波郡の石黒氏がそれに当たるのではないかと述べてきた。郡代とはいわば大代官であり、又次郎光直は力が及ぶ範囲の地域の国人を傘下に置き、惣郷、惣村とせめぎ合っていたと思われる。

残った石黒一族

　砺波郡に根を下ろした石黒氏の一族についてもう少し触れておこう。「闘諍記」には福光城主石黒光義が砺波郡一円を領していたと書かれていたが、それを証明するような事実もある。福光と木舟地域のほか般若荘（現砺波市）にも石黒氏はいた。文正元年（1466）、砺波郡又守護代の遊佐長滋が「石黒次郎右衛門」なる人物に「同荘は徳大寺家の直務地であり、守護使不入地である。謹言」との手紙を送った。それまでは次郎右衛門が同荘の代官だったが、徳大寺家が代官職を召し上げ、直務地にしようとしたらしい。だが、次郎右衛門はこれに構わず侵入を止めないばかりか、すぐ南方の雄神荘の庄城にも入っていたとみられる。次郎右衛門はまた石黒荘と木舟の中間にあたる松尾神社領松尾荘の南方の代官だったとの史料（松尾神社記録）もある。

　庄城はかつて桃井直常がいたところだが、次郎右衛門のあとは「石黒与三右衛門」が拠っていた。というのは、木舟城主が成綱の時代、成綱は越中に進出してきた上杉謙信の有力家臣となる。のち信長方に転向するも、天正９年（1581）信長に呼び寄せられ近江長浜の宿で討たれた（後述）。このとき成綱の随行者に与三右衛門の名があるからだ。

　現代に生きる石黒氏では、かつて石黒荘上郷の総社だったとみられる現在の福光宇佐八幡宮の宮司も石黒氏である。中郷あるいは下郷の総社だったとみられる荊波神社（岩木村）とともに、長く山伏（医王山系ではなく石動山系か？）が奉仕していた時代から石黒氏に引き継がれていたとの説もある。文明13年田屋川原の戦いの現場すぐ近くで、文明７年に創立されたという現浄土真宗

本願寺派聴信寺（現南砺市宗守）の住職も代々石黒氏がつとめている。

戦国大名・顕如と謙信

　さて、天文 23 年（1554）に本願寺証如が亡くなり、顕如が 11 代宗主となった。顕如は証如に次いで九条家の猶子となり、本願寺は正親町天皇の綸旨によって門跡寺院となった。石山（大阪）本願寺を拠点に、武装した僧侶や信徒とともに経済から軍事に至る強力な支配力を握り、戦国大名そのものだった。

　越中はこの時代以降、越後の上杉、甲斐の武田、そして織田信長と戦国大名 3 強に踏み荒らされた。国内の武士勢（神保・椎名・石黒など）は 3 強の波に揉まれ、勝興寺・瑞泉寺に率いられた一向一揆勢は顕如とともに戦うことになる。

　3 強のうち越中にまず侵攻してきたのは越後の長尾（上杉）氏であった。特に、軍神「毘沙門天」を名乗る謙信から感じられるのは、守護畠山氏が在国せず空白状態になっていた越中を、武士の代表として俺が治めてやろうといった気迫が感じられる。

　長尾景虎（のちの上杉謙信）は永禄 3 年（1560）3 月初めて越中に侵入した。父為景から引き継いだ家督の中には越中新川郡守護代の地位もあった。椎名康胤を味方に付けて射水・婦負郡などを支配する神保長職を撃破し、あっという間に砺波郡まで攻め込んで増山城を落とした。越中の一揆勢は恐れ慄いたが、景虎はすぐ越後に引き返した。当時の彼の第一の狙いは越中ではなかったからだ。

　同年 10 月と翌永禄 4 年の春、景虎は関東に現れた。まず北条氏の小田原城を包囲した。攻め切れなかったが、上杉憲政から関東管領職と上杉姓を譲られて帰国。9 月には信州・川中島で宿敵武田信玄と史上有名な激戦に及んだ。だが、これも勝敗はつかず、同 11 年（1568）と 12 年、踵を返し立て続けに越中に入った。越中守護畠山氏の要請を受け、畠山氏に盾つく越中の武士勢力と北陸地域の一向一揆勢を掃討するというのが謙信の目的だった。越中の門徒勢

はその後上杉方と離反した椎名康胤を味方に付けるなど辛うじて増山城で持ち
こたえた。

　この猛虎の攻勢に何とか対応できたのは、弘治3年（1557）に顕如と武田
信玄が親戚関係（両者の妻が三条公頼の女）になり、永禄8年（1565）以降
は正式に軍事同盟を結んでいたからでもある。信玄自身は越中に来なかった
が、上田藤右衛門尉（石見守）という軍事顧問のような人物（後に井波仏厳寺
の祖となる）を瑞泉寺に入れ、数々の戦闘の指揮をとらせた。瑞泉寺や勝興寺
で一揆を実際に指揮するのは、住持に付された家人・内衆であり、瑞泉寺の場
合は竹部豊前（下間一族）や石見守であったが、越中門徒は一時期まるで信玄
の家来のようになってしまったという。
　だが、本願寺・一向一揆にとって敵は上杉だけではなくなってきた。元亀
元年（1570）正月、顕如が石山本願寺で信長との戦に入ったからだ。信長は
「天下布武」を掲げ、いったん将軍に担ぎ上げた足利義昭の力を利用しながら
本願寺・浅井・朝倉・武田などの排除を目指した。これに対し、顕如は9月6
日付で全国の門徒に仏敵・信長から本願寺を守るよう激を飛ばした。
　元亀2年3月、上杉謙信と改名した輝虎は越中に侵攻してきた。4度目で
ある。謙信は庄川あたりまで進軍したものの増水で引き上げていったが、この
時、瑞泉寺は謙信と人質を交換して講和を結んだといわれる。本願寺・一揆勢
には謙信と信長の両方を同時に敵に回して戦う力はない。謙信との講和は信玄
との盟約を裏切ることになるが、背後に将軍義昭の「敵は信長一人だ。謙信も
信玄も本願寺も糾合して戦え」という策動もあったようだ。同年5月12日、
信長は4万の軍勢で比叡山を焼いた。これをみた謙信の越中や加賀への進攻
目的は「上洛すること」に絞られた。すなわち関東管領として足利家を再興す
ること、言葉をかえれば室町幕府・守護公権を回復することにかわった。

　そして天正4年（1576）、本願寺および加・越惣国は謙信と正式に同盟（「越・
賀一和」という）を結んだ。それより前の元亀4年（1573）4月、信玄が53
歳で急死、天正3年（1575）5月の長篠の合戦では武田勝頼が織田・徳川軍

に敗れ、武田軍が領国解体の危機に陥ったからでもある。これまで謙信の西上を阻んできた本願寺・武田同盟が消滅し、謙信にとっては本願寺・一向一揆と結んで信長と戦うしかなくなった。一和後すぐに越中を平定し、能登を攻略、天正5年9月に信長方の長綱連がいた七尾城を落とし、加賀・手取川あたりまで進攻していた信長軍も破った。ところが、いったん春日山城に帰った謙信は翌同6年49歳で急逝、北陸における覇権は一気に信長側に傾いた。

　このように書いてきて気付くのは、越中には謙信、信玄、信長に並ぶような戦国大名が生まれなかったことだ。信長が尾張守護代のさらに下の地位から戦国大名にのし上がったのに対し、越中には神保氏、椎名氏という守護代がかなり長期間存在したものの、2氏とも一国の主にはなれなかった。むしろお互いに覇を争う中で、領国内のイザコザを収めようとした守護畠山家が外部勢力（長尾・上杉氏）を引き入れたのが越中大乱の始まりだった。砺波郡でも守護代遊佐氏が在国しない中、代役として石黒氏などが武士方を代表する立場にあったとみられるが、上杉・織田両勢力の間に挟まって右往左往するにとどまった。

木舟石黒氏の最期

　ここで木舟城主石黒左近成綱の最期につい記しておこう。
　木舟城は天正13年（1585）11月29日の白山大地震で地中に陥没したが、城跡の一部は今もある。往時の城下の繁栄ぶりに触れた書物や言い伝えが残っている。古くは木曽義仲を支援した石黒太郎光弘が倶利伽羅合戦後の元暦元年（1184）、石黒荘から小矢部川中流域に進出し、築城したといわれている。しかし、城主について記録に残るものは極めて少ない。天正5年（1577）上杉謙信が家臣81名の武将を記録した「家中名字尽手本」の中に、神保安芸守（氏春）、遊佐左衛門尉らとともに「石黒左近蔵人（成綱）」名が記されている。
　『木舟城下いま昔　小さな町の戦国ロマン』（宝性寺第21世初瀬部乗侯著）という書がある。現在の小矢部市岡にある宝性寺には「左近下屋敷の庭池」と

いわれる庭が残っている。同書には、左近の家老・石黒与左衛門の子孫である石黒伝六家（金沢市尾張町）に伝わる「石黒氏福久屋永世家譜」から引き出した、以下の話が紹介されている。「謙信は天正２年７月、木舟城を攻めた。決着がつく前に左近の勇猛ぶりを見ていた謙信は戦いを止め、股肱の臣柿﨑信濃守虎政を使者に送り、謙信の幕下に入ることを勧めた。謙信の目的は人を殺すことではなく、越中を平定することだ。左近はそれに応じた。成綱に嫡男なきことを知った謙信は姉崎の２男琴之助政輝を成綱の養子とし、ここに上杉・石黒の盟約が成立した」。

　ところが天正６年に謙信が亡くなり、情勢は一変した。後継者となった上杉景勝（謙信の養子）の軍勢は引き続き越中に入国、一揆方と組み、飛騨方面から入国してきた織田方の佐々長穐と神保長住の連合軍と闘っていた。が、天正７年になり越後にいた景勝は何か異変を感じた。８月頃、瑞泉寺７代顕秀のところに越後にいる景勝から手紙が来た。「いままで石黒左近（木舟城の成綱）は上杉の家臣になっていたはずだが、その一方で、これまで織田方の神保長住と結んでいた石黒又次郎が瑞泉寺と与同し、左近を攻撃したと聞いた。おかしいではないか」と。

　これに対して顕秀は、今現在はさらに情勢が変わったと告げ、「長住と手切れしてこちら側（上杉・一揆方）に加わったはずの又次郎が今は左近と和睦し、共にこちらを攻め、近辺を押領している。両石黒氏を討伐したい」と上杉方に伝えた（『伊佐早文書』）。

　この手紙の中にある又次郎と天文日記に現れた又次郎とは随分時代が離れていて話がちょっとややこしい。手紙のやり取りでは「庄城（壇城）の石黒又次郎」とも書いてあるという。又次郎は一代だけで終わっていなかったのであろうか。

　ここでわかるのは、謙信健在時に木舟城主石黒左近成綱と石黒惣家の子孫と思しき又次郎が同時に存在し、左近が上杉・一揆方に付き、又次郎が織田・神保方に付いていたことがあった。それなのに、謙信亡き後左近が上杉・一揆方から離れる一方で又次郎も寝返って一揆方（瑞泉寺）に付き左近を攻撃した。

だが結局は「又次郎も一揆方を離れ、現在は両石黒氏がそろってこちら側（上杉・一揆方）を攻めてきている」と顕秀は景勝に伝えていたことになる。

そして天正9年4月、左近成綱は末友（小矢部市）にあった一向宗の拠点安養寺（勝興寺）を焼いた。これは左近が上杉との盟約を破り信長側に転向したことを証明してみせた事件である。彼は謙信の死と信長の攻勢を秤にかけ、本当に寝返ったのか。もともと石黒一族にとって一向一揆には恨みがある。

ところがここでまたまた奇妙なことが起きた。信長方に転向したとみられる成綱は同年9月信長と秀吉から呼び寄せられた。成綱は信長に献ずる金銀と誓紙を携え、一族30余騎を連れて指定された佐和山城（彦根市）に向かった。だが、近江塩浜の宿についたところで信長の家臣丹羽長秀の配下の者に囲まれた。事の次第は全て信長の謀略だったことを悟った成綱は、宿に火を放って全員自害するという、思ってもみない結果になってしまった。庄城にいたあの石黒与左衛門も一緒だった。

この事件の真相は不明だ。信長側に転向したとみられる左近がなぜ信長に殺されなければならなかったのか。信長はそれまでに伊勢長島の一向一揆虐殺や山門（比叡山）焼き討ちを含めて政治的敵対者を悉く排除してきた。彼にとって、上杉・一揆勢と織田間を行き来した成綱を信用できなかったのだろうか。左近がその後再び上杉方に内通していた、とみる説もある。越中に進軍を始めた信長軍にとって、北陸道の要の場所にある木舟城を確実に織田与党にしておきたかったとみる説が有力だが、どの説も霧の中である。

きわどい選択を何度も迫られた左近の立場を想像するのは悲しいが、かつて一族を桃井直常方と斯波義将方の2軍に分けて生き残りを図ったような力は成綱にはなかった。又次郎との駆け引きが若干そのようにも感じられないでもないが…。

いずれにしろ、武士としての石黒氏はここでほぼ終焉を迎えた。「ほぼ」と付け加えたのは、この時の木舟城残留組が後に前田利家に仕えるなどその後各地に散らばり、現代の石黒氏につながっていったからである。木舟城の守将を務めていた成綱の弟ないし姑婿といわれる湯原国信は一時五箇山に潜み、砺波

郡に出撃して信長家臣の佐々軍と戦ったといわれるが、のち与左衛門の子孫らとともに前田利家から仕官を求められ、石黒氏の菩提寺本長寺（長寿院）を金沢に迎えた。

信長軍の攻勢〜本願寺・勝興寺・瑞泉寺炎上〜

　織田信長は謙信の死後、石山合戦に注力する一方で北陸への侵略を本格化させた。天正7年（1579）夏、柴田勝家の指揮下で佐々成政、前田利家、佐久間盛政（勝家の甥）らを次々と加賀・能登方面に向かわせた。天正8年閏3月、大阪では正親町天皇と前関白近衛前久らの斡旋によって信長と本願寺顕如の講和が成立、10年にわたる石山合戦が幕を閉じた。事実上の顕如の敗北であり、4月9日顕如は親鸞祖像を奉じて本願寺を退去し、紀州鷺森（和歌山市）に向かった。4ヶ月後、本願寺は長男教如の退去後失火によって炎上し廃墟に帰した。一方、北陸に進軍した信長の家臣たちは8年4月、佐久間盛政が「北陸の本願寺」といわれた金沢御堂を滅ぼし、そこに金沢城を築いた。翌9年8月、信長は前田利家に能登を領地として与えた。

　その少し前の天正9年2月、信長は佐々成政に越中の「一職支配権」を与えた。成政は守山城（高岡市）に入るとともに神保長住を家臣に加え、富山城に置いた。ところが、2月28日に信長が京都で開いた「馬ぞろえ」に成政ら大勢の家臣団が参加したスキをついて上杉景勝軍が反撃に出た。成政はすぐ越中に戻ったが、先に紹介したように、この戦いの中で同年4月上杉方から織田（成政）方に寝返った石黒左近が安養寺（勝興寺）を焼いた。さらにその2か月後、今度は成政軍が瑞泉寺とその寺内町（井波）を焼き払った。あっという間に越中一向一揆の2大拠点が失われてしまった。

　一方、成政から富山城を預かっていた神保長住は天正10年（1582）2月、上杉軍に幽閉されたが、前田利家によって城を奪回した。この時、上杉勢の一部が善徳寺の誘導で五箇山に逃げたといわれる。さらに成政は柴田勝家、前田利家らの支援を受けて上杉方の越中最後の拠点魚津城を80日間かけて陥落さ

135

せた。その日（6月3日）は信長が本能寺の変で亡くなった翌日であった。信長49歳。

　天正11年、羽柴秀吉が賤ケ岳の戦い（長浜市）および越前北庄城（福井市）の戦いで柴田勝家を滅ぼし、信長の後継者の地位を固めた。同年4月、秀吉は金沢城に入り北陸制圧を宣言。前田利家には能登国プラス加賀国を加増、佐々成政には越中を与えた。

河上衆と石山合戦

　ところで、こうした信長方の越中攻勢に対し、越中一向一揆の中で最後の最後まで抵抗し続けたのが河上衆と五箇山衆だったことは特筆すべきと思われる。彼らは、顕如が去った石山本願寺でさらに4ケ月間粘った長男教如を心の拠り所にした。その壮絶な生き様を記憶しておこう。

　石山合戦中、顕如と教如は全国各地の門末に書簡を送り続け、米や武器（鉄砲・煙硝など）就中、人的な応援を求めた。福光に生まれ、石山本願寺で顕如によって得度を受けた善徳寺5代裕勝は加賀で柴田軍と戦い、養子の6代空勝は石山に出征した。広瀬舘村の妙敬寺の戦いも厳しいものだった。妙敬寺2代勝宗、3代専宗は石山での激戦に参加、天正5年と7年にそれぞれ45歳と22歳で討死した。この時点で妙敬寺はいったん消滅したとみられている。当然広瀬舘村からは門徒らが従い、帰ってこなくなった者もいたであろう。石山で参戦した瑞泉寺、善徳寺、妙敬寺などの僧侶に率いられた河上衆は数多く、荒木正円寺に残された「正円寺伝」によると、同寺の荒木大善に従って合戦に参加した衆徒は木戸、溝口、片岸、高屋、角地氏など60余人、才川永福寺に従った道海、川奈辺、長谷川氏など63人で、うち生還した者はわずか7人だったという。現在の坂本村・住吉社近くにある「鎮守の大杉」は、鉄砲撃ち作右衛門が帰還記念に植樹したものといわれる。

　天正8年8月2日石山を退去した教如は、なお強力な味方であった雑賀衆の拠点紀州鷺森へ身を寄せた。顕如から義絶されていたことから籠城中に父と

は対面できず、約2年後の10年6月に再び紀州に帰って顕如との和解を果たすまでの足取りはよくわかっていない。

　しかし、『城端町の歴史と文化』（城端町史編集委員会編）の中で太田浩史氏（大福寺住職）は福井県大野市の「南専寺由緒略記」などによって、教如が河上衆と五箇山衆に導かれ、越前大野と飛騨高山・白川や五箇山で過ごし、上杉方の応援を期待しつつ、なおも一揆衆の挽回の機をうかがっていたと記している。同略記には教如が「天正8年の秋、飛騨高山に潜居し、石徹白などを経由して同9年の春、拙寺に入御、同10年の春まで逗留した」とある。

　この南専寺とはどんな寺だったのか。実は瑞泉寺3代蓮乗が井波瑞泉寺・二俣本泉寺・土山坊の3坊の住持を兼ねていたころ、越中石黒荘下郷の桐木村（現南砺市桐木）に自らが開基として建てた道場があった。道場はその後蓮欽（瑞泉寺4代）、そして蓮欽女を妻にした賢誓、賢誓の長男賢了と引き継がれ、越前大野に移って南専寺と名乗った。賢了の子に男子がなかったので、広瀬舘村妙敬寺の2代立野勝宗の子（ないし養子）賢宗を迎えて6代目を継承させた。この南専寺賢宗と、石山合戦で行動を共にしていた善徳寺空勝が教如を越前大野に随行し、約1年の間滞在した。

　つまり、太田氏の見方によると「善徳寺・妙敬寺・南専寺」という善徳寺

大泉寺（南砺市北野）

137

グループが教如を大野に導き、約1年後に、飛騨白川、越中五箇山（猪谷・田向）に潜入させた。そして白川・五箇山の地で、越中の御坊を焼かれて逃亡してきた瑞泉寺顕秀や安養寺（勝興寺）乗了らと出会い、上杉勢との連絡を取っていた。当時の五箇山は越後・加賀の門徒と上杉方武士が充満する大要塞になっていたといわれる。天正10年春に教如がそこにいたとすれば、6月2日に信長が本能寺の変で滅んだ時の居場所も五箇山だったことになる。だが、教如や越中寺坊の願いもむなしく、この時、上杉景勝はついに支援に現れなかった。

　結局のところ、城端の善徳寺は成政軍の攻撃を受けることなく今に残った。井波の町を焼き払った成政軍は、井口村を経て城端に向かったと思われるが、善徳寺に至る直前の北野村に北野瑞泉寺があった（現在名は大泉寺）。井波瑞泉寺の別業（本宅以外の屋敷、別荘）だったといわれ、顕秀の弟准秀（瑞泉寺8代）らがここに籠っていたとみられる。成政軍が城端地域のどこまで進攻したかわからないが、善徳寺および瑞泉寺顕秀ら一揆軍の主力はすでに五箇山に逃れており、善徳寺を攻撃するまでもなかったようだ。

成政と秀吉・利家

　天正11年（1583）、佐々成政は秀吉の軍門に下ったとはいえ、越中一国の領有を認められた。同年、秀吉は越後の上杉景勝と手を結び、越中での混乱はこれで一段落したかに見えた。

　ところが、成政は富山城主だけで満足できなかったのか、すぐ翌年、秀吉に背いた。尾張の小牧・長久手で織田信雄（信長の2男）・徳川家康連合軍と秀吉軍が戦っている最中に、秀吉方だった前田利家の加賀朝日山城（金沢市）を攻撃した。織田軍団の中にあって、謀略・調略に優れ数多くの勝利を導いてきた秀吉、「槍の又左」の異名をとった猛将利家、織田鉄砲隊を鍛え上げてきた成政と、かつては同列に並ぶようなライバル関係にあったときもある。だが今は嫌いだった秀吉の配下に置かれ、しかも能登・加賀の2国をあたえられた利家に対して自分は越中1国のみ。成政にとっては家康と組んで秀吉を倒す

138

ことしか思い浮かばなかったのだろうか。

　ところが信雄・家康は秀吉と講和を結んでしまい、成政は孤立無援となった。「立山さらさら峠越え伝説」や「黒百合伝説」が生まれたのはこの頃である。成政はまず神保氏張（かって富山城にいた神保長住とは別人）ら越中の国人・土豪を味方に付け、加賀の前田利家を攻めた。だが、天正12年9月、能登羽咋郡の末森城（宝達志水町）の戦いで利家に大敗すると、あれだけ敵対した一向宗徒と和を結ぶことにした。越中衆の拠点であった勝興寺を氏張の自領である古国府（高岡市伏木）に再興させ、12月、氏張は勝興寺に7ケ条の制札を立てた。

　制札とか禁制、禁札というのは、寺社の境内などに立てる札のことで、寺社内での禁止事項を記し、軍隊の乱暴を抑えようとしたものである。「この地域は俺の陣地だ」「俺が保護してやるから安心しろ」という地域住民に対する安堵のマークである。

　これに対し、秀吉側も一向宗徒の懐柔に動き、天正13年7月勝興寺顕幸に働きかけ、3ヶ条の禁制を与えて対抗した。そして8月、7万人の大軍を従えた秀吉軍が越中に入り呉服山（呉羽山）に陣を構えたとたん、富山城の成政は髪を切って降参した。秀吉は翌閏8月、北野瑞泉寺（大泉寺）にも朱印付きの3カ状の禁制を下した。城端町史によれば、さらにその1カ月後、こんどは前田利長が北野村に市を立て、制札を出したという。つまり、前田氏と秀吉は五箇山への入り口に当たる北野瑞泉寺と善徳寺を保護下において一向衆支持の姿勢を明確にした。

　では、成政軍がまだ越中を治めていたころ、広瀬舘村のある小矢部川沿いの福光地域の様子はどうであったか。成政はともに信長の家来だったころから前田利家も嫌いだった。その利家と戦うため、加越国境に四八塁を築いたといわれる。福光町史によると、そのうち福光地域における城砦をあげただけでも、下小屋城・刀利城（宇野宗右衛門）、嫁兼小丸城（小塚弥太郎）、才川城（近岡河内守）、広瀬舘城山城（加藤右衛門佐、上田作兵衛、山口新左衛門）、遊部砦

城、土山保（稗田善助、青木孫右衛門）があった。カッコ内の人物は各城砦に拠った地元の土豪（国人）であり、成政軍は彼らから年貢を戦費として調達していたと思われる。

　成政は秀吉に降参する直前、上記の拠点に各地から兵を集め、突如福光の刀利方面から医王山を越え利家の出城鷹巣城（石川郡湯湧谷）を攻めた。すぐに反撃を食らって小矢部川の渓谷に逃げ落ち、富山城に帰ったが、この時成政が広瀬舘村に槍を置いていったという「槍の先伝説」（今も湯浅家にはその時のものといわれる槍の一部が残っている）や、途中立ち寄った荊茨神社に遺していった詠歌が語り継がれている。

　成政と利家の戦いの結果は、刀利村の土豪宇野宗右衛門家の歴史にはっきり残っている。両者の最大の決戦だったといわれる末森城の戦いのちょうど2週間前にあたる天正12年9月3日付で、宗右衛門は成政から「扶持300俵」の宛行状をもらっている。味方になって戦え、ということだ。ところが、宗右衛門はこの戦が終了した天正13年9月21日付で今度は前田利家から「河北郡志村の110俵」の宛行状をもらった。主君が一転し、越中の成政時代が終ったことを伝えている。

一職支配権

　戦国大名の農村支配つまり年貢収納のやり方に触れておきたい。

　先に織田信長は佐々成政に越中の「一職支配権」を与えたと書いた。この職_{しき}というのは中世の荘園公領制下でみられた「職の体系」の職と同じである。違うのは職の階級を一つにしたことだ。つまり年貢米でいえば、戦国大名一人が一国あるいは一定地域における分配権を握る。戦国大名とは守護大名と異なり、京都の幕府政権や旧荘園領主らから完全にフリーで独立した権力者である。過去のしがらみに縛られることはなかった。

　秀吉の時代になると、一職の意味がさらに厳密になり、年貢を納める側も検地帳に記載された百姓1人に絞るという1対1の関係をつくることになった。「太閤検地」である。

この歴史的大転換をまとめると以下のようになる。

１．大名一人が広い領土を一円的に直轄支配するというのは過去延々と続い
　　てきた荘園公領制（職の秩序）の否定であった。これによって朝廷、貴族、
　　有力寺社らの領主制を完全に崩壊させた。

２．一職体制によって独裁的為政者の取分が増える。戦闘力が高まり、兵農分
　　離が定着する。

３．耕作者のみを年貢負担者と定めることで年貢増収意欲を高める。同時に百
　　姓身分を固定することによって百姓の地侍化を防ぎ、中世的名主農民（長
　　百姓）や地侍は領主化への道が絶たれ、農業経営に専心せざるを得なくなる。

　信長本人は畿内の堺、大津、草津を直轄都市としただけで、他の所領は旧
来の家臣に与えた。越中では成政が一職支配権を得たものの、統治期間は4
年余りで終わった。秀吉は畿内の摂津、河内、和泉、淡路、播磨の多くの地域
を直轄地とした後、天正10年（1582）から慶長3年（1598）まで全国的規
模で太閤検地を行ったとされる。

　「一領具足」という言葉がある。戦乱が続く室町時代、耕作中の農民であっ
ても一そろいの武具・鎧を常備し、出陣の法螺が鳴るとその場から出陣できる
ようにしたという。やわな百姓は少なかった。映画「7人の侍」（黒澤明監督）
で設定された農村（農民）のひ弱な姿は虚構といわれる。秀吉は「刀狩り」に
よって彼らから武器を捨てさせ、代わりにプロの軍団を育てた。農民は検地に
よって田地に縛り付け、農業に専念させるというのが秀吉の「天下統一」の意
味だった。

　太閤検地の時に、

１．1反は300歩、1畝は30歩という地積（耕地面積）の単位を統一した。

２．各地域の1反当たりの生産高（石盛）を定め、土地全体の生産力を石とい
　　う単位で表す「石高制」を導入した。

　ただ、前田利家は規定通りの太閤検地をしなかった。天正10年（1589）
には本人が能登で検地をしたのを始め、加賀藩は各地で何度も検地を行った。
しかし、竿などを使ってきちんと面積を量る丈量という方法での太閤検地はほ

とんど実施しなかった（次章参照のこと）。一揆の気性が残る土地柄で百姓らの反発を恐れたからでもあるが、領地が広く、人手がかかり過ぎたからではないか。

　室町期最終盤の広瀬舘村の年貢収取の実態はどうなっていたか。勝者が戦費＝年貢を独り占めするという戦国の定めがあったとしたら、成政のわずかな治世下では一職支配的な局面があったかもしれない。ただし、成政直属の家臣というよりも、成政が築いた城砦の主とされたような在地の土豪たちが現場を沙汰していたと想像するしかない。

　なお、戦国時代末期、石黒荘には一向一揆の応援部隊が全国から集まった。雑賀安芸守といういかにも紀州雑賀の鉄砲部隊から来たような名前の武士が川合田館、遊部砦に入った。安芸守は加賀の佐久間盛政に滅ぼされたといわれる。また、天正10年の天目山合戦（山梨県甲州市）で信長・家康連合軍に敗れた武田方の残党も遁入した。西勝寺村の武田平四郎勝政のほか高宮村の瑞順寺乗法や、太美郷の井沢氏、和泉村河合氏などの諸士があったと伝えられる。

その後の瑞泉寺・教如・成政

　気になる人物のその後について。

１．井波瑞泉寺７代顕秀・８代准秀

　顕秀は天正９年（1581）成政軍によって瑞泉寺を焼かれたあと、五箇山に向かった。そこで北野瑞泉寺（大泉寺）にいる弟准秀、河上・五箇山衆、上杉方の五箇山残留部隊と連携し、本願寺教如とも連絡を取りながら、成政軍に抵抗した。その後は京都に逃れ、隠棲していたが、天正13年秀吉の成政征討軍に勝興寺顕幸とともに加わるよう命じられた。だが、「途中の大津駅で38歳にて御遷化」と瑞泉寺由来書に書かれている。いったん京都に戻り、そこで病死したとも伝えられる。

　一方、成政との戦闘時に北野瑞泉寺に籠っていたとみられる准秀は文禄３年（1594）井波に復帰した。加賀藩２代前田利長の支援を受けて慶長10年

（1605）から瑞泉寺の再建工事に取り組み、瑞泉寺縁起を起草するなど募財に取り組んだ。そして焼失から33年目の慶長18年（1613）3月、元の近接地に新瑞泉寺を完成させた。ただ准秀は慶長13年に隠居し、長男9代准宣がその後の建設に当たっていた。

　准秀の隠居先はどこだったか。明確な資料を欠くが、広瀬舘村妙敬寺の由来書によると、准秀は「西野堂に隠遁」とある。つまり、勝宗、専宗と立て続けに石山本願寺で討死し、廃寺同然になっていた広瀬舘村妙敬寺に入って同寺を再興した。井波町史では否定しているものの、准秀は顕秀の弟ではなく、元々妙敬寺専宗の子として生まれ、瑞泉寺に猶子として入っていたとする系図が富山県史に掲載されている。その真偽は不明だが、准秀としては妙敬寺が河上衆徒の模範的寺院に育ったのを見て、そのままにしておけなかったのであろう。

　そもそも北野瑞泉寺や妙敬寺は、綽如が越中で仮住まいをしたことがある場所として、その後の瑞泉寺の僧侶らが別業（別荘・隠居所）として使っていたのではないだろうか。妙敬寺初代となった教宗（綽如上人玄孫、蓮如上人孫）も北野瑞泉寺を住まいとしたことがある。なお、北野村には綽如がその名を聞いて京都を懐かしがったという北野天満宮がある。起源不詳であるが、平家の落人が祠を立てて住み付いたといわれる。

2．教如
　天正10年6月に父顕如より義絶を赦免されたあと、本願寺の社務を補佐した。文禄元年（1592）顕如示寂後に本願寺を継承した。だが母如春尼から秀吉へ「顕如から教如への譲状がない」との訴えがあったことなどから、弟准如に法主が継承されることになった。以後、教如は苦難の道を歩むことになったが、法主然として振舞い、退隠中も支持してくれた坊主たちに自分の寿像（存命中に作った肖像画）を贈った。富山県内にはこれを下付された寺院が善徳寺、道林寺（小矢部市）、西勝寺（利賀村）、妙敬寺など10数ヶ寺もある。

　教如は慶長7年（1602）、家康より京都七条烏丸に寺領の寄進を受け、翌年、秀吉が認めた准如の「西本願寺」に対して「東本願寺」を分立した。

　教如と善徳寺・南専寺・妙敬寺グループとの親密さを示すものが広瀬舘村

の湯浅家にもある。東本願寺建立にあたって募財目的を兼ねて制作されたとみられる教如本初版四点セット（三帖和讃と正信偈）や教如の3男宣如（東本願寺13代宗主）が7歳のとき書いたという六字名号がある。

3．佐々成政

　天正13年（1585）、秀吉は越中4郡のうち3郡を前田利長に与えた。成政は新川郡をもらったが、富山城は破却され、越中での在国も許されず妻子とともに大阪に移住させられた。天正15年秀吉の九州の陣に従軍し、平定後に肥後一国を与えられ隈本（熊本）に在城した。だが、国中で検地を強行して国人一揆を起こされた。秀吉からけん責を受け、16年5月摂津尼崎で切腹を命じられた。成政の家臣らはバラバラになったが、神保氏張は家康に召し抱えられた。元石黒氏の家老だった山崎某氏が肥後の成政を追って越前まで行ったが、成政の悲運を聞き、越中に帰国。石黒一族の本貫地といわれる和泉村で石崎姓にかえた。江戸時代に加賀藩の十村役となった石崎家のはじまりとされる。

　成政が鷹巣城で利家軍に惨敗し、広瀬舘村を通って富山城に逃げ帰る際に立ち寄ったといわれる石黒郷岩木の茨波神社に残る詠歌は、次のようなものだった。

　　　濁る世の塵にまじわる心にもいかにいばらの神のみづがき（『宮永文書』）

　成政が秀吉・利家と妥協して越中一国で満足していたら、のちの越中はどうなっていたであろうか。

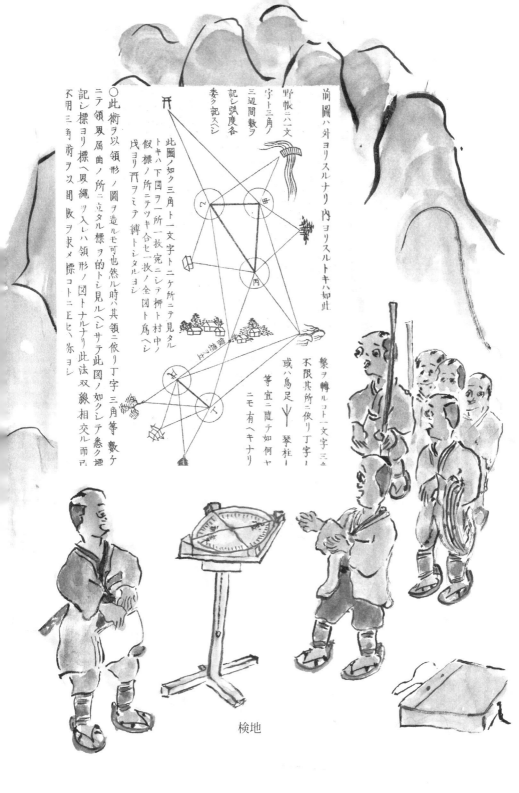

前圖ハ外ヨリスルナリ内ヨリスルトキハ如此

野帳ニハ文
字ト三角ノ
三邊間數ヲ
記シ弧度間數各
委ク記スヘシ

此圖ノ如ク三角ト一文字トニケ所ニテ見ル
トキハ下圖ヲ一所ニ一枚宛ニシテ押シ村中ノ
假標ノ所ニテッキ合セ一枚ノ全圖ト角ヘシ
戊ヨリ开ヲミテ縛トシタルヨシ

繋ヲ轉ルコト一文字ト丁字ト
不限其所ニ依リ丁字ト
或ハ鳥足ト　琴柱ト
等宜ニ隨テ如何ヤ
ニモ有ヘキナリ

○此術ヲ以領形ノ圖ヲ造ルモ可也然ル時ハ其領ニ依リ丁字三角等數ケ
ニテ領與屈曲ノ所ニ立タル標ヲ的トシ見ルヘシサテ此圖ノ如クシテ懸ク標
記シ標ヨリ標ヘ異繩ヲ入レハ領形ノ圖トナルナリ此法双線相交ル而已
不用三角ノ術ヲ以ス間數ヲ求メ標コトヨヒ、次ヨリ

検地

第6章　改作法 〜江戸時代前期〜

前田氏と徳川氏

　徳川家康が築いた封建社会を幕藩体制という。封建とは領地を介して主従の関係を結ぶことだ。徳川将軍（幕府）が直轄地を除く領地を大名（藩）に分け与え、大名も自分がもらった領地を家臣に分け与え、家臣はさらに自分の家来に分け与えて「土地と人民」を支配する。このシステムを維持していくうえで最も重要な事は、その経済的基盤である農民（百姓）から年貢を確実に徴収することだった。

　幕末に広瀬舘村が極貧御仕立村に陥った。しかし困窮したのは広瀬舘村だけではなく、加賀藩自体がそうであった。なぜそうなったか。自然現象を含むいろいろな原因・理由があったと思われるが、本書では加賀藩の年貢に関する農政、特に「高」に関する政策に焦点を当てて広瀬舘村に起きた出来事についてみていきたい。

　「加賀100万石」といわれる前田家の領地は利家・利長・利常の初期3代において確実なものとなった。

　天正年代のはじめのころ、前田利家は織田信長の命により、柴田勝家の指揮に従って佐久間盛政・佐々成政らとともに北陸の地を転戦、上杉景勝・一向一揆勢を連破していった。天正9年（1581）、利家はその功により信長から能登4郡（羽咋・能登・鳳至・珠洲）を宛がわれた。織豊期にはこれを一職支配権といった。翌年信長が本能寺で横死したが、同11年、近江賤ケ岳で柴田勝家・佐久間盛政を破って信長後継の地位を固めた羽柴秀吉を金沢に迎え、利家は秀吉から加賀2郡（石川・河北）の加増を受けた。さらに天正13年（1585）越中の成政を屈服させた秀吉により、越中3郡（砺波・射水・婦負）が宛がわれ、残る1郡（新川郡）も成政が肥後に転封された同15年に利家の支配となった。

　慶長3年（1598）の関白豊臣秀吉の死後、秀頼（秀吉の跡継ぎ）のいる大

阪城の総留守居役を務めていた利家も翌4年に亡くなった。

　父から「親豊臣」を引き継いだ2代利長が大阪城から金沢に帰るとすぐ徳川家康から謀反（むほん）の疑いがかかった。天下取りを目指す家康にとって前田家はいてほしくない存在だった。そうした家康の気持ちを分かっている利長は同5年、母まつ（利家の妻）を人質として徳川に差し出すなど低姿勢に徹し、慶長5年（1600）の関ケ原合戦でも家康に味方した。戦後、利長は家康自筆の書状で加賀の残り2郡（能美（のみ）・江沼（えぬま））を加増され、加越能3か国の大半を占める計119万石余を領地（領知）とした。翌年には利長の世子となる庶弟利常（9歳）と徳川秀忠の娘珠姫（せいし）（3歳）の婚儀が行われた。

　だが、秀頼がなお大阪城に居城する中、大大名にのし上がった前田氏と徳川氏との緊張関係はさらに強まった、利長は慶長10年（1605）将軍職が家康から秀忠に世襲された時を見計らって、越中新川郡19万石を養老領として富山城へ隠居した（富山城は同14年焼失し2年後高岡城へ移る）。と同時に、3代利常が徳川から松平姓をもらって元服し、前田氏の本藩は正式に徳川氏に従属することになった。ただ、この時点でも利長自身は父の遺言「秀頼を守り育てること」が公務であると任じており、徳川からの猜疑心は消えなかった。

　慶長16年（1611）に至り、利長は隠居領のうち10万石を金沢に返し、本藩監国（かんこく）をやめると宣言（ただし遺戒を示す）、徳川の重臣本多正信の次男政重を前田家家臣の筆頭に召し抱えた。結局、「徳川に臣従せず、敵対せず」を貫いた利長が慶長19年（1614）高岡城で亡くなるまで芳春院（まつ）は江戸から解放されることはなかった。

　家康は利長の死を待っていたかのように同年10月大阪・冬の陣、翌元和元年（1615）5月夏の陣で豊臣家（秀頼）を滅ぼし、一国一城令、武家諸法度、禁中並公家諸法度、諸宗本山本寺諸法度を定めた後、元和2年に没した。

　しかし、前田家と徳川家との緊張関係はなお続いた。寛永8年（1631）、金沢城が焼け、城館改築などを行った際、秀忠が病気になったこともあって、またも前田家謀反の疑いが喧伝された。利常と嫡子光高は江戸に赴いて3年間

国元に帰らなかった。しかも水戸の徳川頼房の娘大姫を将軍家光の養女にして光高に嫁がせるなど何とか加賀藩の危機を免れた。

　こうして様々な形で徳川への従属姿勢を示した利常に対し、将軍家光は寛永11年（1634）3国合計119万2760石の領地判物（押判した安堵状）を与えた。ここにようやく前田家3代にして「100万石の一番大名」加賀藩の領地高が正式に定まったのである。同16年（1639）利常は47歳で隠居、本藩の光高は金沢城80万石、次男利次を富山城10万石、3男利治を大聖寺城7万石にそれぞれ分封し、自らは小松城22万2760石に移った。

　当時の徳川家は「謀反の兆候あり」と判断した大名は即刻取り潰し処分をためらわず、家康・秀忠・家光の3代で外様大名82家、親藩・譜代大名49家を改易（廃絶）していた。

加賀百万石と検地

　さて、この寛永11年（1634）に将軍から与えられた119万2760石はいわゆる表高といわれるもので、加賀藩領の幕府公定石高である。朱印高ともいわれ、以後、幕府と加賀藩あるいは加賀藩と他藩との権力関係を媒介する額面上の石高となった。これに対し、実際に領民に年貢を課す際の算定基準とした石高を内高といった。

　幕府は正保元年（1644）全国の大名に所領の一斉調査を命じた。これに応じて加賀藩が報告した総石高は122万6807石であった。「正保3年高付帳」に記載されており、これが最初の内高記録である。朱印高に比べて3万4047石増加しているが、国別内訳をみると、加賀は42万2985石で朱印高より1万9548石減、能登は21万1432石で同5458石減だったのに対し、越中は59石2415石と約11％、5万9054石増加していた。

　そもそも朱印高というのは、加賀藩が①利長時代の慶長10年（1605）に実施した「越中総検地」と②利常時代の元和2～6年（1616～20）に行った「加賀・能登総検地」の合計石高といわれている。

利家・利長の織豊時代、天下統一を果たした秀吉は全国に太閤検地を命じた。田畠を測量して領地内の生産力を米の石高で表し、各大名の石高に見合った軍役・夫役を奉仕させるためである。土地の測量にあたっては一筆ごとに竿や縄を使って実測（これを丈量検地といった）させたという。しかも、その土地の実際の耕作者を検地帳に登録し、その耕作者から年貢を徴収するという「一地一作人」の原則を導入した。教科書的には、明治政府が年貢制度を廃止するまで太閤検地が各地で受け継がれたことになっている。

　だが、実際は違う。加賀藩の場合、利家が能登を領国にした天正９年（1581）からすぐ検地奉行を現場に派遣した。新たな征服者が自分の領地の大きさを調べるのは当たり前のことで、利家自身が行った村もあるといわれる。ただし、加賀藩には太閤検地の形式を踏まえた検地帳は残っていない、というよりも作成されたことがなかった。

　何が残っているかといえば検地打渡状と算用状である。検地奉行は検地を行った村ごとに、その結果である「村高（草高）」を記入した打渡状を渡していった。村高さえ決まれば年貢量は計算できる。そして年貢を収納した翌年にその収支決算書である算用状を交付した。

　打渡状から算用状に至る一連の年貢収納手順を見てみよう。利家・利長時代の検地方法は加賀藩独自の手法である「惣高廻り検地」と呼ばれ、「検地奉行１名と足軽２名が（村に）やってきて、絵図を取り、隣接する村々の百姓から誓詞書を提出させる。翌日、『定廻り』（本検地）をして境界や縄を張る地点を確認して測量に取りかかる」（田上繁氏の論文『検地地図を読み解く』）。その際他村の御扶持人十村が畠折（後述）のため随伴したが、検地作業は１～３日で終わったという。

　つまり、実際に丈量するのは村と村の境界地など一部だけで、多くは指出（村側の申告）に基づいて実施された。村にはもともと絵図や過去の年貢の記録があった。肝煎や十村らがそうした基本データをそろえ、江・川・道・溝・藪などの面積を差し引いて（年貢米計算の対象となる）「田・畠・屋敷地」の広さを測る内検地を事前に済ませていた。

　村高の総計が朱印高（表高）と正保３年の検地高（内高）とで乖離が出た

主な理由は、越中では慶長10年の総検地のあと新開（新田開発）による高が増えたためで、加賀・能登では元和2〜6年の総検地のあと、それまで村高に含めていた荒（荒地化したかつての耕作地）の分を生保3年（1644）の現状に合わせてマイナス調整したためといわれている。

　ところで、加賀藩のその後の内高の記録をみると、正徳元年（1711）ごろまでに新開が進んで130.5万石と拡大したが、その後の伸びは停滞し、文政8年（1825）には133.8万石、明治4年（1871）は135.1万石だったと記録されている（『加賀藩史料』など）。

草高

　さてここまで高という表現を何度かしてきたが、高に関する加賀藩の基準数値をチェックしておく。

1．高とは草高ともいった。草とは「稲を生ずる」という意味だといわれる。江戸時代、田地の広狭を地積（面積）では呼ばず、その地から算出する米穀の量を以って表した。これが高と表現される田地の広さの単位である。米（玄米）1石を生ずる田地の大きさを1石高といった。年貢は各百姓が耕作を請け負った持高に応じて徴収された。

2．田地の面積そのものは町・反・畝・歩（坪）の単位で表したが、反別といって主に反を基準値とする諸政策がとられた。利長の越中総検地の際は中世以来の1反＝360歩を採用、1反当たりの米の生産量を1石5斗と定めた。実際の収穫高は田圃の土質や作柄の豊凶によって異なるが、年貢を徴収する基準としてこのように定めた。この1反当たりの生産高を斗代または石盛といった。

3．主に米以外の穀物や野菜を植えた畠地も、実際にはほとんど何も生産できない屋敷地についても「高を生じる土地」（年貢を納めるべき土地）と評価し、田地に換算した反別を測った。それを「畠折」といい、畠の面積2の収益が田の面積1に相当する場合を「二つ折」、畠の3つが田の1つに相当するのを「三つ折」といい、「七つ折り」くらいまであったという。つまり、

4つ折りの場合、実際の面積の4分の1がその村の畑地の反別（本歩数）として数えられ、残り4分の3は抜物歩数・折捨歩などといって（数値上は）村高に含まれなかった。検地に他村の御扶持人十村が立ち会ったのは主にこの畑折の査定（価値評価）をすることだった。

この畑地の収穫物も草高に含まれるという事実は極めて重要である。つまり、加賀100万石と言ったり、広瀬舘村の草高809石と言ったりする石高の数値には、米だけではなく、米以外の作物の収穫高も「米の石高に換算されて」含まれていたということだ。

なお、すべての畑に畑折が適用されたわけではない。加賀藩の場合、「本田成」と称して以下のような土地や作物は田と同じ価値があるとされ、畑折は適用されなかった。屋敷地、竹藪、牛房、桑畑、楮（こうぞ）、漆（うるし）、茶、大根、蕪（かぶら）、藍、人参、茄子（なす）、麻、からむし（前出の田上繁氏の論文による）。

4．利常時代の加賀・能登の総検地の際、太閤検地の基準に合わせて1反＝300歩に改められたが、越中は360歩のまま据え置かれた。これで話はやや複雑になる。斗代・石盛はいずれも1石5斗とされたからだ。この結果、「1石高の反別」（米1石が生産される田地の面積）は加賀・能登で200歩になるが、越中では240歩と計算されることになった。

さらに加賀の能美郡・江沼郡だけは例外で、1反は300歩、斗代は1石7斗とされ、1石高の反別は176.4歩とされた。

江戸時代初期の広瀬舘村

全国一斉に調査された正保3年（1646）の広瀬舘村の草高（村高）は720石余であった。

【広瀬舘村のデータ1】＝「正保3年・越中国四郡高付帳」（玉川図書館）

・村高720石2斗7升

（内訳）

・田方…高523石7斗7升　　反別34町9反（349反）1畝29歩

・畑方…高196石5斗　　　　反別13町1反（131反）

〈分析〉

1. 田と畠のそれぞれの反別に1反当たり1石5斗の斗代（石盛）を掛けると村高になる。畠方にはおそらく屋敷地も含まれていたと思われる。畠地の反別には畠折りが適用されていた部分があると思われるので、当時の広瀬舘村の田・畠・屋敷地の実際の合計面積は両者の反別の合計である480反＋αだったことになる。

2. 正保3年の高付帳に記載された加賀藩の各村高はそれぞれ本高と新田高（越中総検地以降開発された田畠）に分類されていたが、広瀬舘村の新田高はゼロだった。つまり、この720石余の高は「古田」と呼ばれる前の時代から引き継いでいた耕地だった。

　江戸時代初期の調査によれば、広瀬舘村の百姓家は10軒余であった。

【広瀬舘村のデータ2】＝①は元和5年（1619）「利波郡家高ノ新帳」（川合文庫）

　　　　　　　　　　　　②は寛文3年（1663）「川西家高付之帳」（同）

・①たち村　　　　ひろせ組　　　　　　　13間

・②廣瀬舘村　　　広瀬舘村四郎兵衛組　　11間（内1間は村肝煎家）

〈分析〉

1. いずれの記録も当時の広瀬舘村が所属した十村組名と百姓家の戸数を調べたもの。戸数（間＝軒）は年貢徴納者、つまり高を持っている「本百姓」だけを書き上げたものとみられ、近世初期の役屋とみたい。役屋とは屋敷を持ち、1人前の夫役負担ができる高持百姓のことである。

2. データ1の調査時点である正保3年の百姓家1戸当たりの平均持高を推定してみたい。正保3年はデータ2の①と②の百姓家数調査時点（元和5年と寛文3年）の中間にあたるので、これを参考にする。

　　つまり、正保3年の本百姓が13人だったとすれば1戸当たりの平均持高は約55石、11人だったら約65石ということになる。かなり多い持高と思われるかもしれないが、砺波郡太田村（砺波市）の承応3年（1654）の百姓1戸当たり平均持高が66石余だったという記録があり（この章の最終頁

参照のこと）、当時の広瀬舘村の平均持高が特別多いわけではない。江戸時代初期の百姓家はまだ前の時代から土豪的家族形態を引き継いでおり、「下人雇用手作経営」（「加賀藩の社会と政治」高澤裕一著）ともいわれるような、今から見れば相当な大人数をかかえる百姓家が多かったとみられる。夫婦＋子供らの家族＋下人といった構成だ。

3．当時農民1人の耕作能力は堅田（土が堅い田）で約5反といわれ、50石では7人余が必要とされた（清水隆久氏の論文『加賀藩初期における本百姓について』）。つまり、広瀬舘村では少なくとも働き手（15歳以上60歳以下）の男女100人以上が住んでいたことが推定される。

4．ひろせ組とか四郎兵衛組というのは十村組の名前である。十村の詳細は後述するが、加賀藩の郷村支配機構中最高職の百姓のことで、一人の十村が数十の村を管理・監督させられていた。砺波郡には元和5年時点で475村、百姓家4,174軒あり、そのうちひろせ組は38村、444軒で構成されていた。

5．元和5年のひろせ組の十村名は記載されていないが、慶長9年（1604）に利家が十村制度を作った際、田中村（福光）の得能三右衛門がこの地域の十村を仰せつかっているので、この三右衛門の組に入っていたと思われる。また、広瀬舘村の四郎兵衛については、寛文元年（1661）8月から同4年2月まで十村をつとめた記録がある。砺波郡の十村で広瀬舘村出身者が選ばれたのはこの四郎兵衛が最初で最後であったと思われる。

侍の俸禄～知行とは何か～

さて、前田氏の領土が拡大するにつれ、家臣団も急膨張した。前田一族はもともと美濃を故地とし、利家が天文20年（1551）に信長に仕えた時は尾張国荒子（名古屋市中川区）に住んでいた。以後各地を転戦してきたが、加越能とは何の関わりもなかったうえ、直前には、信長がとことん手を焼いた一向一揆の支配地域であった。そこにいきなり尾張・三河・近江・美濃など他国から引き連れてきた武士が支配者として入部したことになる。このため前田家の加越能支配には、寝た子を起こさぬような微妙な力加減が必要だったといわれ

る。百姓に対して慎重すぎるくらいの配慮があったのは事実だが、実際には、武士の支配者らしくかなり強硬な政策を打ち出していった。

『加賀藩農政史の研究』（若林喜三郎著）によると、当時の「侍帳」によって家臣団の総人数は慶長後期（1612 〜 14 年）に 590 人、総知行高は約 23 万 5,000 石だったのに、領地拡大とともに寛永 4 年（1627）には 1,333 人、約 94 万石に達していたという。若林氏自身、いささか疑問もあると述べているが、大変な急増ぶりであった。彼らは織豊期に士農分離された本職の侍で、犀川と浅野川に囲まれた金沢の城下町は寛文・延宝期（1661 〜 81 年）には 8 割方形成されていたという。

侍たちが与えられた領地の支配権を知行といい、知行地を与えられた家臣を給人といった。加賀藩の給人には藩主の花押が据えられた証書「知行宛行状」が発行された。中に「〇〇石・〇〇村」または「〇〇俵・〇〇村」と知行高と知行地が示されており（俵は初期のみ）、給人は指定された村に赴き、自分で年貢を徴収した。

給人は徴収した年貢を、その地域の富裕農民が経営する蔵宿（倉庫）に入れさせ、自家消費ないし市場でお金にかえた。広瀬舘村の給人は福光村の蔵宿に入れた。給人が米を蔵から引き出すのを引米といい、給人が米切手を振り出して蔵宿に売らせ、その代価を受け取るのを払米といった。米の仲買人はこの米切手を売買した。一方、藩の直轄地である公領には侍の代官が派遣され、藩が主要地に設置した御蔵に米穀類を収納した。

福光には蔵宿も御蔵もあった。福光村での両蔵の払い米は主として高岡町や石動町（小矢部市）の領域で取引されたが、福光から金沢へ運ぶ場合は歩荷と呼ばれる担ぎ人が国境の山を越えて歩いて運ぶルートもあった。藩の命令で大阪登米などとして他国へ輸出する場合は、福光から鴨島（小矢部市）まではいったん陸路を「馬下げ」し、そこから小矢部河口の吉久（高岡市）の御蔵まで「川下げ」して運んだ。加賀最大の宮越（金沢外港）にある御蔵で船便を管理し、敦賀経緯で京都へ、あるいは西廻り航路（北前船）で大阪へ運搬した。

この知行システムを村側から見ると、草高の大きい村は複数の給人の知行

154

地（給人地）となり、給人地と藩の公領（蔵入地）が入り交ざった村、あるいは公領だけの村もあった。広瀬舘村では天保期、耕地の95％以上が給人地に割り当てられ、蔵入地はほんのわずかだった（後で詳述）。

地方知行制の崩壊

　さてここに知行宛行状によって「知行高100石の知行地」を与えられた給人がいたとしよう。100石の知行高とは草高のことであって、100石の生産力を持つ領地が与えられたということ。100石が自分の収入になるわけではない。その地の収穫高の何割かを徴収できるが、残りは百姓の得分（作徳米といった）となる。この年貢米比率（税率）のことを免ないし免相といった。100石の知行高で「免4ツ7歩（税率47％）」といえば47石が給人の収入で53石が百姓の作徳米になる。加賀藩の初期には収穫高から百姓取分を「免じてやる」という意味で、百姓の作徳米比率を免といったが、のちに免の意味が真逆になった。

　さて、利常が小松城に隠居するころまでは、知行宛行状に免のことは何も記されていなかった。自分の知行地の免は百姓と相対で決めろ、というわけだ。相対といっても身分が違う。支配者と被支配者である。当然ながら、田地の地味や毎年の豊凶の差を考慮しないような厳しい取立が行われた。藩も「耕作を怠ける百姓は追放すべき」と仕置きを認めていた。給人は、知行地に住む百姓を自由に使役できるので、掃除・雪下ろしなど米作以外の人夫にも使ったうえ、年貢未進の者には拷問、水攻め、家財農具の売り払い、子女を奉公に出させるといった打擲を加えた。

　百姓にとって作徳米とは何だったか。草高の対象になる耕作地は水田ばかりではない。雑穀や野菜しかとれない畠もある。だが年貢として藩に差し出すのは米であったろう。だから米の作柄が悪い年は、年貢米を納めたあとの作徳部分に米が十分に残っているわけではなかった。銭納しなければならない税もあり、そのためには米を売らねばならない。万雑と称する郡や村に対する諸経

費の支払いもあった。給人との相対交渉などうまくいくはずがない。当然、不作になれば、翌年の春になっても納められない未進が出た。とりわけ寛永17、18年（1640、41）には全国的な凶作に見舞われ、餓死者も出たといわれる。

　未進米が増えれば給人も困窮した。はじめ利常は上方から借銀をしてその銀を家臣に貸し付けていた。それでも足りなくなり、利家の代から金沢城の土蔵に蓄えてあった軍用金（城銀）を貸し付けたが、その貸付高が銀2,000貫ほどに上ったという。侍代官の中には、自分の金銀米銭を年3、4割の高利で百姓に貸し付け、年貢収納の前にその返金を受け取り、藩への年貢を未進にした悪代官もいたという。

　利常が改作仕法を施行する前の段階で加越能3国における年貢未進は米3万7,143石と銀16貫761匁、農民の借米は4万6,124石と借銀322貫278匁にのぼったと計上されている（『加賀藩御定書・後編』）。

　こうなると、もう給人や代官には任せられない。藩主利常自ら改革に乗り出すしかなかった。給人に領地と百姓を直接支配させたのを「地方知行制」というが、そのやり方はもう限界にきていた。正保2年（1645）、4代光高が31歳でこの世を去ったとき5代綱紀はまだ2歳で、後見を担った利常は小松城に致仕（隠居）していた。慶安4年（1651）4月20日3代将軍家光が病死した。多くの大名に恐れられていた家光がいなくなったこの年から、利常は改作法に本格着手したと伝えられる。

　改作は開作とも書かれ、耕作するという意味だった。この仕法（加賀藩の法律）は収益の良い領地ばかり知行している高禄家臣の利害に反する施策だったこともあり、利常は側用人や一部の能吏の他は農村現場をよく知る各地の十村を小松に呼び寄せ、策を練った。

改作法

「政治は一加賀、二土佐」と他藩の見本になったといわれる改作法（改作仕法ともいう）について、次の5か条に要約してみる。1条がその基本的考え方、

2～3条が制度の仕組み（ムチ）、4条が推進工作（アメ）、5条が方法論・組織論とでもいうべきもので、この仕法とその精神を加賀藩は幕末まで貫いた。「終局的な目的は、農民に再生産能力を付与し、租税完納の条件をつくることにあった」（若林喜三郎氏）のだが、一般の百姓からいえば重税システムとしか思えなかったであろう。

1．知行制度…サラリーマン侍

給人が知行地の百姓と直に接することを禁止した。年貢は藩が一括して徴収し、給人へは藩から分配・支給する仕組みにかえた。つまり、地方知行制の一つの柱である「給人の知行地の指定」は存続するが、「給人に従属する百姓の指定」を禁止した。一言でいえば給人は単なる俸給取りになったのである。逆の見方をすれば、藩当局が直接百姓と結びつき、年貢米の徴収・流通から販売まで一元管理できるようになった。

2．土地制度…村の草高と手上高

各村の草高（村高）を極高といって固定した。しかも村高を決める（極める）際に検地は行わず、手上高といって村方から望んで引き上げるよう誘導した。村役人らの競争意識を利用しつつ半強制的に引き上げた。そしていったん決めた村高は明確な理由がない限り明治維新まで変更しなかった。

3．租税制度…定免制と手上免

一村平均免といって村ごとに免（税率）を定めた。従来は個別の百姓と相対で免を決めていた（検見法という）が、これを豊凶にかかわりなく、村単位で一定値を定めた（定免制という）。年貢を村単位で集めやすくするためである。しかも手上免といって、実際には藩が命令するのだが、村から願い上げるという形で増免を図った。大災害や大悪作に見舞われた村は一時的な免の引き下げを認められたが、引免分はできるだけ早く元に戻すよう求められた。

この2・3条の結果、村の高と免が定まり、年貢米の基本となる定納米＝村高×免となる。そしてこの定納米に一定の比率を掛けて口米（収納にかかる付加税）と夫銀（労役の代わりの銀納税）、さらに小物成銀（田畠以外の山野河海の用益や稼ぎにかける雑税）などの諸税を定めた。

157

4. 百姓助成制度…徳政令

　手上高・手上免がムチだとしたら、アメに当たるのがこの資金援助策だった。敷借米（藩から村への貸付米）といって、寛永の凶作期以来ほとんどの村が背負っていた借米と借銀を、改作法施行と同時に元利とも免除した。「借金をリセット」したのである。改作法が完成した明暦2年までに累積していた村々の敷借米は、高に換算して3国総計で7万2,790石余に及んだといわれるが、これをゼロにした。

　また、改作入用銀として耕作に必要な費用（耕作馬・肥料・農具の購入費や奉公人への給銀など）を貸し付ける制度を設けた。入用とは費用のことである。その上で脇借禁止策を打ち出した。百姓相互の貸借を厳禁し、どうしても必要になった場合は十村を通じて御城（金沢城に蓄えた）銀米を藩から借りよと厳命した。

　もう一つ、後々の農民の生活に大きな影響を与えた施策があった。作食米という貸米制度のことである。作食とは食用米のことで、必要に応じて当初は各村の草高に応じて貸していったが、返せないことが度重なり、藩政の中期から後期にかけていろいろな貸米制度が改廃されていった。村が貧困に陥った場合は御救米、御償米と名付けた食用米（雑穀を含むこともある）を給付し、極貧村御仕立もそうした徳政策の延長線上にあった。

5. 農政機構…御算用場と十村

　改作法に関する行政は誰が担ったのか。加賀藩農政の支配構造は以下のようになる。

　①藩主
　②年寄
　③御算用場奉行
　④改作奉行・郡奉行
　（以上は侍側組織、以下は百姓側組織）
　⑤十村・新田裁許・山廻役
　⑥肝煎・組合頭・百姓惣代（長百姓）

158

このうち「御算用場」というのは、藩の会計・財務担当部門である。加賀藩の特徴はこの御算用場が行政機構のトップにあったことだ。改作奉行や郡奉行はその配下にあった。藩士（給人）は決められた俸禄を藩庫に取りに行くだけで、検地や知行地の割り当て管理などは御算用場に所属する算用者が行った。

磯田道史氏のベストセラー『武士の家計簿』は加賀藩御算用者の一家が36年にわたって書き残した家計簿がもとになっている。その中で同氏は「加賀藩ではまず巨大な会計機構（御算用場）があって、その中に郡奉行（民政部門）が作られていた。普通の藩では、政治が会計を行うが、加賀藩では、会計が政治を行っていた」と指摘している。のちの明治新政府も採用したといわれる加賀藩御算用者のソロバン術を後に述べる。

「改作奉行」は文字通り改作法に基づく農政（高方支配など）を、郡奉行は人事・租税・土木・簡易裁判（一般行政支配）をそれぞれ郡単位で担当した。

「十村」は加賀藩農政の立役者といわれ、村役人の筆頭として改作法を実質的に推進した。十村という名の通り、はじめ10村くらいの「組」を支配下に置いていたが、次第に大組化し、20～80村前後を束ねるようになっていった。組の名称は十村の氏名や出身村名またはその土地の郷名が付けられ、その時々で呼び名は変わった。適任者がいなくなった場合は引越十村といって他組から引き抜くほど重要視された。

十村には9段階もの階層があった。藩から扶持を与えられ、特定の組を持たずに大所高所からの意見を述べる無組御扶持人十村を首座とし、一つの組を任されて配下の村々から鍬役米と名付けられた手当をもらう平十村までであった。

一般的な十村の任務は①農民を督励して耕作の成果を上げること②不作の時の見立て（作柄の鑑定）や隠田の検地を行うこと③藩から百姓への御触れや百姓農民から藩への上申を行うこと――などであったが、最も具体的で重要な職務は租税徴収「代官」であった。藩は改作法が実施段階に入っていた万治元年（1658）を境に、侍の代官を全員辞めさせ、公領・給人地を問わず年貢徴収役はすべて十村代官に担わせた。

ただし、この十村制度は諸刃の剣ともなった。藩の命令・方針と村民からの要望は相反することが度々であり、その中間に立つ苦悩・難しさには計り知れないものがあった。時には郷村共同体から浮き上がり、一般農民からは対立者とみられるトラブルも発生した。

村御印

　さて、この改作法の帰結を示すものが村御印である。藩主の印が押された租税徴収令状だ。明暦2年(1656)8月1日からこれが領内ほぼ一斉に下付された。そして14年後の寛文10年（1670）、米を量る枡の大きさが新京枡に統一されたのを機に改めて発行され、この「寛文の村御印」が明治維新まで村民の生活を縛った。

　広瀬舘村の寛文の村御印を見てみよう。標題に物成とあるのは田畑に対する本祖、いわゆる年貢のことで、小物成は副業や農業以外の各種の稼ぎ（収入）に対して課した税である。

【広瀬舘村のデータ3】＝寛文10年広瀬舘村の村御印
越中砺波郡廣瀬舘村物成之事

　壱ヶ村草高　　　　　　内貮拾三石明暦弐年<u>百姓方ゟ上ル</u>ニ付<u>無検地極</u>
　　　　　　　　　　　　拾九石寛文三年同六年<u>ゟ</u>上高
一、八百九石
　　　　　　　<u>免五ツ</u>　内五歩三厘明暦二年<u>ゟ</u>上ル
　　　右免付之通新京升を以可納所　<u>夫銀</u>定納百石ニ付百四拾目宛
　　　<u>口米</u>石ニ壱斗壱升弐合宛可出也
同村小物成之事

一、八拾三匁　　　　　　　　　　　<u>山役</u>
　　　　本来二拾四石五斗
一、四石九斗　　　　　　　　　　　<u>敷借利息</u>
　　　　　明暦二年令免除

160

右小物成之分者　十村見図之上ニ而指引於有之者　其通可出者也

寛文十年九月七日　㊞

廣瀬舘村　百姓中

〈分析〉

1．草高

　廣瀬舘村の草高は 809 石。1 ～ 2 行目に過去の経緯が書かれており、このうち 23 石は明暦 2 年（1656）に「百姓方ゟ上ル」（百姓の方より引き上げる）との手上げの申し出があったので、「無検地」（検地をしないで）「極」（決）めた。また 19 石は寛文 3 年（1663）と同 6 年（1666）の手上高の合計である。

　つまり、広瀬舘村の草高は正保 3 年に 720.27 石だったものが明暦 2 年以前までに 763 石に増えており、明暦 2 年 790 石、寛文 3 年 805 石、寛文 6 年に 809 石と増え続けた。この間新開を行ったという記録がないので、耕作面積があまり増えないのに草高は計 88.73 石、12.3％も引き上げられたことになる。考えられる理由は、畠地が田地に切り替わったとか肥料など生産技術の改良によって生産性が上がったことなどであるが、手上げ効果が最も大きかったのではないか。

2．定納米

　村の定免（税率）は 5 ツ（50％）。つまり 809 石× 0.5=404.5 石が広瀬舘村の年貢の基礎数値となり、これを定納米といった。5 ツのうち 5 歩 3 厘（5.3％）は明暦 2 年に百姓方から手上げの申し入れで引き上げたという。それ以前は 4 ツ 4 歩 7 厘（44.7％）だった。

3．夫銀

　夫銀は藩内すべて「定納米 100 石につき銀 140 匁」と定められた。労役を免除する代わりに銀を納めさせた。広瀬舘村全体で 404.5 石÷ 100 ×140 匁＝ 566.3 匁となる。春秋 2 回に分けて給人および藩に納めた。

4．口米

　口米は「定納米 1 石につき 1 斗 1 升 2 合」と定められた。収納業務に対する手数料（付加税）で、村全体では 404.5 石× 0.112 ＝ 45．304 石になる。一般的に年貢米といえばこの定納米＋口米のことを指し、「定米口米」と称

して一括して納めた。

5．小物成

　広瀬舘村の小物成は山役(やまやく)だけで、銀 83 匁とされた。これは山林からの稼ぎ（炭、薪など）があるとみて課せられたものである。

6．敷借米

　村が明暦 2 年までに藩から貸りていた 24.5 石の敷借米とその利息 4.9 石については、元利とも免除された。

以上の廣瀬舘村の寛文 10 年の村御印を総括すると、以下のようになる。

①同年以降の年貢米は 404.5 石＋ 45.304 石＝ 449.804 余石（定納口米）

②同年以降毎年銀納すべき税は 566.3 匁＋ 83 匁＝ 649.3 匁（夫銀＋小物成銀）

③明暦 2 年までの藩からの借米＋利息＝ 29.4 石は帳消し

福光村の悲劇

　時代を画したこの改作法と村御印は村の百姓にどのように受け止められたであろうか。検見法がなくなり給人による直接支配を排除できたこと、借米・借銀を全額免除されたことはプラス。逆に、手上げによって村の高と免が大幅に引き上げられたことは間違いなくマイナスだった。だからといってお上に盾つくことはできない――多くの村はそう思ったであろうが、福光村では藩の歴史に残る大事件が起きた。

　福光村の村高は明暦 2 年の村御印で草高 1,832 石と定められた。実際の生産能力からかけ離れた石高と受け止められ、村民は怒った。十村に対し、検地のやり直しを改作奉行所に嘆願してもらうよう陳情した。だが、願いは奉行まで通じず、寛文 10 年には見直しがあるだろうと期待したがそのまま据え置かれた。村民の怒りが爆発し、6 人の代表が金沢城下の改作奉行所へ愁訴した。藩への直訴は磔(はりつけ)か刎首(ふんしゅ)の公開処刑であることが分かっていたにもかかわらずだ。心配した通り、強訴の罪名により小矢部川の福光橋詰め船繋場で首を刎ねられた。すぐ罪は許され、改作奉行が更迭されたということだが、いつ再検

小矢部河原で刎首され
た人々を弔う、福光西
町の六地蔵

地が行われたかは不明である。草高が 319 石減の 1,513 石に改められたことは事実だが、天保 10 年（1839）の『砺波郡高物成帳』に「正徳 3 年（1713）御検地引免」と記載されていることでようやく確認できる。

　現在、南砺市福光の市街地で最も金沢市に近い西町のはずれに六地蔵が安置されている。今も毎年 2 月には「検地まつり」と称して農事関係者が西町の西岸寺で犠牲者を弔っている。災害も事故もないのに藩がこれだけ大きなマイナス修正を認めた例はなかったのではないか。商売人の多い村は比較的草高を多く見積もられたといわれるが、その理由はわからない。

利常の論理〜四公六民〜

　しかし、高や免を決めるに当たって利常なりの論理（正当性）があったはずだ。利常にとってあるべき姿は「出来高ベースの四公六民」だった。主だった十村を小松に集め、「坪刈（つぼがり）」と「草高百石改作入用図（かいさくにゅうようはかり）」なるものでこれを定式化しようとした。「米の実際の収穫高（これを出来高といった）と村御印で決められた村高（草高）とは同じではない」いう現実を前提として、藩と百姓の取分比率つまり「免をどう決めればよいか」という問題を実証的に考えようとした。

　明暦 2 年、まず越中砺波郡石坂出村（小矢部市）で坪刈を行った。生産力が異なる上・中・下田の各 4 歩計 12 歩（坪）を選んで刈り取ったところ、1 坪当たりの平均収量は 5 合 8 勺 3 才であった。1 反（360 歩）に換算すると「出来高」は 2 石 9 升 8 合 8 勺になった。これをベースに、
　①口米・夫銀（米 1 石 = 銀 28 匁で換算）を固定経費として差し引く。
　②その残米を領主 4 分、百姓 6 分に分ける（つまり 4 公 6 民）。
　③領主分の 1 村総量が村高に対して何％になるかを計算して、免を算定する。
　すると、免は 5 ツ 2 分 2 厘（52.2％）相当になったという。つまり、定免を 5 ツ 2 歩とすれば、それが実収量（出来高）から見た 4 公 6 民になる。ところが、この時石坂出村に定められていた免は 4 ツ 5 歩（45％）であった。

坪刈地の所持者吉兵衛は耳鼻そぎ・所払いの刑に処せられるべきところ、格別に許され、そのまま4ツ5歩が適用されたという。ただ、利常はこの結果に「実質四公六民にするには相当な手上免が可能だな」と（変な？）自信をつけた。

だがちょっと待ってほしい。越中の斗代（石盛）は1反あたり1石5斗とされていたはずだ。1反あたり2石余の出来高があったこの実験地はかなりの土質の良い村だったか、あるいは調査した年が思ったより豊作だったからではないのか。

もう一つの「草高百石改作入用図」というのは何か。加賀藩が郡ごとに生産量と生産コスト（入用）を調査し、「草高100石の農地で耕作費用はいくらかかるか」というモデルをつくってみた。コストの中には種代や農具代、肥料代などのほか、農作業にかかわった作人全員の人件費（食料費）を含む。いわば百姓が単純再生産（生きていくだけ）に必要な総経費を割り出し、それを百姓側の取分＝作徳米にすればよい、という考え方である。

最終的にこの図りによる定式化は採用されなかったようだが、砺波郡のどこかで実測のうえ作成されたという入用図が「富山県史・通史編Ⅲ近世上」の321頁に載っている。それによると、草高100石の農地で実際に米作にかかったコストは米換算して71石8斗だった。ところが出来高（実収）は100石ではなく140石だった。つまり百姓側が作徳米として最低限分配されるべき比率は、草高に対しては71.8％（71.8÷100）になるが、実際の出来高に対しては51.2％（71.8÷140）にしかならないと計算された。つまり、このモデルでは年貢の免を4ツ8歩8厘（100—51.2）にすれば百姓の再生産が可能ということになり、もし免を4ツ（＝4公6民）とすれば、作徳米の方が有り余るという計算になる。利常にとっては満足のいく結果であったろう。

だがこの入用図も領主に都合よくできている。そもそも斗代1石5斗を想定された草高100石の土地で140石獲れたということは、実際の反収が2石1斗だったということではないのか。であれば坪刈した石坂出村の反収（2.0988石）とほぼ同じである。実験台に使った土地を都合よく選んだといえなくはない（同じ場所だったか？）。

165

この時代、豊凶の差は今より大きかったし、もともと農作物の出来高に定式を当てはめることはできない。しかし、行政には定式が必要だった。年貢や給人への俸禄、ましてや藩主の収入は計算（予算化）出来るものでなくてはならない。

ところで、日本の多くの地域では太閤検地に合わせて1反＝300歩と定められた。なぜ越中だけ1反＝360歩のままだったのか。斗代は1反あたり1.5石で加賀も能登も越中も同じなのに、である。地域的にそんなに大きな地味の優劣があったとは思えない。

実は、この問題の解決策だったかどうかわからないが、藩は給人への給米（給与）を決める際に「一国平均免」という概念を持ち込んだ。改作法を固める直前の明暦元年に、藩は各郡の十村から提出させた収納免の実態調査をもとに詮議を行った。そこで「加州免は3ツ6歩」、「越中・能州免は4ツ1歩」という国ごとの平均免というものを定めた（後にこの数値はさらに引き上げられた）。藩士への俸禄を計算しやすくするために定めたと思われるこの一国平均免なるものが、実際に給米を決める際にどのような使われ方をするかは次節で説明する。

「青葉の御印物」という、利常が江戸へ参勤したときに詰番の十村に申し渡した5か条がある。その中で「（百姓には）女子供を使ってでも耕作に精を出させよ。ただし、百姓が少しも気づまりなく、ゆるやかに浮き立つような気分にさせるように」とか、「（年貢を）皆済させればよいというのではなく、皆済した上で、百姓が強く成り立つようにすることを忘れるな」と、（カッコいい）改作法の精神を述べた。

御算用者のソロバン術

加賀藩の御算用者になったつもりで以下の問題を考えてもらいたい。政治や行政に定式が必要だとよく理解できるだろう。

ここに、藩主から「加州知90石」という折紙（辞令）をもらった給人がいたとする。御算用者はその具体案をつくらねばならない。折紙の意味は「一国平均免が3ツ6歩の加賀において草高90石の領地を与える」ということだ。この給人の俸給（実所得）は定納米ベースでみて90石×0.36＝32石4斗になる。ところが村には村ごとに高と免が決まっている。32石4斗にぴったり一致する知行地を1ヵ所で見つけるのは難しい。

　この答えの一つが石川県史に書いてある。この給人に例えば①免3ツ2歩の村に草高10石分（10石×0.32＝3.2石）②免5ツ3歩の村に草高20石分（20石×0.53＝10.6石）③免6ツ2歩の村に草高30石分（30石×0.62＝18.6石）という3か所の領地を与えれば、草高の合計は90石ではなく60石になるが、定納米はきっちり32石4斗になるのである。

　実際の知行地の配分は、原則として、知行90石以下なら全部加賀で支給された。100石以上190石までは加賀で3分の1、越中で3分の2が支給された。200石以上999石までは加賀で3分の1、能登で3分の2に分割され、知行1,000石以上は加賀で4分の1、能登・越中で4分の3支給された。各藩士はこれを家臣に再分配するのであるが、5万石の大身本多政重の慶安元年の帳簿によると、家臣147人に与えた総知行高は約2.5万石、その知行地は3国合計415か所、108カ村にのぼった。

　著作『越登賀三州志』などで有名な加賀藩士（人持2,500石）富田景周（とだかげちか）は文化4年、『帳秘藩臣録』という加賀藩の侍帳を著している。それによると「知行取り」の加賀藩士は50石以上から3万石以上まで計1,613人。うち半数が200石未満であったが、例にあげたような100石未満の藩士はわずか（6.26％）でしかなかった。また、「切米取り」といわれ、俸禄を知行地ではなく蔵米から俵で支給される御歩・足軽クラスが約4,800人もいた。

　加賀藩の算用者（奉行以下定員約160人）は、これらすべての侍に禄を配分する和算術・ソロバン術がなければならなかった（計算機・パソコンはない）。

広瀬舘村の年貢皆済状

改作法をより深く理解するため、より詳細なデータに踏み込んでいこう。

『福光町史』にこうある。「年貢米収納は、村民が個別にするのではなく、一村の連帯責任となっていた。（一俵一俵厳しい品質検査と量目検査が行われ、）一村全部の農家が完納するまで、その村では嫁取り・婿取り・家普請・商人の出入り・作徳米の移動など、必要品の売買もできなかった」。村々から御蔵や蔵宿に年貢が納入されると、十村代官がそれを確認し、藩や給人が「年貢皆済状」を書く。領収書である。

この皆済状について『能登島町史』ではこう説明している。「組裁許十村は毎年皆済状が発行されると、1村ごとにその村の皆済状をすべて貼り合わせ、一番後ろに署名（奥書）をして改作奉行に提出した。改作奉行はそれに裏書をして村に返したようである」。十村は1村の皆済状がまとまると、飛脚をもって改作奉行に注進した。

というのは、利常はそのスピードを村々に競わせ、領内1位・郡内1位には褒章（銀と紬など）を与えた。明暦3年3月、江戸城にいた利常のもとに飛脚が着き、全村完済が伝えられた。改作法完成を喜んだ利常は夜中にもかかわらず江戸城に報告にいったという。本書では利常が改作法という無理難題を

　　　　　　　　年貢皆済状綴り

百姓に押し付けたように書いてきたが、明暦の村御印が発行された翌年、3国の村々がこぞって年貢を完納したというのは事実のようだ。

　ところで能登島町史がいうところの「皆済状の綴り」とはどんなものか——。これが広瀬舘村の湯浅家に現存しているのである。天保2年（1831）、当時肝煎だった湯浅権右衛門が大切に保管していたものらしく、蔵ではなく、仏壇の中にあった。なんと天保の大飢饉の直前にあたる年に年貢を皆済できたのだ。
　その綴りの表題は「天保二年度納年貢米之事」。半紙（33.3㎝×24.2㎝）1枚ごとに書かれた皆済状が14枚糊付けされ、綴られている。うち13枚は「津田乙三郎」を筆頭として広瀬舘村に領知を与えられていた給人からの皆済状で、最後の1枚は改作奉行「菊池九右衛門」の署名・押印による藩（蔵入地分）の皆済状である。そして全体の最後尾には当時広瀬舘村が所属していた太美組の十村「得能覚兵衛」の奥書と改作奉行菊池九右衛門の裏書がある。能登島町史に書いてある通りの綴り状になっている。藩に提出したあと肝煎の権右衛門に返され、権右衛門はそれを誇りとして仏壇にしまい込んでいたようだ。

　天保2年の広瀬舘村の村高は2本立てになっていた。一つは村御印で定められた公定草高809石で、定免は5ツだが、この年は3歩引免して「4ツ7歩」に用捨されていた。もう一つは元禄年代に村が新開した草高1.588石分で、免は4ツ。この新開分は一部畑地が混ざっており、すべて藩の領知（地）とされていた。以下に給人の一人である山根庄大夫の皆済状と、改作奉行が書いた藩の皆済状をみてみよう。

【広瀬舘村のデータ４－Ⅰ】＝「天保２年度納年貢米之事」のうち山根庄大夫
の皆済状

納御年貢米之事

　　草高

一.五拾三石三斗　　　　　砺波郡　廣瀬舘村

　　　　免五ツ

　　弐拾九石六斗三升五合　　　定納口米

　　　内　九石三斗三升弐　　　<u>御借知米</u>

一.　参拾七匁三分壱厘　　　　春秋夫銀

　　　右皆済之所如件

　　　天保二年十二月

　　　　　　　　　　　山根庄大夫　　㊞　　花押

　　　　　　　　　　　百姓中

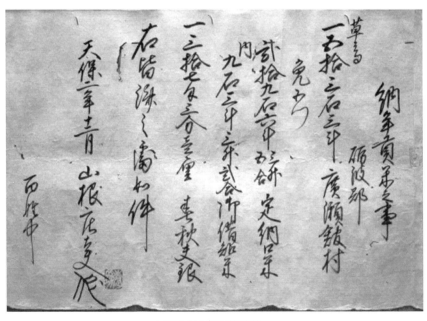

山根庄大夫年貢皆済状

170

〈分析〉

1. 13枚の給人の皆済状のうち山根庄大夫が書いた1枚である。彼は広瀬舘村から53.3石分の領知を与えられていた。免については広瀬舘村の定免5ツが適用されており、規定の計算に基づいて定納口米（29．635石）と夫銀（37.31匁）を領収した。

2. 一か所面白い記述がある。上納口米の35％に当たる9.332石が「御借知米」になった、と記されている。借知<ruby>しゃくち</ruby>とは財政難に陥った藩が家臣の知行を借上げたもので、宝暦6年（1756）あたりから窮余の一策として藩士に命じた（後述）。藩は借知の規模を年々増やしていったが、返すことはほとんどなかったといわれている。

【広瀬舘村のデータ4－Ⅱ】＝「天保２年度納年貢米之事」のうち加賀藩分の
皆済状

納御年貢米之事

　　草高

一. 弐拾八石壱合　　　　　　　　砺波郡　　廣瀬舘村
　　　免五ツ　内３歩引免　四つ七歩御収納免
　　　壱四石六斗三升四合　　　　定納口米
　　　　但給人知皆引足米
　　　壱九匁六分　　　　　　　　春秋夫銀
　　　草高

一. 壱石五斗八升八合　　　　　　同村
　　　免四ツ
　　　七斗六合　　　　　　　　　定納口米
　　　　但給人知皆引足米
　　　八分九厘　　　　　　　　　春秋夫銀
　　右皆済之所如件
　　　天保二年十二月　　　　　菊池九右衛門　㊞
　　　　　　　　　　　　　　　御蔵入
　　　　　　　　　　　　　　　　　百姓中

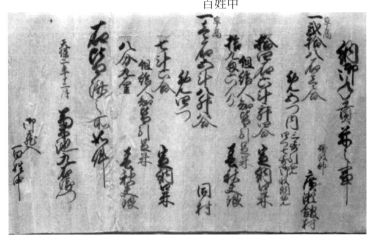

〈分析〉

1．藩の皆済状は改作奉行の菊池九右衛門が署名している。本高と新開地に対する2本立ての領収になっている。

2．本高部分の藩の領知は草高28.001石分しかなかった。しかもこの年の村に対する収納免は4ツ7歩だったので、定納米は28.001石×0.47＝13.160石、口米は13.160石×0.112＝1.474石、2つを合計した定納口米は14.634石だった。ただし、注目すべきは夫銀である。これは、村高に対する税ではなく村（人）への課役なので引免分は考慮されず、28.001×0.50（定免を適用）÷100×140＝19.60匁と計算された。

3．元禄年代の新開分（草高1.588石）の年貢は免4ツで藩が全量受領した。

4．本高に関してなぜ藩に納める免（4ツ7歩）と給人に対する免（5ツ）が異なるのか。この違いは極めて重要である。その答えは、給人知はあくまでも家臣の俸禄すなわち「固定給」であり、その年の村への引免とは関係なく藩は定免通りの俸禄を保障しなければならなかった。一方で藩はこの年広瀬舘村に対して3分引免していたので、村全体の年貢（定納米）は「809石×0.47＝380石2斗3合」でいいとした。つまり、上記の皆済状のままなら、広瀬舘村は各給人に対する3歩分の年貢を余計に納めたことになる。

　当然差額調整をしなければならないが、その方法は二つあった。一つは、差額分を藩の御蔵から村へ返す。これを引免斗過米といって、返却分は御蔵返米といった。もう一つの調整方法は、村からあらかじめ給人知分を引免して収納してもらい、不足分（引免分）は藩が各給人に補填した。この天保2年のケースは前者で対応したとみられる。藩が収納した定納口米の但し書きに「給人知の引足米にした」とあるのは、そうした返却調整分に回したとの意味であろう。

　ところで、こうした1綴りになった皆済状は余り現存しないのではないか。これの発見によるハイライトは、天保2年に広瀬舘村に給人知を得ていた加賀藩士全員の具体名が分かったことである。当時の年貢徴収の実態が生々しく伝わってくる。

【広瀬舘村のデータ4－Ⅲ】＝「天保2年度納年貢米之事」の総まとめ

天保2年度納年貢米之事

村御印分	草高（石）A	上納口米（石）B	定納米（石）C	口米（石）D	春秋夫銀（匁）E
【給人】		C＋D	A×0.5	C×0.112	C÷100×140
津田乙三郎	131.353	73.033	65.677	7.356	91.95
井上守衛	27.999	15.568	14.000	1.568	19.60
津田宇兵衛	27.999	15.568	14.000	1.568	19.60
山森慎次郎	27.999	15.568	14.000	1.568	19.60
粟田与勢門	27.999	15.568	14.000	1.568	19.60
前田図書	59.344	32.995	29.672	3.323	41.54
成瀬掃部	98.234	54.618	49.117	5.501	68.76
前田主税助	44.000	24.464	22.000	2.464	30.80
大嶋三郎左衛門	61.500	34.194	30.750	3.444	43.05
菅野彦兵衛	21.300	11.843	10.650	1.193	14.91
山根庄大夫	53.300	29.635	26.650	2.985	37.31
小原貞次郎 榊原三郎兵衛	146.672	81.550	73.336	8.214	10.27
掘　孫左衛門	53.300	29.635	26.650	2.985	37.31
【改作奉行】	A	C＋D	A×0.47	C×0.112	A×0.5÷100×140
菊池九右衛門	28.001	14.634	13.160	1.474	19.60
計	809.000	448.873	403.662	45.211	473.90

新開分	草高（石）A	上納口米（石）B	定納米（石）C	口米（石）D	春秋夫銀（匁）E
【改作奉行】	A	C＋D	A×0.4	C×0.112	C÷100×140
菊池九右衛門	1.588	0.706	0.635	0.071	0.89

	草高（石）A	上納口米（石）B	定納米（石）C	口米（石）D	春秋夫銀（匁）E
総計	810.588	449.579	404.297	45.282	474.79

＊（表の見方）

・定納米＝草高×免

・口米＝定納米1石につき1斗1升2合

・夫銀＝定納米100石につき140匁

〈分析〉

1．天保2年の広瀬舘村からの年貢収納者を一覧表にしたものである。給人
　は14名（1件は2人連名）で全員の氏名は表の通り。給人および藩に割

り当てられた草高はそれぞれ石・斗・升・合の単位まで記載されているが、本高の合計はぴったり 809.000 石になり、定められた村高と一致する（算用者エライ？）。

2. この皆済状に登場してくる人物の役職を調べてみよう。まず改作奉行の菊池九右衛門であるが、この人物は映画化もされた『武士の家計簿』に登場する「菊池右衛門」と同一人物と思われる。本の中で、主人公の算用者一家猪山家は一時藩士の菊池右衛門に仕えていたとされる。名前が一字違っている（変えてある？）が、書かれている時代がぴったり符合する。

　加賀藩の主要役職者名一覧が載った『加越能近世史研究必携』（田川捷一編）に照らして、この年の広瀬舘村の給人のうち以下の 5 人の役職がわかった。

・成瀬掃部…家老（嘉永 3 ～安政 5 年）
・前田図書…若年寄（文政 3 ～嘉永 6 年）
・堀孫左衛門…御算用場奉行（天保 8 ～ 10 年）
・大嶋三郎左衛門…新川御郡奉行（安政 3 ～万延 2 年）
・井上守衛…河原山口留（天保 10 年、手取川上流にあった関所の御用番）

　加賀藩士には本多家の 5 万石を筆頭とする 8 大名が「加賀八家(はっか)」と呼ばれ、藩主直臣として年寄役をつとめた。家老職、若年寄職、算用場奉行はいずれも年寄に次ぐ人持(ひともち)と称された重役家臣である。

　なお、筆頭に綴られ、131 石余の知行を得ていた津田乙三郎は、加賀藩の重臣 12 家に数えられた歴代の家老津田家の人物と思われる。旧津田玄蕃邸は特別名勝「兼六園」の中に公園事務所や蓮池庭の茶室「夕顔亭」として現存している。

在郷町

ここで、当時の福光村のことに少し触れておこう。福光は中世の長い間、在地豪族石黒氏一族の本拠地だったが、文明 3 年（1481）福光城主石黒光義が田屋川原の戦いで一向一揆に敗れた。加越国境の砂子坂から山麓の山本村へ下

りていた浄土真宗善徳寺が天文年中（1532～55）福光村に移り、その門前にあった4ヵ所の市も福光に売り渡された。善徳寺はしばらくまちの中心だったが、武士勢力との戦いに備えて城端に移転した。天明5年（1785）に描かれた福光村絵図を見ると、「右京亮」と書かれた福光城（石黒氏の館）跡が村はずれに残り、百姓兼商人の店が立ち並ぶいわゆる在郷町を形成していた。福光村は城下→門前→在郷と性格を変えていったことになる。

　どのくらいの人が住んでいたかを江戸時代初期から辿ってみると、慶長元年（1596）の百姓家は51軒、元和5年（1619）は61軒に過ぎなかったが、前田利常が改作法に取り組んだとされる慶安4年（1651）、福光村の一角に面積6,000歩の「福光新町」が誕生した。阿曽三右衛門という人物が前年の福野町に次いで福光新町の「町立て」を加賀藩に願い出て許可された。加賀藩は村に何かをさせようとする時はいつも百姓側から願い出させた。福光新町も実質的には藩が三右衛門という有力百姓を後押しして作らせたのではないかと思われる。

　というのは、同時期、藩の算用場に同じような町立ての申請が相次いだ。新町をつくって市場（市庭）を作ることが目的だった。領主米（給人米や藩の御蔵米）、商人米、百姓米のすべてを奉行所管轄下に置き、蔵宿―仲買―批屋（小売人）らに売買をさせる。そのためには米以外の生活物資も取り扱い、米を換金できるマーケットを地方につくる必要があった。福光新町の市日は2・7の六斎市で、福光村で開かれる毎月1日と2・5・8の十斎市を補った。

　新町の形成は各地で増え出した頭振（高を持たない農民）を収容する一石二鳥策でもあった。福光新町の寛文10年（1670）の村御印をみると、住人はすべて無高の商人だけで草高はない。年貢は「新町銀86匁、地子銀900匁、油屋役29匁」とすべて銀で納める地子町であった。地子とは地代として課した税のことだ。ただし、城端町や今石動町、高岡町のように町奉行の管轄下におかれた「町」とは異なり、「町立て」と称される村であり、福光村と同じように砺波郡の郡奉行の支配下に置かれていた。延宝4年（1676）段階では新町の戸数は福光村の百姓数とほぼ同じ58軒だった。

ただ町域が限定された福光新町に対し、金沢に直結した広域村である福光は新町を組み込む形で急拡大していった。藩の御蔵や和泉屋善右衛門など有力百姓兼商人の蔵宿が何軒も建ち、砺波地域における年貢米の集散地として発展、次第に人口が増えていった。元禄3年（1690）の福光村の戸数は248軒となり、その後も特産品「越中八講布（麻）」「福光曽代糸（絹）」などの生産地として成長を続けた。加賀の銭屋五兵衛との取引で郡内一の富豪といわれた前田屋（前川）源治が現れたほか、明治〜昭和期の政治家松村謙三の先祖も越前から福光新町に来住した。後述（次章）するが、善右衛門や（松村）与三郎の名が広瀬舘村の大高持（懸作）百姓として登場してくる。

人口増える

　さて話を広瀬舘村の改作法施行後に戻そう。

【広瀬舘村データ5】＝「延宝4年（1676）6月砺波郡村肝煎給米図り帳」の
　　　　　　　　　　　広瀬舘村分

　草高809石
　家数23軒4歩、内4歩無家役仕分　　　　　弘瀬舘村四右衛門
　一．4石5斗

〈分析〉

1．この史料は、藩が各郡の十村に対し、各村の肝煎への給米（1年分の報酬）をそれぞれ何石にするか、その計画案を提出させたものである。肝煎（村肝煎とも呼んでいた）の給米は各村の百姓から集めていたが、その額は藩が決めていた。延宝4年に再吟味することになり、砺波郡の十村12人（組持十村8人と無組御扶持人十村4人）が郡内556カ村分をまとめて提出したが、その中の広瀬舘村分である。草高は809石で、肝煎の給米は4石5斗だった。藩はこの調査に基づき「村高50万石以下〜2000石以上の10段階（給米1石5斗〜8石）」に分けた肝煎給米定をつくった。

　なお、肝煎を補佐する組合頭が1村に複数人置かれたが、給米はなく、

臨時の用向きがあった場合にのみ村万雑の中から実費程度支出された。

2．広瀬舘村の肝煎が四右衛門とあるが、どういう人物かわからない。寛文3年に同村から十村に選ばれた四郎兵衛と同様、持高が多く、家柄・人柄が藩に認められた有力百姓だったと思われる。

3．ここで重要なのは、広瀬舘村の百姓数が23軒余とされており、寛文3年（データ2参照）からわずか13年しかたっていないのに倍増したことだ。

　百姓の家数に4歩という端数がついているのは、丸1軒に満たず0.4軒分程度という意味であろう。当時家数は役屋（1人前の夫役を負担できる百姓家）を単位として数えられていることは先述したが、夫役などの負担割合が半分とか3分の1といった百姓がいた。

　このデータにより、延宝4年の広瀬舘村の百姓1人当たりの草高は809石÷23.4人＝34.57石ということになり、改作法前の55～65石と比べてほぼ半減した。

4．改作法で利常が理想としたのは、「かじけ百姓」（年貢を納められないほど衰退した百姓）や「手余り高」（労働力不足で耕作できない高）を出さず、経営に無駄が生じないような自立した農民による農業経営だったとされる。ではどの程度の平均持高だと効率的な経営が可能か、「おそらく適正規模は25～40石」（若林喜三郎氏）程度と考えていたのではないか。とすれば、広瀬舘村ではこの延宝期こそ理想的な持高構成だったといえるかもしれない。

綱紀の切高仕法

　さて利常は明暦2年（1656）の村御印によって改作法をほぼ完成させた。万治元年（1658）9月、江戸城天守台の御手伝い普請を終えて帰国したが、同10月脳溢血で急死した。寛文10年の村御印を発行した時の加賀藩主は5代綱紀だった。綱紀は江戸に生まれ2歳で藩主になった。寛文元年（1661）に初入国し、享保8年（1723）に隠居するまで79年間藩主の座にあった。文武に秀で、剣は柳生流、弓馬に巧みで鷹狩を好んだ。茶の湯、俳諧・和歌、

工芸、能楽、古今の良書・珍本の蒐集など、今日伝えられる「加賀文化」の多くは綱紀時代からの蓄積といわれる。100万石の一番大名の名にふさわしい（？）贅沢大名だった。財政に苦しみ続けた加賀藩政にあって、好調・順調といえる時期があったとすれば、彼の前半生だけだったのではないか。

　その綱紀が元禄6年（1693）、切高仕法を断行した。これをもって加賀の祖法ともいわれる改作法に修正を加え、むしろ完成型になったともいわれる。江戸幕府は寛永20年（1643）に田畠永代売買禁止令を出し、諸藩もそれにならっていた。加賀藩はそれを真っ先に破ったことになる。
　切高仕法の要点は、
一．持高の一部でも他の百姓に渡したら、以後は受け取った百姓の持高とし、取り戻せない。
一．年貢未進などで耕作し切れないものは、十村らが吟味して手に余る分を切高させる。
一．持高の相続は嫡子だけにし、2．3男にはほかの稼ぎをさせる。

　高を売るのを「切高」といい、買うのを「取高」といった。なぜ売り・買いといわなかったのか。河合録によると、「もともと高とは尺地（わずかな土地）といえども御上のものであり、これを人々が預かっているものだから、売買などと申してはならない」とし、取高したときの代価を「礼米代銀」と称した。当然、この仕法をつくるにあたって幕府の了解は得ていた。従来の方針をいきなり変更したのではなく、先行した実態に仕法を合わせた修正措置だったからだ。
　第1条と2条はまさに売買を認めた条例である。これを「最終的に家父長制的地主経営と絶縁するために、『小農』による生産体制の確立を狙った政策」ととらえる見方もある。だが高澤裕一氏は「1条についていえば、粗末な耕作や田地作損による年貢滞納から手余り地が発生し、持高を手放す傾向が出たことに対する『懲らしめ』のために行われたもので、それでも手余り地が生ずるようなら2条で切高を申し付けた。また、相続による分高を阻止しようとし

たのをみても小持高化を推進しようとしたものではない」(『加賀藩の社会と政治』)とみる。切高を認めはしたが、あくまでも手余り地を出すことへの戒めと能力以上の手作規模拡張を阻止しようとしたものだとみる。土地利用の有効性を高めて藩収入を確保するという必要悪的な修正措置だったという。

下百姓と頭振

　では、切高仕法に先行した実態とは何だったのか。一つには「年季預り」といって手余り地を事実上「質入れ」するような形で他の百姓に手放すことが起きていた。改作法による年貢収納の厳格化が百姓にプレッシャーを与えていたのかもしれない。その一方で、そうした手余り地を吸収出来るくらい農村人口(働き手)が増え、家の分割相続についていえば、上記の第3条とは正反対の方向、つまり2、3男らを分家・独立させることで効率経営を目指そうという動きがあらわれていた。

　2、3男らが分家した場合、まずいくらかの高を与えた。彼らを下百姓といい、最初のうちは内証の措置だったが、切高仕法を契機に、村方へ「面出し(挨拶)」をすることによって入百姓として認められ、村の持高帳に記載されることになった。これを「下百姓の帳づけ」とい、分家の際に「田分け」(戯けの語源ではない)するケースが最も多かった。

　頭振が入百姓になるケースも増えていた。福光村などの在郷まちでは商品流通が活発になり、農業以外の稼ぎが多様化した。村から福光へ出て商人や職人として成功する者も増え、百姓の持高を買うのに十分な資力を持つ本百姓候補が出てきた。

　つまり、下百姓や頭振りが入百姓になるという動きは、切高仕法が出来たから出てきたのではなく、できる前からそうした実態が先行していた。だから、第1条と2条の切高是認と同時に第3条で「だからといって高をあまり細かく分けるな」とブレーキを掛けようとしたのはないだろうか。実際に制止できたかどうかは次章でみてみよう。

　5代綱紀の時代は日本の人口が急増した時と重なっている。戦争することが

なくなり各地で新田開発が行われ、農具や肥料も進歩した。総務省の分析によると、日本の人口は江戸幕府が成立した1603年ごろに1,227万人だったものが享保の改革期（1716〜45）には3,128万人に急増した。たった100年余りの期間に2.5倍になった。大きく変化したのは小農の自立であったという。明治維新時（1686）は3,330万人で、江戸後期にはあまり増えていないのだが…。

持高構造の変化

　切高仕法はこのあと様々な修正や方針の転換が図られていく。同仕法が最初に施行された江戸時代前期において、この地方で百姓の持高構造がどのように変化していたかをまとめておく。

1．全体の百姓数が急増した。江戸時代初期までは家役（棟役、在家役）、夫役（労役）のいずれにも1人前の負担ができる本百姓しか百姓の数に数えなかったが、下百姓や無高だった頭振が村の百姓に仲間入りし、持高帳にも普通の百姓として記載されるようになった。

2．切高・取高が公認されたことで、適正規模とみられていた持高25〜40石の層がいったん増えた。だが、あまり時を置かずに小高持ち化が進み、1石未満の「つぶれ百姓」の存在が表面化していく。

3．懸作（切高により他村の百姓や商人の手に渡った持高）はまだ多くはなかったものの、全体的には持高階層が上下に広がる傾向があらわれ、卸作（親作）・請作（小作）の関係が成立せざるを得ない構造変化が生まれていた。

　このような状況がよくわかるのが砺波郡太田村のデータである。広瀬舘村には当時の持高構成がわかるような史料がないため、砺波市史からその一部を転載しておく。

　太田村は庄川沿いにあり、川崩れと新開によって村高が激しく変化した村ではあるが、時代の傾向はつかめるであろう。

　同書には以下の注釈がついている。

・慶安4年…改作法実施直前。家族・叔父叔母・下人・下女を加えた大家族手
　　　作経営。
・承応3年…改作法進行中。大家族農業経営の分解と藩の単家族自営政策のあ
　　　らわれ。
・寛文6年…適正規模への集中進む。
・元禄14年…切高許可。今までいなかった持高10石以下の百姓が4割を占
　　　める。百姓数も急増した。

持高からみた太田村（砺波市）の農民構成の変遷

持高 （単位：石以上 〜石未満）	慶安4年 (1651)		承応3年 (1654)		寛文6年 (1666)		元禄14年 (1701)	
	百姓数	%	百姓数	%	百姓数	%	百姓数	%
1 未満							8	13
1〜5							8	13
5〜10							9	14
10〜20					7	23	12	18
20〜30			6	20	6	19	8	13
30〜40	1	4	4	13	11	34	13	18
40〜50	1	4	2	6	1	3	1	2
50〜60	6	26	8	28	1	3	2	3
60〜70	1	4	2	6				
70〜80	3	13	2	6	2	6		
80〜90	5	21	2	6	1	3		
90〜100	2	8					1	2
100〜110	1	4	1	3				
110〜120	1	4	1	3	1	3		
120〜130							1	2
130〜140	1	4						
140〜150			1	3				
150〜200	1	4	1	3	1	3		
200以上	1	4	1	3	1	3	1	2
計	24	100	31	100	32	100	64	100
村高	2,071石427		2,071石427		1,456石158		1,478石804	
1戸平均持高	86石309		66石820		45石505		23石106	

第7章　苦闘の藩財政 〜江戸時代中・後期〜

藩収入は25万石

　5代前田綱紀の治世後半にあたる17世紀末になると藩財政にはっきりとかげりが生じた。そもそも切高仕法とは年季預けや質入れなどの形態で事実上の土地売買が行われていたのを公認し、実力ある作人によって手余り地が生じないようにすることが目的だった。そのためにはいったん禁止した十村や肝煎、長百姓などによる土地買い占めも元禄8年（1695）には是認した。それを必要悪とせざるを得ない状況になっていた。

　綱紀は寛文4年（1664）、徳川家綱から総高102万5,020石2斗8升2合という領地判物を得ていた。利常が家光からもらった朱印高（119万余石）から富山藩の10石と大聖寺の7石を差し引いたもので、加賀藩の「表高」としてはこれが明治期まで変わらなかった。

　これに対し「内高」（実質総生産見積高）は宝暦10年（1760）に123万石が見込まれ、文政8年（1825）13代藩主斉泰の時には133万石余に増えた。新田・新畠の開発や肥料の使用などで生産力は上がっていた。

　しかし、1万石以上の家臣12家を含む我が国最大の雄藩にとって、そのうち75万〜80万石は寺社領寄進地を含む諸藩士への扶持高に取られた。藩主に残るのは約50万石。5公5民で収納しても実収は25万石前後というのが藩財政の基礎であった。小松和生氏の論文『加賀藩改作体制の転換』によると、元禄〜享保期における藩の収納米は特別な凶・不作年を除いて23〜29万石だったという。そのうち7〜16万石が大阪廻米となり、大阪淀屋橋の米市場に送られて現金化されていた。

　また、土屋喬雄氏や田畑勉氏がまとめた元禄14年（1701）から宝永2年（1705）までの5カ年平均決算によると、現銀部門（現金ベース）で見た藩の総収入は1万1,042貫匁であった。そのうち「大阪廻米払代銀」が5,115貫

匁（46.3％）、「江戸廻米」によるものが 1,935 貫匁（17.5％）と廻米収入だけ
で全体の 63.8％を占めていた。それに、「諸士蔵収納銀」（小物成銀などの雑
税収入）が 3,888 貫匁（35.2％）という年間歳入構造だった。これに対して
歳出総額は 9,410 貫匁で、参勤交代費用などを含む領国（金沢）・江戸・京都・
大阪での総費用が 8,107 貫匁（73・4％）にのぼり、金沢・江戸・京での借銀
の年賦返済に 1,284 貫匁（11.6％）を充てなければならなかった。不時の入
用払いに使えるお金は 1,632 貫匁（14.8％）しか残らなかった。

　この 5 カ年平均の単年度決算は一応、黒字である。綱紀は元禄 16 年、将軍
綱吉を江戸の加賀藩邸に招いて大宴会を行った。綱吉を迎えるための御殿の新
築費や接待に必要な費用を江戸・京都・大坂の商人から借銀したというが、加
賀藩の歴史の中で最も財政が好調だったのがこの時だった。もちろん上記決算
に借銀の年賦返済があることでわかるように、宝永 3 年時点での藩債（累積
借銀高）が 2 万 3,116 貫匁余存在し、藩の総収納米銀高の 1 年分を占めていた。

　藩が考えた財政改善策はまず年貢米を絞り取ることだった。しかしそれが
かえって年貢未進や走り（逃亡）百姓の増加を生み、正徳 2 年（1712）加賀・
越中・大聖寺の藩領で最初の百姓一揆が起こった。広瀬舘村が当時所属してい
た砺波郡大西組（61 カ村）でも同年 8 月、十村の善六宅への打ちこわし事件
が発生した。減免や貸米などを頼んでいたのにその要求が御算用場まで届けて
もらえず、我慢できなくなった村の肝煎らがリーダーとなって 17 ヶ村 200 余
人の百姓が善六の家を襲った。打ちこわしは（原則として）盗みや傷害事件は
伴わないが、結果的に大西村清兵衛と田中村八郎兵衛という 2 人の肝煎が自殺、
竹内村彦兵衛と土生新村市佐衛門は刎首の成敗をうけ、他の中心人物 23 人が
禁牢・国外追放となった。

村鑑帳

　江戸時代中期の広瀬舘村の状況が分かる貴重な史料がある。寛延 2 年（1749）
の「砺波郡之内大西村加兵衛組村鑑帳」である。正確には、大西村加兵衛が裁

許する太美組の村鑑帳に収められるべき広瀬舘村分の下書きが湯浅家に残っている。この年広瀬舘村では肝煎が病死して空席だったため、組合頭の権右衛門と権助、百姓惣代の市助がこの下書きを書いた（江戸時代後期の権右衛門ではなく何代か前の権右衛門である）。村鑑帳とは今日でいう「村勢要覧」であり、十村代官が交代（この時は加兵衛→加伝治）したときなどに施政の参考にするため村単位でまとめさせた。下書きに日付はないが、文中に「当巳ノ年」とあることから寛延2(己巳)年に書いたものであることがわかる。

【広瀬舘村データ6－Ⅰ】＝「砺波郡之内大西村加兵衛組村鑑帳」（そのⅠ）

広瀬舘村の草高と免の推移（寛延2年村鑑帳による）

	草高（本高）		免		現在高		年貢米高
	御印高	（手上）	免	（前年比）	（実質高）	（前年比）	（定納米高）
明暦2以前	767		4.47		767		360.49
明暦2（1656）	790	△23	5.00	△0.53	790	△23	395.00
寛文3（1663）	805	△15	5.00		805	△15	402.50
寛文6（1666）	809	△4	5.00		809	△4	404.50
寛文10（1670）	809		5.00		809		404.50
享保13（1728）	809		4.30	▼0.70	695.74	▼113.26	347.87
〃 16（1731）	809		4.40	△0.1	711.92	△16.18	355.96
〃 19（1734）	809		4.50	△0.1	728.10	△16.18	364.05
元文2（1737）	809		4.60	△0.1	744.28	△16.18	372.14
寛延2（1749）	809		4.60		744.28		372.14

	草高（新開高）		免		現在高		年貢米高
元禄13（1700）	1.588		見立図り		1.588		―
寛保2（1742）	1.588		4.00		1.588		0.635

（注）△前年比アップ、▼前年比ダウン

単位：草高・年貢米高は石、小数点以下は斗・升・合・勺。免の4.47は4つ4歩7厘（44.7％）

村鑑帳の冒頭に御印高が大書され、これまで村の草高や免がどのように推移してきたかが記述されている。

〈分析〉

1．広瀬舘村は享保13年（1728）に大洪水に襲われていた。表の中で寛文10年に「草高809石・免5ツ」とあるのが村御印に定められた広瀬舘村の年貢基準値である。それから58年後の享保13年に村の西方に当たる医王山麓の山崩れと明神川などの洪水が発生し、定免の5ツから7歩（7％）引かれ、「免4ツ3分」になっていた。高113.26石分に相当する農地が荒地化したことになる。以後、改修工事によって3年ごとに1歩（1％）ずつ免の「立帰り」が進んできたが、元文2年以降は引免4歩で据え置かれている。寛延2年現在では公定草高809石に対して実質草高は744.28石、つまり64.72石分の農地が荒地のままになっていた。

2．元禄13年（1700）に新開に取り組み、畠地を含む高1.588石分の耕作地を作り出していた。新開を推進する藩の要請に少しは応えたのであろう。しかし、この新開地には42年間定免は付かず、十村の「見立て図り」（作柄判断）によって年ごとに免を決めてきたが、寛保2年に免4ツに定められた。

　では寛延2年現在の村の田・畠・屋敷地などの具体的状況は村鑑帳にどのように記載されていたであろうか。それを次頁の表にまとめた。

【広瀬舘村データ6－Ⅱ】＝「砺波郡之内大西村加兵衛組村鑑帳」（そのⅡ）

寛延2年広瀬舘村の田畠構成

	草高	％	反別（面積）	備考
村高（本高）	809.000	100.0	539.1-19-6-4	石盛1.5石/360歩
田地高	643.447	79.5	428.9-22-9-3	
沼田			230.6-00-0-0	
堅田			99.4-32-1-3	
越中御定地（不足）			98.8-26-8-0	下付米1.202石/1反　（平坦）
畠屋敷高	100.833	12.5	67.2-07-9-1	
屋敷地			12.2-12-9-4	
畠地			39.6-06-2-7	
越中御定地（不足）			15.3-24-7-0	下付米1.202石/1反　（平坦）
引免高	64.72	8.0	43.1-16-8-0	引免4歩に相当
荒地			43.1-16-8-0	

	草高	％	反別（面積）	備考
村高（新開高）	1.588	100.0		
田地高	1.138	71.7		石盛1.5石/360歩
堅田			＊0.7-21-1-0	
畠高	0.450	28.3		石盛1.5石/360歩
畠地			0.3-00-0-0	下付米御座無

単位：①石高の小数点以下は斗・升・合 ②反別の539.1-19-6-4は53町9反1畝19歩6厘4毛

〈分析〉

1．洪水後も回復していない荒地（引免高）が64.72石分ある。それを除く実
　質的な村高は、田地高643.447石と畠屋敷高100.833石の計744.28石。田
　地のうち沼田と堅田、畠屋敷地のうち屋敷地と畠地の反別（面積）が記され、
　石盛がそれぞれ1反当り1.5石であると記載されている。
　　ところが、沼田、堅田、屋敷地、畠地のすべての反別を合わせても
　石盛15では草高の数値には達しない。

2．おかしいと思って村鑑帳の下書きをよくみると、行間に薄い赤字による追
　記（訂正）文が見えてきた。そこに「越中御定地」なるものが「不足」し

ているとされ、その反別数値のあとに「但し、1反代米1石2斗2合下し付米　平坦」とメモ書きされている。実はこの越中御定地の反別を加えると、石盛15で草高に一致するのである。

3．では越中御定地とは何か。まず、但し書きの意味なのだが、「1反当たり1.202石分を藩から村に支給する（下し付ける）ので、それと合わせて1.5石を納めなさい。それで石盛との差をなくする（平坦化する）」ということなのではないか。そしてこの越中御定地というのは帳面上だけの「無地高」（地所がないのに高だけがある土地）のことではないのか。つまり架空の高を設定してその分の年貢を納めさせる。ただし大幅に割引はするというものだ（下付米＝貸付米だと意味は少し違ってくるが…）。

4．高澤裕一氏は著書の『加賀藩の社会と政治』の中で注目すべき事例を紹介している。天正16年前田利家が能登を領知とした際に、9カ村を対象に草高（本高）の外に「出来分」と称する（数字だけの）高を加えて年貢を増やしたという。

　当時はどこの村にも「荒」が多かった時代で、一部はいったん本高に組み込み、毎年その荒分を減らすよう要求された。だが、荒がどれだけあるかは検地によって確認されており、その年に荒のまま残った分は年貢対象から省かれた（当然である）。

　ところがこの「出来分」は荒ではなく、村の本高に付け加えられた架空の高で、しかも出来分の高に対する免は初年度分だけ軽減されたが、翌年にはまるまる本高に組み込まれたという。つまり、これを適用された村では翌年から定免通りの年貢が課される無地高が増えた。村の個別事情も聞かれず、検地も実施されず、しかもどの村も本高の一定比率（24％）であった。ちょうど秀吉が小田原城征伐に乗り出し、それに参戦させられた利家が北陸衆の総指揮をとっていたころで、緊迫した雰囲気の中で実行されたという。

　しかしこの「24％増高問題」は百姓の大反発を招き、走り（逐電）が急増した。留守役の前田五郎兵衛安勝（利家の兄）が慌てて在京中の利家に問い合わせ、貸米扱いにするなどといった対策をとったという。ちなみに

広瀬舘村の越中御定地の草高は田地分、畠屋敷地分ともそれぞれ約23％に相当する。この奇妙な一致は、かつて能登で行われたようなことが越中でもいつの年かに実施され、定地の名目で残っていたのではないかと思わせるものがある。

5. 一般的な無地高というのは、村の古来の土地で、山崩れ・川崩れがあった後も「見捨高」「永引」（全く耕作不能の地）にしないで高だけを残したものをいった。村役人も事情をよく弁えていないのに記録（高）だけが残っている土地のことだという。だがその場合でも、なぜ田地と畠屋敷地とで同比率の地面（土地）のない高が存在し、なぜ「越中に定められた土地」という表現をしたのであろうか。

6. 平安・鎌倉期から開発が進んでいた広瀬舘村には新田開発の余地があまりなかったとみられるが、元禄期にはわずかな田畠混合地を開いた。この1.588石高の新開地は免が4ツだったので畠地なのかと思ってきたが、この村鑑帳によって半分以上は水田（堅田）だったことがわかった。新開部分は村御印とは別枠で、免4ツは明治期まで据え置かれた。

広瀬舘村の人口、262人

次に、村鑑帳には村の人口構成や牛馬の状況が記述されている。

【広瀬舘村データ6－Ⅲ】＝「砺波郡之内大西村加兵衛組村鑑帳」（そのⅢ）

　一. 家数48軒（百姓44軒、頭振4軒）

　　　　本村　　　　　　　　　41軒

　　　　字ひのの（医王山中）　5軒

　　　　字辻野（東部の野畠地域）　2軒

　一. 1カ寺　一向宗妙敬寺（僧3人、下男2人、女3人）　寺地450歩

　一. 総人口262人（男140人、女122人）

　　　　当歳〜15歳未満　　70人（男42人、女28人）

　　　　15歳〜60歳未満　172人（男93人、女79人）

　　　　60歳以上　　　　　20人（男5人、女15人）

一．牝馬7疋
一．牡牛6疋
一．1か所　宮　大日如来　社地200歩

〈分析〉

1．百姓家は73年前（延宝2年）の23軒余に比べてほぼ倍増し、44軒になっていた。百姓1人（軒）当たりの実質持高は744.28石÷44＝16.91石（公定草高809石に対しては18.38石）となり、延宝時の34.57石より大幅に減少した。改作法の本格導入と切高仕法を経て、下百姓や頭振らが入百姓となって村全体の百姓数が増加したことをうかがわせる。なお、働き手である15〜60歳の男93人のうち6人は「近在に奉公に出ていた」との注釈があった。

2．村の総人口は262人。3段階の年齢層に区分けしてあり、年齢が上がるにつれて男女の比率が逆転している。60歳以上の人口は全体のわずか7.6％で、しかも女15人に対して男は5人しかいない（男はつらい？）。高齢化が進む現代の日本の人口構造とは大分異なる。

3．妙敬寺には僧が3人いた。織田信長との大阪・石山本願寺での戦いで住職が2人討死したこともあったが、きちんと再興されていた。

4．宮とあるのは今の神明社であり、鎌倉時代に仁和寺預所と地頭の藤原氏が争奪戦を展開した「柿谷寺」の跡であろう。宮（神社）なのに大日如来をご本尊に祀っているのは、かつては白山・医王山の山伏系寺院で、その後神仏習合時代を経てきた証といえる。

5．湯浅権右衛門家は歴代の何人かは権右衛門の名を継承してきたが、ずっと湯浅や権右衛門を名乗ってきたわけではない。現住所は本村にあるが、一時は字「辻野」に住み、辻野権右衛門を名乗っていたことがある。

　なおここで湯浅家のルーツについて触れておくが、出身は紀伊国湯浅町と思われる。平安時代後期から南北朝時代にかけて湯浅町を本拠にした武士団「湯浅党」は、南朝に味方した者が多く、伊勢の北畠氏や河内の楠木氏らとともに

ともに後醍醐天皇・後村上天皇を支えてきた。しかし、北朝方で紀伊守護になった畠山氏らの圧迫を受け、湯浅一族のほとんどは湯浅町から全国に散る運命となった。権右衛門の先祖は同じ南朝派同士の石黒党と何らかの縁（京都での篝屋番役などが考えられる）があって石黒荘弘瀬郷に入った。弘瀬郷では当初舘村の東隣小坂村に入り、馬を飼育したりして石黒党を支援していたとみられるが、石黒氏一族の衰退後は百姓に転身、辻野と呼ばれる荒地を出村として開拓に励み、その後本村に住んだとみられている。

年貢の内訳

　次に、広瀬舘村が寛延2年に加賀藩に納める年貢・諸税を箇条書きした項目がある。それを以下の表にまとめた。これはおそらく同年ないし前年の実績値であると思われる。

寛延2年広瀬舘村が加賀藩に納める税

年貢名	課税高		内容（内訳）
定納口米	414石5斗2升6合		4分引免された村高および畠新開高に対する年貢米
	内	福光御蔵入り	23石6斗2升2合
		町蔵入り	390石9斗0升4合
春秋夫銀	568匁1厘		春夫銀（3月）と秋夫銀（9月）に2分して上納した
	内	藩土蔵に上納	65匁9分6厘
		給人納	502匁1分5厘
山役銀	83匁		村御印に記載された毎年決まった定小物成（産物税）
鮎川役銀	2匁3分5厘		散小物成。生産が不安定で村御印に記載されない税
郡打銀	250匁7分4厘		土木工事費用に郡単位で草高に応じて課せられた税
用水打銀	307匁4分7厘		元禄8年以降、用水工事のため郡打銀から独立した税
銀納合計	1211匁5分2厘		米相場は不明だが、1石50匁だと24石余に相当する

【広瀬舘村データ6－Ⅳ】＝「砺波郡之内大西村加兵衛組村鑑帳」（そのⅣ）

〈分析〉

1．定納米と口米、春秋夫銀はそれぞれ本高である草高809石から洪水による荒を除いた744.28石と元禄期に新開した1.588石に対する年貢、いわゆる「物成」である。定納口米は給人分を福光の町蔵に収め、藩へは福光御蔵（中出蔵）に入れた。春秋夫銀は藩と各給人へ持参した。

2，山役銀（材木など山からの産出物に対する税）と鮎川役銀（川からとれた鮎に対する税）は前者が村御印で定められた「定小物成」、後者は臨時に徴収された「散小物成」と呼ばれたもので、地域の特産物に課税された。

　　このうち鮎川役は「前田村に下請けに出した」と書かれている。当時小矢部川の福光村周辺を福光川といい、そこでとれる「福光川鮎」は下流の前田村与次兵衛が代々取り仕切っていた。広瀬舘村はこの与次兵衛を経由して鮎川銀を納めた。福光川から調達された鮎の塩辛が兵糧として金沢城中に蓄えられており、藩主利常が越中滞在中、上流の土生村で公用の簗が仕掛けられ鮎料理を差し上げた、とのいい伝えがある。

3．郡打銀と用水打銀は郡単位で徴収された。

4．定納口米以外はすべて銀納で、その合計額は1,211匁5分2厘になる。

5．寛延2年の広瀬舘村に対する年貢その他の課税総額を評価してみたい。そのためには米価がわからなければならないが、福光に残る『上田玄仙祖父留書』という民間記録によると、享保年代（1716～1735）の安値は1石20匁で高値は330匁だったという。寛延とは年代が多少ずれてはいるが、天候などの状況によって米相場は大きく乱高下した。この時代、60匁台以上になると「騰貴」「餓死者」といった表現が出てくる。ここでは仮に1石50匁とみると銀納分は24.23石余に相当する。定納口米と合わせると438.75石となり、村の草高（810.855石）に対して54.1％、つまり村民側から見た実質総納税額という観点からみると「5.5公4.5民」という計算になる。もちろん、民の側に4.5が残ったかどうかはわからない（4.5以上だった可能性もある）。

歩荷と糸・布

　さて村には米以外にどのような産物があり、収入源があったのか。次頁の表に農作物、男稼ぎ、女稼ぎに分けてまとめてみた。

【広瀬舘村データ６－Ⅴ】　＝「砺波郡之内大西村加兵衛組村鑑帳」（そのⅤ）
〈分析〉

１．まず田地高のうち 10 石高程度ではあるが両毛作を行っていた。早稲のあとに蕎麦、中稲のあとに菜種と麦を作っていた。また、畠高のうち約８石高の土地でも麻の後に大根、早稗の後に蕎麦を作っていた。

２．(A)表の農産物は主に畠地で生産された。このうち金沢や福光・城端で販売・換金できたのは大豆、小豆、菜種、芋、大根、楮など。穀物の麦、粟、黍、稗と蕎麦は全部自らで食べた。これらの多くは村高にカウントされており、藩への年貢は米で納めたとしても、百姓が手にする作徳米のうちかなりの部分はこうした作物だったとみられる。百姓の多くは雑穀やそれに野菜を混ぜたものも食べていたといわれるが、そうした状況が想像できる。

３．男の稼ぎでは歩荷による現金収入が大きかった。城下町金沢に近いという地の利を生かした収入源であった。荷物を背負って加越国境の「宝（朴）坂峠を越す歩荷」の姿は江戸時代の観光案内図『二十四輩順拝絵図巻之三』に描かれている。

４．女の稼ぎでは山菜採りと養蚕のほか、麻糸と麻布の生産があった。多くの家が機織機を組み立てていたようで、農作業の合間や農閑期には麻や苧の繊維から糸を紡ぎ、一部は布に仕立てて福光の糸・布商人に買い取ってもらった。江戸時代後期、福光の繊維産業は周辺農家の女稼ぎによって、絹製品も含めて藩内でトップクラスの規模になった（水島茂著『加賀藩・富山藩の社会経済史研究』や『福光町史』に詳しい）。

寛延2年広瀬舘村の米作以外の生産物と稼ぎ

(A) 農作物関係（主に畑地で生産したもの）

作物	年間生産額	用途		備考
		給物	換金	
大豆	3石5斗	1石3斗	2石2斗	金沢で販売
小豆	4石	1石5斗	2石5斗	〃
菜種	1石5斗		1石5斗	福光の油屋等に販売
麦	13石	13石		在所給物とした
粟（あわ）	8斗	8斗		〃
黍（きび）	4石5斗	4石5斗		〃
蕎麦	1石2斗	1石2斗		〃
稗（ひえ）	280貫目	280貫目		〃　牛馬の餌にもした。
芋	65俵	45俵程	20俵程	〃　一部金沢で販売
大根				〃
楮（こうぞ）	20束程		20束程	紙の原料。城端商人に販売
麻				苧とともに麻糸の原料とした
たばこ	80斤	80斤		在所給物とした

(B) その他の稼ぎ

(男稼ぎ)

歩荷1	城端商人から紙・蝋・絹・蓑などの荷物（商品）を預かり、金沢へ運んだ。
歩荷2	給人登米や商人米を福光から金沢へ運んだ。
柴・薪売り	加賀二俣村の越中境にある「永請山」で刈取り、福光・福野に持出して売った。

(女稼ぎ)

山菜	春、ぜんまい・蕨を取り、近在百姓の給物として売った。
蚕繭	春夏両度、蚕をかい、繭を作つくって糸引き商人に売った（年間4貫500目）。
麻苧・麻布	冬、麻苧をうみ（年間5貫500目）、布（太布15斤）に織って福光商人に売った。
賃織り	合間合間に、福光の布屋から苧を請取り、布に織って賃取りをした。

(注) 歩荷（ぼっか）＝荷物を運んで山越えし、駄賃を得た。

　　　登米（のぼせまい）＝廻米ともいい、大阪に廻漕して現金化した。

　　　永請山（えいうけやま）＝他の村との入り合いで無期限に共同用益できる山

　　　麻苧（あさお）＝麻や苧（からむし）の茎の繊維で作った糸

　　　苧うみ＝麻苧を作る工程を「苧（お）を績（う）む」という。

村万雑

　最後に村の万雑の内容を推し量ってみよう。万雑とは現代の町内会費（自治会費）のようなもので、村に住む者にとっては村民権を得るための第2の税といえる。村鑑帳の最後に「諸入用」（村運営経費）の書上げがあったので次頁に一覧表にしてみた。これには村の大切な行事である祭事費を含まないので万雑そのものではないが、万雑の主要支出費目であったと思われる。

【広瀬舘村データ6－Ⅵ】＝「砺波郡之内大西村加兵衛組村鑑帳」（そのⅥ）

〈分析〉

1．村役人のうち肝煎と十村の給米には藩が決めた規定の石高があり、それを村人から集めた。このうち肝煎の給米について各個人からいくらずつ集めるかは、持高に比例した「高がかり」や戸数割りの「家がかり」など、村によって振り分け方が異なっていた。

2．村の運営には「番人」も置いていた。表の（2）でわかるように、「村走り」（村役人の命を受けて村内への伝達・雑役に従事した者）のほか用水や持山の番人がいてそれぞれ給米を取っていた。給人や藩への春秋夫銀はわざわざ金沢などへ持参していた。

3．享保3年の洪水被害とは明神川の川縁崩れと南谷川上流の山崩れだった。諸入用中最大の費目は年間で延べ602人分の人足賃で、堰木・莚・石俵・竹籠・柱木などは、長年続くこの修理工事に使われたことが分かる。また、村火事に備えて火消しの組織があったようで、提燈・旗・手水桶も準備していた。

寛延2年広瀬舘村・万雑の主要費目（祭事費などは除く）

（1）村役人の給米

費目	額	備考
村肝煎	4石5斗	給米。石高は藩が定めた。この年は組合頭が代理勤務
鍬手米	1石8斗6升	組十村の給米。15〜60歳の男子1人に2升。2升×93人分
（1）の計	6石3斗6升	

（2）諸入用余荷米（米で支払う一般会計支出）

費目	額	備考
人足代	12石4升	村が行う土木・用水工事。年間602人×2升
〃	6斗	給人への夫銀上納のため金沢・小松等へ運び人を遣った
村走り	1石5斗5升	給米。十村の命で村内への伝達・雑役に従事した者
用水の番人	8斗5升	給米。用水の監視は不可欠の重要業務だった
堰木・莚・石俵	1石7斗2升6合	これらを使って用水の修復工事を行った
持山の番人	1石1斗	給米。村の持山で材木生産や牛馬飼料用の草を刈った
乞人宿余荷米	5斗	乞人対応費
廻り藤内	1斗2升9合	賊・悪人等取締人への給米
（2）の計	18石4斗9升5合	

（3）諸入用余荷銭（銭で支払う一般会計支出）

費目		額	備考
竹籠	8つ	45匁	用水川除（水害防止）等
提燈	1張	11匁5分	村火事対策
旗	1流	3匁5分	〃
手水桶	15	12匁	〃
柱木代		8匁5分6厘	用水用
（3）の計		80匁5分6厘	

（注）給米＝給与米、入用＝費用、余荷（よない）＝臨時あるいは余分に負担すること

宝暦期の持高帳～親作・小作・懸作～

　湯浅家には数冊の「百姓持高帳」が残っていた。村の草高が誰の持高になっているか、それを記載した帳簿である。若干の判読不能個所があったが、宝暦5年（1755）、同14年（1764）、文政10年（1827）、天保6年（1835）の4冊分に載っている百姓全員の持高を調べた。居村百姓（広瀬舘村の百姓）分と懸作百姓（他村の百姓）分に分け、居村百姓については持高を9段階にランク分けし、各層に含まれる百姓の数とその持高の合計をまとめた。次頁の表はそのうち宝暦5年と同14年分である。宝暦5年は村鑑帳が書かれた寛延2年（1749）から6年後に当たる。

【広瀬舘村データ7】＝「宝暦5年および同14年広瀬舘村百姓持高帳」

（湯浅家文書）

〈分析〉

1．まず注目されるのは、両年とも、居村百姓のうち頭振同然の1石未満の者が19人で最も多い。1～5石層も加えたこうした零細・小農層が占める割合は、人数比で全体の60％（5年）、52％（14年）と半数を占めるにもかかわらず、持高比では村全体のわずか4.5％、5.3％にしかならない。自作農として生活していけるとはとても思えず、小作・請作百姓が一気に増えたとみられる。無高の者が高を持ったり、以前には親や主家の持高の一部を耕作していた下百姓が分家・独立した結果であろう。

2．では大地主があらわれたのかとみるとそうでもない。10～30石未満を自作的中堅農、30石以上を富農といったとしても、広瀬舘村の富農はわずか4人しかいない。居村百姓1人当たりの平均持高は8.25石（5年）、7.75石（14年）と10石以下になってしまった。

3．こうした村全体の中小農化の原因はといえば、どうみても懸作百姓の存在である。広瀬舘村は湯浅家が隣の小坂村から引っ越してきたように、東側の一部は小坂村の出村だったという発展形態があり、小坂村百姓の持高が古くからあった。しかし、トータルの懸作率をみると宝暦5年時点で46.4％と

広瀬舘村の持高帳から①

持高	宝暦5年				宝暦14年			
	百姓(人)	居村比%	持高計(石)	全村比%	百姓(人)	居村比%	持高計(石)	全村比%
1石未満	19	36.5	3.653	0.5	19	28.8	3.145	0.4
1石〜5石	12	23.1	32.688	4.0	15	22.7	37.943	4.7
5石〜10石	6	11.5	37.630	4.7	15	22.7	99.992	12.3
10石〜20石	8	15.4	108.262	13.5	9	13.6	130.677	16.2
	（四郎兵衛 15.264） （与三市 14.000）				（次郎兵衛 19.883） （与三市 18.500） （四郎兵衛 15.262）			
20石〜30石	3	5.8	78.387	9.8	4	6.1	99.567	12.3
	（次郎兵衛29.531） （権助20.500）							
30石〜40石	2	3.8	65.653	8.2	3	4.5	98.404	12.2
					（権右衛門 35.667） （権助 31.294）			
40石〜50石	1	1.9	41.944	5.2	1	1.5	41.944	5.2
	（市助 41.944）				（市助 41.944）			
50石〜60石								
60石以上	1	1.9	60.951	7.6				
	（権右衛門 60.951）							
居村百姓計	52	100.0	429.168	53.6	66	100.0	511.672	63.4
居村平均持高			8.253				7.752	
懸作百姓計	15		371.364	46.4	17		294.914	36.5
	（善右衛門 55.000） （与三郎 50.612） （太郎右衛門 50.170） （加傳治殿 25.500）				（善右衛門 55.000） （太郎右衛門 17.257） （加傳治殿 25.500）			
全村計	67		808.785	100.0	83		814.338	100.0

半分近くも他村民の所有になっており、同14年でも村高の3分の1以上が懸作百姓に握られている。

4．そして懸作高の多くを占めるのは小坂村百姓の持高ではなく、福光村の蔵宿を経営するような豪農や有力商人のものだった。宝暦5年の場合、表に書き入れた善右衛門ら4人の持高だけで合計180石余と村全体の22％強になる。4人とも福光の江戸時代を語るに欠かせない有力な人物・家柄なので順に紹介しておこう。

5．まず持高55石の「善右衛門」。福光町史に5代目善右衛門（1771～1832）について「俳号は波弓。藩から算用聞（経済活動のチェック役）を命ぜられた。初代は寛文中に和泉村の十村役石崎市右衛門の分家として福光に定住した。代々善右衛門を襲名。家業は布屋で、南砺地方屈指の資産家」との記述がある。

和泉村の本家は伊予の越智一族の系統である河野氏の末裔といわれ、遡れば田中村の得能家と同じように南朝方武士として福光に入遁したとみられている。福光城主石黒氏の家老だったとも伝えられる。

宝暦5年の広瀬舘村持高帳に載る善右衛門は5代波弓より少し前の代に当たり、当時は蔵宿も営んでいた。明治時代初期の福光経済界のリーダー石崎和善は9代目善右衛門である。

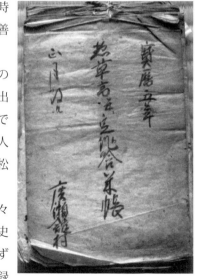

宝暦5年持高帳

6．持高50石余の「与三郎」は福光新町の松村家の先祖であろう。松村家は越前の出身で新町に入った。酒造業や薬種業などで財をなし、この時期福光で屈指の有力商人となっていた。明治～昭和期には政治家松村謙三を輩出した。

7．同じく50石余の「太郎右衛門」も代々福光で蔵宿を営む豪農だった。福光町史によると、寛文13年（1673）に「いずみや太郎右衛門」と記された人物の記録

があるが、先祖は近江の浅井長政の直系で秀吉が利家に預けた人物といわれ、福野安居寺の寺侍として保護されていたという。その家系中、生涯「伝太」と名乗り、太郎右衛門を継がなかった人物がいた。伝太は藩の御蔵（現福光本町）のすぐ近くに自前の蔵宿を構え、持高1,200余石という伝説の高持ちだった。蔵宿の前には13軒の家が建つほどだったという。

　伝太の名のいわれは大槻伝蔵（加賀藩6代藩主吉徳の寵臣）の「伝」と太郎右衛門の「太」を以って姓となしたといわれ、伝蔵の引きで財をなした。寛保2年（1742）に新田裁許役（新田開発を行う際に一切の業務を監督する）に就き、蔵宿を息子の太郎右衛門に譲った。だが宝暦10年、米を流用したとの科を受け、福光町史からの記述が消えた。宝暦の広瀬舘村の高持帳に残る太郎右衛門は伝太の倅であろう。

8．持高帳に25石余の「加伝治殿」とあったが、殿と付く人物は誰のことか当初全く分からなかった。そのうちこの時広瀬舘村を担当していた組十村の名が加伝治だったと気付いてようやく納得がいった。彼の父は寛延2年（1749）の広瀬舘村鑑帳の表紙に書かれていた「大西村加兵衛」で、加伝治は父の後を継いで延享4年（1747）から十村兼山田新田裁許役を務めていた。十村役の父子交代は、父加兵衛が藩から有能さを認められ、新川郡泊町庄助跡十村を命ぜられたからだ。いわゆる引越十村であり、泊町で有名な十村伊東家の先祖となった。加兵衛が村鑑帳を作成させたのは、この新任の息子のためだったのかもしれない。

　ここで分かるように、大西村の加兵衛・加伝治の姓は「伊東」である。実は、加兵衛の代に福光村和泉屋太郎右衛門家から大西村伊東家に婿入りしていたのである。この伊東家のいわれが凄い。元々の先祖は伊豆の藤原氏系伊東氏で、南北朝時代の応永13年（1406）、南朝の太政大臣関白伊東次郎右衛門が道中病気にかかり、この地（大西村）で斃死したという。今も砺波平野南端の立野ヶ原台地（南砺市立野原西）の最奥部に「次郎右衛門堂」「伊東神社」があり、上記のいわれが石標に刻まれている。大西村や福野安居寺には「ここで南朝3代長慶天皇が崩御した」との言い伝えもあるほどで、加賀藩前田家は南朝関係者（得能・石崎・伊東）を好んで十村に登用して

201

いたように思える。

　なお、判明している範囲内で広瀬舘村の村役人を務めた人達の名前を下記しておく。

　さて、以上のデータ7の分析により、次の2つの事実が浮き彫りになった。一つは切高是認後に高持構造が下方に平準化し、「卸作と請作」言い換えれば「親作と小作」の関係が浮かび上がってきた。持高の全部を家内労働だけで手作できない百姓は、余剰の高を小高持に耕作してもらった。だが卸・請の契約は歩（坪）単位で行われることが多いことから、同一人が卸をすれば請もやるといった入り組んだ関係になっていた。契約が成立すれば卸状と請作状を交換し、収穫後、小作側は卸付米（小作料）を払い、原則として親作が年貢を負担した。加賀藩はのちに「小作癖付帳」と呼ばれた有名な改作奉行申渡を宝暦8年（1758）に発令していた。数で大勢を占めるようになった小作たちが卸付米に関して難癖を付けるなど親作・小作間でトラブルが多発するようになったからだ。この小作紛争はその後増えることはあっても絶えることがなかった。

　もう一つの事実は、やはり切高が認められた結果として、予想通り、懸作百姓が急増したことである。広瀬舘村で特に目立ったのは福光や福光新町に住む商人や富農であった。彼らは当然自分で手作せず村方に卸したと思われるが、その際「作小屋」を建て「高方世話人」なる者を住まわせ、きちんと耕作する

肝煎（就任年）		組合頭	
四右衛門	延宝4年（1676）		
次郎兵衛	明和4年（1767）～天明4年（1784）	市助	権右衛門
市助	天明6年（1786）～寛政11年（1799）	与三市	権右衛門
与三市	享和1年（1801）～文政6年（1823）	権右衛門	権助
権右衛門	文政7年（1824）～弘化5年（1848）	権助　権之丞	半右衛門
半右衛門	嘉永2年（1849）～文久2年（1862）	与三市	市右衛門
与三市	文久2年（1862）～明治3年（1870）	半右衛門	市右衛門

（注）　肝煎の任期の切れ目は組合頭が代行。同名でも代替わりしている者あり。
　　　　組合頭は定員2人。途中交代あり。次郎兵衛以下は湯浅家文書より作成。

ことを義務付けられた。当たり前のことだが、懸作とは作徳部分を他村の者に
もっていかれたことを意味する。当該村は疲弊する。だが、藩は年貢トータル
が減らなければいいという考えからか、懸作問題に対する規制的な申し渡しな
どはこの時点ではなかった。

銀札・借知・御用金

　ここで5代綱紀の死去以降、加賀藩が行った財政立て直し策をまとめてお
こう。藩には金沢城東丸に「獅子の座」と称される3棟の土蔵があり、利家
以降に蓄えた軍資金があったことを先に紹介した。これを財政の穴埋め資金と
して使い続けていた。享保8年（1723）6代藩主となった吉徳のとき、足軽
の3男に過ぎなかった寵臣大槻伝蔵（朝元）を用いて公費削減・税収増に取
り組み、若干の持ち直しを見せたものの、延享2年（1745）と3年に吉徳と
7代宗辰（吉徳長男）が相次いで没し、世にいう「加賀騒動」が勃発した。

　伝蔵に事実上政権を奪われた重臣たちが伝蔵を無実の罪に陥れ、寛延元年
（1748）五箇山・祖山の獄舎で自殺に追い込んだ。だがその重臣たち（加賀八
家）には伝蔵以上のアイデアはなかった。自ら綿衣を着て倹約に努めたといわ
れる8代重煕（吉徳2男）は寛延3年（1750）家臣を集めて訓示を行い、土
風の退廃を嘆いた。土蔵から最後の4,000貫匁を引き出し、ついに城にあっ
た貯えが空になったといわれる。

　驚くべきことに、延享2年（1745）から宝暦3年（1753）までの9年間に吉徳、
宗辰、重煕、9代重靖（吉徳5男）と藩主4人が死去した。この間の葬式代
も含め、藩の財政赤字は参勤交代費用や借銀の元利返済でさらに拡大していっ
た。

　宝暦4年（1754）、藩主は10代重教（吉徳7男）に代わっていたが、藩の
年間支出は1万4,000貫匁余なのに対し収入は7,400貫匁余しか見込めなか
ったという。そこで考え出したのが「藩札（銀札）」の発行だった。紙だから
いくらでも刷れる。宝暦5年に「銀札仕法」を施行し、7月1日から総額なん

と銀6万5,300貫匁分も発行した。そのうち8,000貫匁は家中に知行100石当たり銀500匁分ずつ貸し渡し、その分を20カ年の除地（知行高から差し引く）によって返済させるという方法を編み出した。その他の大半の藩札は藩の財政補填に使い、銀札の流通を図るため正銀の使用停止まで行った。

　ところが、悪いときには悪いことが重なり、この年は大悪作だった。湯浅権右衛門が書き残した古暦文書によると、藩から「領国（加賀藩全体）へ21万5,000石、うち（砺波郡の）大西組へ4,750.24石、当村（広瀬舘村）には百何十何石何斗（具体的数字はない）」の御貸米があったという。有力商人は米の買い占めに走り、一気に強烈なインフレを招いた。1石50～70匁だった米相場が宝暦6年の7月には1,300～2,000匁まで暴騰した。ついには金沢町や砺波郡城端町などで百姓一揆が発生した。結局この打開策は丸2年で頓挫し、銀札を停止した。加賀騒動から宝暦銀札までの一連のドタバタ劇は人形浄瑠璃や歌舞伎に取り上げられ、大阪や江戸庶民に持て遊ばれた。

　宝暦6年、重教が窮余の一策として打った手が「借知」であった。家臣の知行（給米）を借り上げることを命じた。第6章では広瀬舘村の給人山根庄大夫の実例を見た。当初、知行高500石以上は10％、490～200石で7％をそれぞれ7カ年間借りるという約束だったが、明和8年（1771）11代藩主治脩（吉徳10男）の時には15％、3カ年間とし、いったんは返したが、その後16年間は借りっ放しになった。下位の藩士たちは大変な窮乏に陥ったという。

　借知だけでは藩財政の立て直しができないことが分かると、次の財政難対策が「御用金」だった。安永元年（1772）に「御勝手方困難」という都合のいい名目で1郡当り銀20～30貫匁を村々の農民・町民へ申し付けたのを皮切りに、享和2年（1802）には領内の富豪に3,293貫匁を命じた。御用金（銀）は体裁としては臨時の借上金であり、低利で長期の年賦返済になっていたようだが、藩士への借知と同様、返されることはほぼなかった。権力に任せたこの手っ取り早い資金調達法は、治脩以降も12代斉広、13代斉泰と途切れることなく恒常化されていった。

懸作問題は続く

農政面では19世紀に入って切高仕法に大幅な修正が入った。「享和2年（1802）の仕法」といわれるもので23ヵ条が定められた。主要な改定事項は以下の3条である。

　一．切高はなるべくその村内に渡すこと。礼米（代銀）が多ければ他村の者に買い取らせてもよい。

　一．今後は商人など「町」に居住する者の取高を禁止する。

　一．切り出し残高は最低2升とする。

これは一見すると懸作問題に規制を加えたように思える。しかし、第1条の後段は懸作をむしろ推奨するような受け止め方をされてもおかしくはない。2条の規制についてはチェックが甘く、さほど効果が上がらなかった（天保の改革期に突如厳格適用され強力な仕法として蘇った）。3条の意味は完全小作への転落防止策であったが、名目的な「二升高農民」を増やしただけで、村の活性化にはつながらない糊塗策であった。

　残念ながらこの時期の広瀬舘村の「持高帳」は残っていない。ただし文化6年（1809）の湯浅権右衛門家の持高とその耕作状況がわかるので、参考情報として次に示す。

【広瀬舘村データ8】＝「請卸御田畑御年貢米指引帳」（文化6年9月権右衛門）

　一．草高　　　　　　　　38石3斗6升　　　　免4つ6歩

　一．新開高　　　　　　　2斗3升9合　　　　免4つ

　一．小坂村懸作高　　　　14石　　　　　　　免5つ

　一．善右衛門様分請作高　3石　　　　　　　免4つ6歩

　　〆持高3口と請作の4口合わせて55石5斗9升9合。定納口米29石6斗2升2合

＜分析＞

1．権右衛門家では本村と新開地にそれぞれ高を所有し、隣の小坂村にも懸作

地を持っていた。合わせて 52.599 石。加えて福光村善右衛門の持高のうち
3 石を請作していた。善右衛門の広瀬舘村全体の持高は 50 石余あったから、
村の多くの百姓が少しずつ請け負っていたと想像できる。この指引帳には
詳しく載っていないが、湯浅家ではこの 55 石余をすべて自作していたわけ
ではなく、小坂村に持つ懸作地を含めて相当数の百姓に卸していたと思われ
る。

2．本村の草高の免が定免の 5 ツではなく、4 歩引免されていることがわかる。
　寛延 2 年の村鑑帳に書かれた免の水準でずっと据え置かれていたのだろう
　か。

十村断獄

　こうした中で、加賀藩の町方では文化 5 年（1808）、小松で米商人に対して、
さらに同 8 年には金沢の米仲買座（定期に米を取引する機関）に対する打ち
こわし事件が発生、郡方でも能登口郡や越中の各地で打ちこわしが起きた。8
年に 11 代治脩が死去し 12 代斉広の代になった時、改作方復古の詮議が行わ
れた。何をやってもうまくいかず「改作法施行時の精神に戻ろう」ということ
になったわけだが、何か新味のある策を思い付いたわけではなく、難渋村には
立ち直り策を施すものの、余裕のあるところは手上高、手上免、新開に取り組
めと昔ながらの強制増産を命じた。御用金（銀）も文化年間（1804 ～ 18）の
後半には 1、2 年おきに調達されたが、ほとんど返済されなかった。

　文政 2 年（1819）3 月、大事件が起きた。斉広は突如十村 82 人中 31 人を
何の理由も告げず投獄し、6 人牢死、19 人を能登島に流刑にするという「十
村断獄」事件が起きた。新開や隠田摘発が進まず、農政がうまくいかないのは
古格の十村の抵抗によるものだと腹を立てたらしい。越中からは 14 人、砺波
郡からは有能で知られる内島村の小豊次ら 4 人が連座した。

　文政 4 年になると斉広は十村の名称すら廃棄して十村代官を全員藩士に代
えたほか、改作奉行も廃止して改作業務を御郡奉行に兼帯させた。歴代藩主が

あれだけ重視していた十村制度や改作奉行所制度にメスを入れ、藩権力による百姓の直接掌握を意図したらしい。しかし、百姓の実態を知る十村の力を削いでは、御上の考えを村人に浸透させることはできなかった。

　焦った藩は「仕法調達銀」と称される詐欺か強盗まがいの金集めまで行った。藩が主催者（講元）となる取除頼母子講のことである。そもそも頼母子とはいわゆる無尽のことで、参加会員の共済が目的であり、きちんと運営されれば誰かが得をしたり損をしたりするようなことはない。加賀藩は富豪を含む各地の領民を強制的に加入させ、集めた資金を藩が先に使い、加入者全員に資金が回る前に契約を打ち切ってしまった。「君恩を蒙って富豪となった者から取り上げるものだ」と言い放ったという。

　仕法調達銀の弁済を破棄したのは文政9年（1826）だったが、同じ年に町々村々に6,670貫匁もの御用銀を命じた。金額が大きく、「金沢では日稼ぎ人夫や取り上げ婆のような収入の少ないものまで200〜300匁という無理な金を取り立てた」（寺島蔵人著『ふぐ汁の咄』）ので、夜逃げ・自殺者まで現れたという。

　この時、砺波郡は650貫、福光村は64貫40匁の御用銀が割り当てられ、福光で割り当てられた44人の金額と名前が『近世福光小史・資料補遺』（石崎寛編著）に記されている。寛氏の高祖父で当時福光村肝煎だった「喜兵衛」はよほど腹に据えかねたのか、この文政9年の分を含め、御用銀・調達銀・冥加銀などの名目で藩から強制供出させられた福光村の個人名を書き残していた。福光町史によると、「いつも福光村は、砺波郡への総割当高の約1割を引き受けていたようである」とされ、常に上位に連ねていた福光商人は善右衛門、武右衛門、源兵衛、四郎兵衛、善兵衛、善吉、彦兵衛、又吉、平八らであった。

　丸本由美子氏の『加賀藩救恤考』によると、天明から天保に至る約50年の加賀藩の様相を一言にまとめると「周期的な天候不順と凶作による人的・財政的ダメージの蓄積」という表現になるという。農政だけが悪かったということではなかったかもしれない。

「天保の飢饉」に至る前の段階で加賀藩の財政状況（藩債銀高）をまとめておくと、宝永3年（1706）時点で2万3,000貫匁余だったものが、明和4年（1767）には6万貫匁余、天明5年（1785）には11万貫匁に達したばかりでなく、金18万両・米34万石余も加わった。当時の貢租収納高の約10年分にあたる過大なものだった。天保3年（1832）当時の藩の累積借銀高はそれより減ったとはいえ、10万8,000貫匁＝年間収納高の5年分以上だった。

天保の大飢饉

天保元年（1830）から2年までは金沢地方の天候に大過なく、作柄も普通だったという。広瀬舘村でも2年は豊作だったようで（第6章のデータ4に示したように）年貢米を完納し、給人藩士と藩から皆済状をもらっていた。ところが3年になると一転して「大悪作。11月御貸米を受けたが、種籾まで食い尽くした」（権右衛門メモ）という。そして4年になると、享保・天明に続く江戸3大飢饉といわれる「天保の飢饉」が日本全国を襲った。4〜5月は少雨・渇水（旱魃）、6〜7月は多雨・低温（冷害）と夏の時点で早くも凶作が確実になり米価が高騰し始めた。10月には地震もあり、災害・犯罪が多発、収穫は皆無という村も出たという。

この天保4年に広瀬舘村が藩から受けた支援策を以下にまとめた。3月に「夫食御貸米」、11月には「引免・御用捨免・御貸米」と「御救米」が施され、当時加賀藩で制度化されていた徳政策のほとんどの適用を受けた。以下は権右衛門が残したその関連文書である。なお、この時の広瀬舘村の草高は809石（本高）と1.588石（新開高）であった。

【広瀬舘村のデータ9－Ⅰ】＝「天保4年3月夫食御貸米」

　　夫食御貸米

一、25石1斗5升　　　　　　　　　広瀬舘村

　　　　内　13石8斗2升　　　　去作懸

　　　　11石3斗3升　　　当作懸

〈分析〉

1．加賀藩の夫食米（百姓が食糧にする米）貸与に関する制度は時代とともに変化してきた。天保4年は前年の凶作を受け春季に百姓側から出願した。前年度分と今年度分の2年分で、持高に応じて全員に貸し付けるのではなく、①資産ある百姓を除き、②その他の百姓をいくつかの等級に分け、③持高や家族の人数を考慮し、④去年分と当年分に分けて貸し付けられた。広瀬舘村に対する貸付総量は上記の通りで、これを当概者に割付・配分した。

2．その割付帳の当作分を見ると、「丸除」グループの権右衛門（肝煎）、安兵衛、半右衛門（組合頭）、甚右衛門の4人は配当がゼロ、「半減」グル

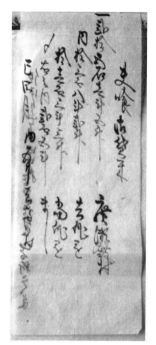

夫食御貸米

ープの権助（組合頭）、与三市、又三、市右衛門、五右衛門、権次郎、三太郎、五左衛門、五郎右衛門、小坂村甚兵衛の10人は50％配当となっている。さらに3人には特別配当するなど、持高や家族数によって割付比率に差をつけていた。これは持高が少なくても請高が多くて小作料負担が大きい者などに配慮したもので、肝煎の調整力が問われるところであった。

【広瀬舘村のデータ9－Ⅱ】＝「天保4年引免・御用捨免・御貸米」の覚書

　　　　　覚

　一．定免５ツ　　　　　　広瀬舘村

　　　　内　３歩　　　３ヶ年季引免

　　　　　　１ツ１歩　當一作御用捨免

　　　　　　３ツ６歩　御収納免

　　　但し12石８斗８升７合　　御貸米

　　　　　２斗３升　　　　　　同

　　　天保４年巳11月

〈分析〉

1．これは「覚書」で、天保４年の悪作状況を見て藩が広瀬舘村に施した「３
　ヶ年の引免」と「今年度の御用捨免」と「御貸米」をミックスした徳政策
　の契約内容である。上の行から順を追って文章の意味を考えていこう。ま
　ず本高の定免５ツ（50％）に対し、そのうち①天保４〜６年の３年間は３
　歩（３％）ずつ引免する。②今年（４年）はさらに１ツ１歩（11％）御用捨
　免とする。よって③今年の引免と御用捨免の合計は１ツ４歩（14％）とな
　るので、残免３ツ６歩（50－３－11＝36％）を収納すべし。但し、④引免・
　御用捨免のうち12.887石（新開部分は0.23石）は貸米にする、という意
　味であろう。これを受けて権右衛門が各村人への免の割付帳をつくった。

2．権右衛門はこの徳政内容
　について、以下のメモを書
　き残している。今年の引免
　および御用捨免の合計につ
　いて③で14％とされたの
　に対し、「実際に免引きさ
　れた総額は111.843石で、
　うち98.956石が無代米、
　12.887石が御貸米だった」
　という。広瀬舘村の草高
　809石から見れば111.843

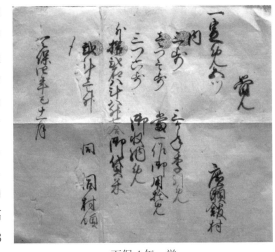

天保４年　覚

210

石は 13.82％に当たり、14％に満たない。その理由はわからないが、権右衛門としては「差し引くといわれた免率と実数値が違っていた」ことを記録しておきたかったのであろう。

　では「無代米」とは何だろうか。御貸米との対比で書かれているところから判断すると、この分が「お代はいらない」つまり 100％免除ですよ、ということであろうか。つまり、今年の年貢米から差し引く 111.843 石のうち、実際にゼロにするのは無代米の方で、貸米分はあとで返しなさい、ということであろうか。

3．各種の用語辞典を見ると「引免」、「用捨免」、「免切」はいずれも同じ意味であると書いてある。だったらこの覚（契約書類）になぜ 2 つの言葉が使われているのか——加賀藩では、不作によって免を差し引く際に 2 つの方法があったという。村の免を減らす権限は改作奉行に属し、改作奉行が実地検分したあと御算用場奉行と示談した上で決定した。これが正規の手続きによる「見立免切」であり、この引免分は文字通り 100％免除された。ところが延宝 3 年（1675）の大飢饉以降もう一つの引免方法が加わった。奉行が出役しないで御扶持人十村などが内検分したあと村側から出願させて決めるという方法である。これを「見立代り御貸米」といって引免分を貸米扱いにした。貸米だと当年は収納を免れるが来年以降返さなくてはならない。

　つまり、天保 4 年の広瀬舘村ケースは、数値は厳密に一致しないものの「3 ヶ年季引免」部分を後者（貸米）の扱いとし、「當一作御用捨免」部分を無代米と称して前者（100％用捨）の扱いにしたのではないかと思われる。石川県史には「藩では、この 2 法交えて時宜に善処することとしていた」と書かれている。無代米と貸米の数量が覚書の数値ときっちり一致しないあいまいな対応になったのは、こうした事情（善処措置）があったからかと思われ、権右衛門としてはそこを明確にしておきたかったようだ。

【広瀬舘村のデータ 9—Ⅲ】＝「天保 4 年貧村御救米」

貧村御救米

一．18石8斗8升　　　　　　広瀬舘村
　天保4年巳11月

貧村御救米

〈分析〉

1．天保4年はやはり大変な悪作・凶作であった。
　ⅠとⅡに加えても う一つの徳政が加えられた。石
　川県史によると、御救米・御救銀について「凶作の
　翌年に夫食御貸米を給せられてもなお食料の不足を
　感じ、百姓以外の者も一般に困窮する場合には、米
　銀・雑穀または粥が施与された」と説明している。
　つまり御救米とは雑穀を含む下級米ないし銭による
　究極的な支援制度であった。広瀬舘村ではこの年、
　百姓60軒全員がもらった。ただし、困窮の度合い
　に応じて差をつけて配分された。

備荒倉

　以上は広瀬舘村への飢饉対策であったが、この天保4年、藩は領内全体に
貸米16万石、砺波郡へは3万余石に相当する貸米を実施する一方で、荒年に
備えた蓄穀の必要性を強く感じた。幸いなことに、翌天保5年（1834）は作
柄良好に転じたので、藩は「今年10月に限り」として領下に2万石の上納を
命じた。そしてこれを「御蓄米・御蓄銀」と名付け、備荒倉と称する倉庫を領
内要所に建てて貯蔵することを考え付いた。

　ただし藩の備荒倉が実際に建てられたのは天保6年で要所に限られた。砺
波郡は2ヶ所だけだったが、天保8年には2倉合計2,301俵3斗、米に換
算して575石4斗備蓄された。天保13年から籾で貯蔵され、安政6年には
義倉と呼ぶようになった。

　ところがここに不思議なことが起きた。天保5年秋、藩からの蓄米供出要

請に広瀬舘村では 33 人もの百姓が応じ、冥加米を献じていたのである。

【広瀬舘村のデータ 10】＝冥加米献上に関する覚書

覚

一．4 升 3 合 4 勺 2 才 8 味　　　　　御酒
　　但し 1 人当たり 1 合 3 勺 1 才 6 宛

一．43 枚 4 歩 2 厘 8 毛　　　　　御鯣^{するめ}
　　但し 1 人当たり 1 枚 3 歩 1 厘 6 宛

　右この程御蓄米のため冥加米を差し上げた 33 人の者どもへ（御上から）

これを下された。有り難く頂戴するように。……（あと省略）。

天保 6 年未 7 月 10 日　　　　　　　　　　　　得能覚兵衛㊞

〈分析〉

1．凶作から一転して冥加米を差し出した百姓に対し、広瀬舘村担当の十村得
　能覚兵衛を通じて、翌 6 年の 7 月に届いた藩主からのお酒とスルメである。
　これをもらってうれしかったかどうか、次を読み進めてほしい。

隠田発覚

　広瀬舘村にこの時、重大事件が発生していた。天保 5 年 10 月 3 日付で十村
の得能覚兵衛から肝煎湯浅権右衛門宛てに以下の内容の書状が届いた。

　「貴村などの入合山の内に隠れ開発地があることが分かった。御用である。
砺波郡内島村の十村五十嵐小豊次と（私の）倅の小四郎のほか、縄張り、竿取
など都合 9 人を差し向け、今月 11 日から 2 泊の予定で調査（検地）に行く。
ついては懸作百姓を含めて百姓全員の誓詞を揃え、しかるべき対応を申し遣わ
す。馳走はしなくてもいいが義堅くつとめよ」。

　広瀬舘村の隠田^{かくしだ}が発見されたのだ。場所は広瀬舘村を含む 6 カ村の入合山
で、草高 1 石 5 斗 4 升と認定された。この耕地と草高は即刻広瀬舘村の反別
と本高に組み込まれ、以後同村の実質村高は 809 ＋ 1.54 ＝ 810.54 石（免 5 ツ）
になった（村御印は 809 石のまま）。元禄年代の新開高 1.588 石（免 4 ツ）と
合わせれば総草高 812.128 石ということになる。だがこの程度の隠田の発覚

213

は余り珍しいことではなかったのか、この事件で誰かが罰されたという記録はない。むしろ湯浅家では９人を２泊させ、しかるべく？接待したことが名誉とされたのか、この覚兵衛の書状が掛軸に表装されて同家に残っている。

　ということは、隠し田発覚と同じ年に藩から御蓄米の冥加を奉ずべく拠出の要請があったことになる。天保３，４年の大飢饉であれだけ痛め尽くされたのに、その直後に冥加米を献ずるとは何か違和感のある話だと思っていたが、長年隠していた田畠地が見つかったとあれば、御上や十村からの要請に応えざるを得なかったであろう。

　こぼれ話ではあるが、湯浅家に泊まった９人は覚兵衛自身も含め五十嵐小豊次と息子の小四郎、それに縄張り人、竿取り人らであった。加賀藩では奉行や十村が民間の家に泊まる場合、過剰な接待は一切禁止の建前だったが、湯浅家では家で一番上等の器を使って料理を出した。そのうち魚の揚げ物を出した皿をそのまま家に持ち帰った者が一人いたという（誰とは言わないが）。湯浅家の蔵には今も 10 枚セットの皿のうち 1 枚が欠けたままだ。

文政・天保期の持高帳

　ここで当時の広瀬舘村の百姓持高構成を見てみよう。文政 10 年（1827）と大飢饉の真只中にあたる天保 6 年（1835）の持高帳に載る全員を調べて右表にまとめた。

【広瀬舘村のデータ 11】＝①「文政 10 年百姓人々持高帳」②「天保 6 年百姓
　　　　　　　　　　　　　　　　　持高帳」

〈分析〉

1．帳面の冒頭に文政 10 年は「草高 810 石 5 斗 8 升 8 合（免は記述なし）」、天保 6 年は「草高 810 石 5 斗 4 升（免 5 ツの内 3 歩三年季引免）」と記されている。前者は御印高＋新開高、後者は御印高＋隠田発覚高をベースに記録したようだ。判読不明確な個所が一部にあり、持高の集計値はこれとは微差が生じた。

2．文政10年（1827）は先の宝暦14年（1764）の持高帳記録から63年たっている。この間、何といっても百姓数が増えた。居村百姓は66人→75人と増加し、10～30石の自作的中堅農（13人→22人）と1石未満の零細農家（18人→26人）の増加が目立つ。卸・請作による地主・小作関係が一層進んだといえる。

3．文政10年の懸作状況をみると、63年前と人数は変わらないが、大高持で残っているのは善右衛門だけになり、与三郎、太郎右衛門、加伝治らは

広瀬舘村の持高帳から②

持高	文政10年				天保6年			
	百姓(人)	居村比%	持高計(石)	全村比%	百姓(人)	居村比%	持高計(石)	全村比%
1石未満	26	34.6	5.827	0.7	9	17.3	2.769	0.3
1石～5石	11	14.6	24.192	3.0	10	19.2	24.215	3.0
5石～10石	12	16.0	81.321	10.0	7	13.4	49.969	6.2
10石～20石	13	17.3	181.909	22.4	9	17.3	122.939	15.2
20石～30石	9	12.0	223.413	27.5	12	23.0	299.174	36.9
	（与三市29,090）（市右衛門27.028）				（与三市29,980）（市右衛門27.225）			
30石～40石	3	4.0	106.449	13.1	2	3.9	65.274	8.1
	（権右衛門38.614）（半右衛門35.130）（権助32.705）				（半右衛門35.197）			
40石～50石	1	1.3	41.180	5.1	3	5.8	128.926	15.9
					（権右衛門45.179）（権助42.567）			
居村百姓計	75	100.0	664.291	81.9	52	100.0	693.266	85.6
居村平均持高			8.857				13.332	
懸作百姓計	17		146.719	18.1	11		116.624	14.4
	（善右衛門53.874）				（善右衛門53.888）			
全村計	92		811.010	100.0	63		809.890	100.0

持高を処分（切高）した。村の懸作高比率も 36％→18％と減少した。与三郎らの切高分を小高持ちや頭振らが取高し、その一部が入百姓となって村人に加わってきたことが読み取れる。

4．ただ、天保 6 年（1835）の持高構成をみると、百姓数が一気に減少した。天保 3，4 年に大飢饉に襲われた結果が如実にあらわれたといえよう。懸作を加えたトータル数では 92 人→63 人とこの間に 3 割以上も急減、特に居村の持高 1 石未満の層は 26 人→9 人と激減した。飢饉によるダメージは零細・小高持百姓に大きく、中堅・富農層に切高した様子がうかがえる。懸作高比率は 14.4％まで下がり、福光村の善右衛門が一人でその半分近くを占めた。

5．天保 6 年の 1 石未満の百姓数の異常な減少とその行方が気にかかる。凶作が続くと困窮生活に耐えられず他国に逃亡する者があらわれた。藩は元禄・天明の飢饉時以降、こうした「走り人」「逃散百姓」の監視・防止策を強化するよう十村・肝煎などにたびたび御触れを出してきたが、天保期には特に走り人が増えた。富山県史によると、天保 6 年と 7 年を合わせて逃散者が砺波郡で 1,536 人、射水郡で 1,022 人、新川郡で 468 人も出た。

6．当時、常盤（茨城県）や上州（栃木県）には荒野が多く、開拓する人手が少なかった。稲田禅坊西念寺（笠間市）は新潟での流刑を赦された親鸞が『教行信証』の執筆に取り組んだ寺といわれるが、同寺の住職が北陸農民の入

文政 10 年持高帳

天保 6 年持高帳

百姓（農業移住）策を笠間藩主に提案し、そこで実現したのが越中からの「関東移民」の始まりとされる。浄土真宗の信仰心が強い北陸農民は、たくさんの子供が生まれてもそれを宿縁ととらえ（いわゆる間引きを行わず）辛抱して育てる。加賀藩側は逃散の食い止めに躍起となったが、福光地域からも多くの人が関東に移動した。

飢饉は続く、「半知」の断行

天保7年（1836）から10年にかけて大飢饉の第2のピークが日本中を襲った。特に7年は未曽有の凶作といわれ、冷害が年の初めから全国を覆った。「100年にもなき事と申す事に候」（中島町史）と、収穫がゼロだった村や多くの餓死者を出したことが日本全国で記録に残っている。

大阪では有名な「大塩平八郎の乱」が起きた。飢饉とはいえ天下の台所大阪には米があった。町奉行の元与力で陽明学者であった平八郎は奉行所に提案した。「米を全部東京に回さず大阪の庶民に施すべきだ」と。ところが町奉行は「下級役人とはいえ幕臣たる者が何たる売名行為を」と断じ、徳川幕府の要求に従って各地から廻船されてきた米を江戸に廻送した。悪徳商人も買い占めに走った。平八郎が書いた怒りの檄文が庶民に伝わり、8年3月に乱が勃発。彼が自ら爆死した後も「平八郎は生きている」と動乱は全国に波及した。

天保8年の権右衛門メモにはこうある。「去年は大悪作で、御奉行様が9月25日に和泉村に御出で遊ばされ、川西（砺波郡の小矢部川の西側）の村々の代表として開発村と山本村の2カ村を御見分なされた」「この年は御領国へ29万7,600石の一作引免代として御収納御用捨を仰せ付けられ、うち4万9,000石を砺波郡、うち6,000余石を太美組、うち266石7斗9升1合を当村へ仰せ付けられ、11月25日に田中村得能覚兵衛殿より申し渡しがあった」。

藩の年間収入とほぼ同額の被害が出たような書き方だが、実態がよくわからないので、ほかの史料を当たってみると、例えば福光町史にはこの年「御領国御貸米19万6,700石余、さらに御貸米3万石余を追加、福光へ815石1斗5升」と書いてあり、氷見市史には「射水郡内の村々に総計2万4,000石の御

貸米および 2,000 石の変地償米（変地とは災害で土地が不毛化したこと）が認められた」と記されている。どうやら藩は収納できなかった年貢米のほとんどを「御貸米」としたようである。

　加賀藩にはいろいろな貸米制度があったが、それぞれに御算用場が（村ごとの累積数量を）計算し、毎年「返上米」として取り立てていた。しかし貸米がこんなに増えてちゃんと返せる村はあるのか。案の定、天保 10 年になって「領内の御貸米返上額のトータルを 1 年分 2 万 6,000 石」と定め、この額を一定とし、惣高割（村高の大きさに比例分配）によって各村から毎年徴収することになった。

　天保 7 年の悲惨さは藩士たちももろに被った。13 代藩主斉泰は天保 8 年 6 月、財政の穴埋めを図ろうと家中に「半知」を命じた。秩禄 200 石以上の藩臣から収納米（給米）の半額を借り上げたのである。借知につては前々から実施していたが、50 ％という非常措置は初めてである。同 10 年まで 3 年間継続されたが、給料を半分に減らされては日常のまかないだけでなく奉公人の身のふり方まで心配しなければならなかった。

奥村栄実の天保の改革

　江戸幕府は老中水野忠邦に「天保の改革」を任せたが、加賀藩では八家の一人、宿老の奥村河内守栄実を登用した。栄実は天保 8 年、家中に半知が断行された直後から改革に取りかかったが、まず徳政的な仕法で対応した。というよりも疲弊した百姓と家中の武士たちを目の前にして、そう対応せざるを得なかったのであろう。

　改革は借財方、収納方、高方、地盤方と 4 方面から各種の仕法およびその細則が定められたが、ここでは農村、とりわけ百姓個人に対する徳政的な施策を取り上げる。

　まず「借財方仕法」として以下の原則を定めた。

1．百姓の町人からの借物は一切帳消しとする。

2．百姓相互の貸借は、無利息のものや肥料・農具代の掛貸借は年賦償還とするが、利息立ての分は帳消しとする。

その上で行った「高方仕法」のうちで主なものは、

3．「質入高」は違法であり、「下切高」（村役人・十村らの許可を得ていない切高）も禁制であるから、いずれも藩がいったん没収する。ただし、質入れ後も元高主が耕作して高取人が作徳米だけ受け取っているケース、また、下切高の場合でも高取人が耕作せず諸税・諸懸りも納めていないケースについては、いずれも元高主へ無償で返す。

4．懸作高のうち、他村の百姓に切高したものは、礼代代銀（販売した時の代金）を切人に出させ、追々本村に引き取らせる。

5．懸作高のうち、享和2年以後町人へ切高した分は、藩が没収する。

　奥村栄実はこの高方改革を厳格に実行し、没収すべき高をきちんと没収した。とりわけ強烈だったのは、5項であった。『加賀藩・富山藩の社会経済史研究』（水島茂著）によると、当時の砺波郡の一区域（北は高岡付近、南は津沢あたり、東は千保川辺り）で主に石動商人と高岡商人が懸作所有していた高を調べたところ、前者の没収地高は1,400余石、後者は2,800余石に及んだ。能登や射水郡内の持高を含めると、高岡商人の福岡屋清右衛門は一人で約3,000石、手崎屋彦右衛門は717石余も所有していたが、それを一気に失った。水島氏の推定では、城端商人や氷見商人を含む砺波・射水両郡全体では没収高が「1万石をはるかに超えていた」とみる。

　だが、ここで注意すべき点がある。善右衛門などの福光商人および福光新町商人などが所有する懸作高は没収の対象にならなかった。福光や福野、井波、出町（砺波市）などの商人は郡奉行所の監督下にある「村」や「町立て」の住民であり、町奉行所が管轄する「町」の商人ではなかったからである。つまり、広瀬舘村の懸作高についてはほとんど強制取立の対象にはならなかったとみられる。

やっと懸作対策

奥村栄実の改革でもう少し吟味しておきたいことがある。

質入高も下切高も基本的にはずっと以前から違法行為だった。百姓が藩以外から借物をしてはならないとする「脇借の禁止令」は明暦３年の改作法制定以来の決まりだったはずだ。それを今になって規制を緩和するような規定を設けたのは、禁止令が有名無実になっていた実態を認めたうえで、親作であれ小作であれ、あるいは高取人・元高主にかかわらず、高にかけられた諸税をすべて完納してくれる者を確保したかったからだ。

一方の懸作高対策については「耕作能力に余った高は（だれに）売ってもよい」とした元禄の切高仕法の原則を否定する大転換であった。既に町人の懸作高については享和元年（1801）に「これ以降、町居住の者の取高は禁止する」と定めており、それを厳格適用したといえばそれまでだが、「藩が取り上げてしまうというのは影響が大きすぎる」と城端・今石動・高岡・氷見らの町人らが一斉に緩和策を願い出た。が、御算用場はそれらをすべて却下した。

また、多くの村に影響を与えたという意味では、上記４にあたる「他村百姓への切高の買い返し」推進策の方が大きな意味があったといえるかもしれない。奥村は、懸作こそが百姓の耕作意欲を削ぐ元凶とみたのではないか。しかも、買い返しや御縮高の返還にあたっては、できるだけ下層百姓に手厚く再配分し、村の持高構造を平均化させようとしたともいわれる。

懸作問題は土地を他国人に売ることの剣呑さを示唆しているようでもある。

赤字１３万５千石

天保大飢饉後にあたる天保11年の藩の財政状況がわかるので紹介しておく。田畑勉氏の論文『加賀藩財政と産物方政策の動向』による。

〈現米部門〉

- ・収入…貢租収納米23万2,875石、諸貸付返上米2万7,340石、家中借知米6万1,000石、計32万1,215石

・支出…定式渡米（藩の経常費用）9万7,995石、別除米・貸米など農民救済米4万127石、大阪廻米5万1,000石、江戸・大坂年賦米など藩債返済米14万3,800石、その他諸経費7万1,074石、計40万3,996石
・差引…8万2,781石の赤字
〈現銀部門〉
・収入…大阪廻米払代銀2,805貫、諸方土蔵上納銀（小物成銀など雑税）4,330貫、算用場上納銀（算用場が藩領内で支出した米で得た銀）3,000貫、計1万135貫
・支出…領国経費4,800貫、江戸経費7,300貫、京・大坂経費700貫、計1万2,820貫
・差引…2,685貫の赤字

　これによると、現米部門ではいわゆる年貢米として藩に入ってくるのは23万石程度で江戸時代中期と変わらない。過去の貸付米を取り立てた「返上米」と藩士からの「借知米」を加えてようやく30万石台にした。しかし14万石余という過大な債務の返済米を計上し、大幅な赤字を余儀なくされた。

　また、大阪への廻米が5万石規模に落ち込んだため、現銀部門でも廻米代銀収入がガクンと減り、江戸での経費が急増したことも相まって赤字を計上した。

　以上の現米・現銀部門を合わせた天保11年の赤字総額を当時の米価によって換算すると、米高にして約13万5,000石、銀高にして約6,800貫になるという。

　なお、藩がこの年に抱えていた累積債務高は不明であるが、天保6年時点では領内で銀7,486貫余、大阪で銀6万8,467貫余、江戸で銀1万5,902貫余、計9万1,855貫余であった。

第8章 御仕立金の行方～幕末・明治時代初期～

広瀬舘村の御仕立金

時代はいよいよ幕末に入った。この時点から本書が最初に抱いたナゾ、すなわち広瀬舘村がどのようにして極貧御仕立村になったかを私見を交えて解明していきたい。

まず御仕立村になった広瀬舘村に対する藩からの支援内容を振り返っておく。湯浅権右衛門の古暦メモによると、支援期間は弘化3年（1846）から嘉永4年（1851）の足掛6年、丸5年。支援金額は以下の2本立てだった（弘化5年2月28日に嘉永に改元）。

1．屎代銀の貸付……5回計15貫785匁。当初の2回は2月貸付・11月返済。後の3回は2月貸付・年賦払い。米1石60匁とすれば計約263石に相当した。

2．御仕立銀の支給…4回計3貫344匁余を各年12月支給。さらに特別支給22貫500匁が嘉永3年3月。前4回は米に換算して計約52石、後者は約375石、合わせて約427石に相当した。

権右衛門は弘化4年、藩に御仕立を願い出た理由についてこのように述べている。「元々、延御払米（以前の上納未進分で、算用場から延べ払いにしてもらっている年貢米）が90石余あり、それを31石余ずつ3カ年で返上することになっている。それにプラスして当年の上納分（400石以上）がある。しかし、請田百姓らは困窮し小作料もまともに払えない。これまで彼らの分を負担してきた高持百姓自身が潰れてしまった。」

羽咋郡東野村

　極貧村御仕立仕法の実例を第 1 章では羽咋郡町屋村で紹介したが、広瀬舘
に先立って適用された同郡東野村の「御仕立代り仕法」によって、改めてこの
仕法について考えてみたい。

　押水村史によると、東野村の草高は 146 石（免は 5 ツ 2 歩）であったが、
天保 12 年当時、そのうち居村百姓の持高はたったの 6.783 石（4.6％）しかなく、
他村百姓の所有となった懸作高が 94 石（64.4％）、藩に没収された御縮高が
45.217 石（31.0％）という超貧困状態に陥っていた。

　「代り仕法」という意味は不明であるが、この村が天保 12 年 8 月に藩に提
出した極貧村御仕立方奉願帳によると、願い出たのは①引免 1 ツ②仕入米 32
石③開作のための馬 10 疋の購入代金④懸作高買い返しのための代銀 2 貫 100
匁の給付であった。仕入米とは村の立て直しに必要な農作業や工事にかかる人
夫の食料米のことである。

　だがこれに対する有額回答がなかったので村は天保 14 年 5 月に再度願書を
提出した。その際、①と③を要求から外し、②の仕入米は家を持たぬ 4 人へ
の支援銀 80 匁に変更し、④は買返高 38 石分の代銀として銀 950 匁を下付し
てほしいという願いにかえた。その結果、懸作高計 94 石のうち 20 石は 1 人
の百姓が自力で買い返し、36 石は篤志の懸作人が無償で返還してくれたので、
残り 38 石の買返高は要求通り藩が肩替わりしてくれた。また御縮高 45 石余
もそのまま無償で村に引き渡されたので、36 石＋ 38 石＋ 45 石余＝ 119 石
余を居村百姓 19 人で配分できることになった。

　この東野村の実例と、天保の改革時に一般的に実施された高方改革との一番
大きな違いは何か――それは「懸作高買返し」の方法である。極貧村御仕立仕
法が適用されない改革の場合、懸作高を居村百姓に返還するよう藩が求めたか
らといって、居村百姓自身が（切高時と同額の）礼米代銀を用意できなければ
買い戻しはできない。町方商人に渡った懸作高であれば問答無用で藩が剥ぎ取
ったが、近村の百姓の手に渡った高を無償で取り返せるわけではないのだ。東

野村の一人の懸作人のように 36 石を無償で返してくれた百姓ばかりなら助かるが、実際はそうはいかない。

　だが、ここで極貧村御仕立仕法が適用されると、この買返し代金が藩から無償でもらえるのだ。この特別措置がこの仕法最大のメリットだったと思われる。

　ただし東野村の場合、実際の 119 石の配分結果を見ると、19 人の百姓それぞれの持高に上段・中段・下段という差を設け、請作力・資力・労働力なども考慮されたためか、上に厚く下に薄くなった。「村の全員が小作人という状態から解放されたとはいえ、下段百姓は 2，3 石の持高しか与えられず、彼らは貧農であることに変わりはなかった。しかも、（①や③の要請を取り下げさせ）土不足または地味劣り、あるいは元々定免が高過ぎるという地盤方の事情に何らの手当てをしていない。これでは東野村が十分に立ち直ることができなかったのではないか」と高澤裕一氏はみる（『加賀藩の社会と政治』）。そもそも東野村は草高 146 石に対して当時の生産能力は 115 石余りしかなく、豊作でも米不足を免れない状況にあった。特別仕法を適用されても、実際に再建にたどり着ける村はそう多くはなかったのである。

黒羽織党の改革

　ここで広瀬舘村のケースに戻ろう。最初の疑問は、第 1 章でみた町屋村や今回の東野村のように、藩へ提出すべき極貧村御仕立方奉願帳が広瀬舘村に残っていないのはなぜだろうか――思うに、広瀬舘村にはそれが残っていないのではなく、元々なかったのではないか。というのは、奥村栄実は天保 14 年（1843）8 月に死去し、かわって年寄役の長連弘を中心とする「黒羽織党」が嘉永 2 年（1849）年から藩の政権に就いた。ところが、この政権交代の過渡期が長く、また施政方針が変わったことで一部の行政手続きが変更された可能性があるからだ。

　黒羽織党は産業奨励派・重商主義派といわれる。栄実が復古色の強い改革を行ったのに対し、栄実の論敵といわれた上田作之丞の主張を入れて産物や海運

などに力を入れた。といっても年貢米収入は封建社会の基本中の基本であり、健全な手作地主を確保して年貢の増収を図るという基本方針に変わりはない。そこで黒羽織党は百姓や町人から取り上げた御縮高などの呼称を「御仕法高」と改め、その管理を金沢の御算用場から「郡」に移行した。経済・行政の効率化を求めて、一部分ではあるが、御郡所（郡奉行所）による独立採算的経営を導入したのである。

　郡に管理させるといっても、具体的には十村に任せることであった。プールした御仕法高の運用で作徳米を得、それを郡の一般経費や用水普請費用、貸付米などに使い、極貧村御仕立資金もそこから出せるようにした。だが郡だけが太っても意味はない。百姓を自立させ、プールした御仕法高を村人に買い返させなければならない。そのような管理を効率的に差配できるのは郡奉行や改作奉行ではなく十村だった。

　黒羽織党に政権移行した嘉永2年当時の砺波郡の御郡所は杉木新町（現在の砺波市）にあった。文政4年（1821）に藩主斉広によっていったん廃止された改作奉行や十村の制度は、既に天保10年（1839）奥村栄実の時代に復元されていた。砺波郡の十村らは昔に戻って杉木新町の「十村相談所」によく集まっていた。この十村相談所とは寛文6年（1666）に設置されたもので、歴史が古く、毎月金沢から出張してくる算用者との情報交換の場でもあった。御郡所のすぐ近くにあり、十村らはここで実質的な郡の経営権を握ったのである。

　思うに、江戸時代末期に至って加賀藩の財政は極度に疲弊し、肝心の農政の組織体制にもガタが来た。現場は十村任せともいえるような状況に陥りつつあったのではないか。

得能覚兵衛

　広瀬舘村が御仕立村になった当時の太美組の十村は得能家11代の小四郎で、父の覚兵衛が文政4年（1821）から天保9年（1838）まで務めた後を継いでいた。

　この得能家の歴史も古い。南北朝時代に越後金ヶ崎城から石黒荘に逃れた

伊予出身の得能家の末裔といわれる。石山合戦で教如に付いて戦ったのち文禄3年（1594）ごろは田中村の溝口四郎兵衛家に身を寄せていたが、慶長9年（1604）得能三右衛門が初めて十村役に選ばれた。以来代々十村役をつとめてきたが、10代覚兵衛は歴代の得能家の中でも傑出した人物といわれ、文政9年（1826）に砺波郡惣年寄役に任ぜられた。安政3年（1856）には「諸郡御用棟取」という加越能3州の十村筆頭の栄誉を受けた。

　つまり覚兵衛は小四郎に太美組の十村を譲ったあと、引退したわけではなく、むしろ無組の御扶持人十村として格が上がり、砺波郡の十村相談所内では親分ともいえる存在だった。だから嘉永3年（1850）3月に広瀬舘村の村役人が「得能様」の屋敷に呼ばれ、「御仕立銀22貫500匁」を情報開示された時の得能様というのは小四郎でありかつ覚兵衛でもあったのだ。覚兵衛の実力を以てすればこの認可は十分可能だった。天保年間に彼は広瀬舘村の隠し田を暴いたこともあり、村の何もかもを知っていた。

　こうみてくると、広瀬舘村に特別な御仕立金が支給され、それが明治期に日の目を見た顛末のキーパーソンはこの覚兵衛だったと想像される。黒羽織党が御仕法高の運用権限を御郡所（十村）に付与した直後のタイミングでこの特別措置が決断された。願書提出の手続きも御算用者がやるような仰々しい方式ではなくなっていたのではないか。覚兵衛が広瀬舘村の22貫500匁の御仕立金を決めたのは、「一件記」に書かれた弘化4年ではなく、やはり権右衛門メモにある嘉永3年だったのであろう。

御仕立金はなぜ残ったか

　ところが得能覚兵衛に認められたこの大金を広瀬舘村は使わなかった。郡の御司法高の帳面に記載されたまま明治時代を迎えたのである。これが最後のナゾだ。

　ペリーが浦賀に来航した嘉永期から江戸幕府大老井伊直弼の大獄事件が起きた安政期にかけて日本の政情不安が高まった。なかでも安政5年（1858）は大地震と凶作の年としても記憶されている。7月11日夜、2,000人ほどの男

広瀬舘の村人は、むしろ旗を立て、カーンカーンと
鐘を叩き「ひだるい（ひもじい）」と言いながら広
瀬城に登ったという。

女が金沢・卯辰山に集まり、「ひだるい（ひもじい）、ひだるい」と2晩続けて泣き叫ぶ奇怪な出来事が発生した。その異様な動きが石川郡から越中では今石動、高岡、氷見、戸出、井波、福野、福光と加賀藩中に伝播し、「声あわせ」と同時多発的に商人・富豪の家の打ちこわし事件が各地で発生した。

　福光では7月17日の夜12時ごろ、どこの誰かわからない者たちが50〜60人、西町の粃屋(ひぎや)に現れ、翌18日の夜は暴徒となって天神町方面から本町の組合頭油屋善吉宅に侵入した。福光の古記録に「犯人は加賀の山手の農民だったらしい」と書かれているが、真偽は不明だ。

　この騒擾事件は「反封建闘争」とも評されるが、加賀藩250年で未曾有の大変事、大一揆となった。結局7月11日の金沢から8月2日の輪島の打ちこわしまで約20日の間、領内の隅々まで蔓延した。石川県史はその原因について、「武士階級の困窮を救うため銀札1万貫を増発（安政3年）したことをきっかけとして、それに続く米価騰貴、気候不順、農村および都市の小前の者の窮迫であった」としているが、電話もラジオもない時代に、あっという間に情報が村々に伝わる何とも薄気味悪い事件であった。

　こうした激動の時を経て銀22貫500匁はどうなっていたのか。遣い道はどこにでもあったはずだ。

　権右衛門メモを再チェックしよう。まず、彼の要請に基づいて広瀬舘村に極貧村御仕立仕法の認可が下りたのは弘化3年（1846）2月であった。翌4年2月に第1回屎代銀の貸付け、11月に第1回目の御仕立金銀の支給がなされた。そして弘化5年（嘉永元年）権右衛門は24年間つとめた肝煎を辞め、コンビを組んでいた組合頭の権助も同時に引退した。新任の村役人から「得能覚兵衛・小四郎の帳簿に銀22貫500匁のことが記帳されている」ことを知らされたのは翌々年の嘉永3年のことだった。これまでの再検討により、覚兵衛はこの年に御仕立金の大増額を決断した後すぐ間接的ではあるが権右衛門に知らせていたことになる。

　この間の事情や細かい経緯は何もわからない。だが、甚三郎に帳面を見せられた半右衛門・与三市らの後任村役人には、そこで起きた事態をよく認識で

228

きなかったのではないか。あるいはこの大金を「貸付」だと誤認して、金利の付くお金には手を出さなかったのかもしれない。そうして、結局は砺波郡御郡所の御司法高帳に残ったまま明治期に至ったと判断される。

　なお、明治〜昭和期、夏目漱石や西田幾多郎と終生親交を持った哲学者得能文は小四郎の孫で覚兵衛の曾孫だった。

米から円へ

　明治2年（1869）、第14代加賀藩主前田慶寧は明治新政府の要請に従い、版籍奉還を願い出た。版とは版図（領地）、籍とは戸籍（領民）のことだ。さらに同4年の廃藩置県を経て藩がなくなり、「年貢」がなくなり、長く続いた日本の封建社会が幕を閉じた。政府は「村々の土地はすべて百姓の持地である」ことを明らかにした。何人にも土地の私有を認めて百姓になれるようになり、百姓・小百姓・頭振などの差別も廃止された。

　そして土地の所有者には一筆ごとに「地券」が発行され、土地の収穫力に応じて決められた「地価」がそれぞれ表記された。さらに地価を基準とする全国共通の税率（明治6年3％→10年2.5％）が定められ、米にとって代わった新たな貢租「地租」を新貨幣「円」で納めることになった。

　加賀藩の明治2年における累積債務は銀換算して7万159貫145匁であった。内訳は大阪借財約2万7,000貫、東京借財約2万5,000貫、地廻借財約1万8,000貫だった（小松和生氏の論文『加賀藩改作法体制の崩壊過程』による。1石約70匁で換算）。藩がかかえた債務処理をどのように行うかはどこの藩も全くお手上げで、新政府に任せるしかなかった。結局、廃藩時の債務は新政府発行の公債という形で吸収された。その際、「古債」（天保14年以前のもの）、「旧債」（弘化元年〜慶應元年のもの）、「新債」（明治元年以降のもの）に分類され、古債はすべて棄損された。広瀬舘村の御仕立金はギリギリのところで旧債に認定され、砺波郡仕法銀の帳簿の中に残った、と思われる。

　ちなみに、明治4年の各藩の藩債高を比べると、名古屋藩の412万6,375

円を筆頭に秋田藩、津藩、山口藩、和歌山藩、福岡藩と続き、加賀藩は全国 280 諸藩の中で 7 番目の 198 万 8,097 円であった。

御仕立金を運用

御仕立金の行方を追っていこう。明治新政府の地券交付が完了したのが明治 14 年（1881）であった。その翌年には日本銀行が創設された。ちょうどその頃の日付で、「明治 14 年 12 月上旬ヨリ　御仕立金品々帳　砺波郡広瀬舘村」と表書きした帳面が湯浅家に残されていた。何とこの年から同 23 年 4 月まで、あの御仕立金を広瀬舘村が預金・運用していたのだ。

【広瀬舘村のデータ 12】＝「明治 14 年 12 月上旬ヨリ　御仕立金品々帳」
　　　　　　　　　　　＝下記はその 1 頁目
　　　　　　　記
一．金五百六拾弐円三拾八銭三厘　　明治十四年十二月上旬杉木新<u>仕法社</u>より
　　　　　　　　　　　　　　　　　　引下ヶ金高

　　　内
　　　　五拾円　　　　　　　　　　御本山へ上納
　　　残ル
　　　　五百拾弐円三拾八銭三厘　　<u>津澤社</u>ニ預置金高
　　　外ニ此利子
　　　　九拾八円三拾七銭七厘　　　明治十四年十二月上旬ヨリ一ヶ年分
　　　右元利
　　　　六百拾円七拾六銭
　　（以下略）

〈分析〉

1．重要なのは最初の1行目。明治14年（1881）12月、広瀬舘村は562円38銭3厘を杉木新の「仕法社」から引き下ろした。運用はここから始まっている。銀22貫500匁÷562.383円＝40.008匁となり、1円はピタリ銀40匁とカウントされている。ということは、新政府によって公債（旧債）として処理されることになった御仕立金は、この年になって銀40匁＝1円の交換比率で村に全額償還された。そう考えるのが最も合理的だろう。

2．杉木新の仕法社とは何だろうか。杉木新とは砺波郡の御郡所と十村相談所があった杉木新町（現砺波市）である。だが、仕法社とは何なのか。いろいろ調べるうち、昭和24年発行の『出町のあゆみ』（出町史編纂委員会）という本に出会った。出町とは今の砺波市の中心地である。この本の中に、明治13年に預金貸金業を始めた「慈芳社」という株式会社が発足した、とある。慈芳社はかつての十村相談所があった建物を使い、その前身は砺波郡仕法銀であるという。これはかつて加賀藩から御仕法銀の管理・運用を引き継いだ十村たちの拠点そのものではないか。広瀬舘村の村役人たちが仕法社といったのは、この砺波郡仕法銀を前身とする慈芳社だったのだ。

3．慈芳社からさらに興味深い事実が分かった。砺波郡仕法銀時代の主たる取扱人（取締役）のほとんどが旧十村で、中に得能小四郎の名もあった。旧十村からの拠出金を募って株式会社慈芳社になったとき、福光関係では和泉村の十村だった石崎彦三郎も出資者に加わっていた。慈芳社は純益金の多くを病院建設、高瀬神社・金沢尾山神社維持費、招魂碑建設など各種公益事業に寄付した。有名なのは時鐘を鋳造し、出町に鐘楼を建てたこと。普通の民家にまだ時計のない時代に1時間毎に時報を打ったという。出町のあゆみを引き継いだ砺波市史によると、明治14年8月某日午前1時、慈芳社に刀をもった6名の賊が押し入り、4人の宿直員中の一人石崎彦三郎に重傷を負わせ、200円を奪って逃げたという。彦三郎はこの傷がもとで同月末に死亡した。

4．石崎彦三郎は福光地域の十村御三家（石崎・得能・伊東）の一人であった。和泉村の石崎家が十村役を命じられたのは寛永12年（1635）の2代目市

右衛門からで、11代彦三郎まで220年余りになる。御扶持高25石、持高800石だった。彦三郎の子12代彦多郎は富山県議会議員を辞職後、父の叔父にあたる福光の9代和泉屋善右衛門（和善）と組んで廻船業に乗り出した。明治21年（1888）フランス船「ギーロン号」（第一石崎丸、1,107トン）を買い入れ、我が国で勃興途上にあった海運事業に参入した。だが、同24年ギーロン号が九十九里浜沖で濃霧のため沈没、当時福光の産業界をリードしていた善右衛門家とともにこれを機に勢いを失った。

5. 広瀬舘村では14年に慈芳社から引き出してきた562円余からまず本山（京都・東本願寺）に50円を上納し、すぐに「津沢社」に預金した。この津沢社とは、明治16年当時県内に約17社あったといわれる貸預金会社（銀行類似会社）のうち、津沢（現小矢部市）にあった修育社のことではないかと思われる。

6. 村ではこの修育社に預けた資金を明治23年まで10年間運用した。「御仕立金品々帳」の1頁以降に記載されていたのは以下のような内容だった。

・御本山へ50円、30円、20円と何度も上納した。

・川原長兵衛へ300〜400円台の大口貸付を何度も行った。長兵衛は隣の小坂村で代々「薬うなぎ（練薬）業」を営んでいた。小矢部川のヤツメウナギに薬草を配合したもので、福光町に専売店「家伝鰻屋之房」を持ち、満州・樺太・沖縄にまで販路を伸ばした。「昭和6年の年間売上高は6,000円（米883俵分）」との記録が福光町史に残っている。

・明治17年、広瀬舘村は訴訟の和解金として272円50銭の支払いを行った。これは檜の先川の水利権をめぐって上流の広瀬舘村と小山村が川下の竹内四ヶ村から「きちんと水を流してくれない」と提訴された裁判。和議となったが示談金をこの御仕立の中から支払った。

・明治17年、村営の義倉蔵を新築した。義倉とは飢饉に備えて穀類を蓄えておく倉庫だ。天保5年、加賀藩は各十村組に蓄米を命じて備荒倉の建設を命じたことがあったが、広瀬舘村は御仕立金資金を活用して自前でこの蔵を建てた。

・明治18〜19年、地域の小学校「精義小学校」の建設・運営資金計230

円余を寄付した。

・近隣村を含む百姓で、糸・布など農業以外の事業を行う者への資金貸付を
　行った。

　以上、多額の支出や融資を行い、御仕立金を活用し続けた。こんなに使って
元金がなくならないのかと思うが、当時の貸付・預金の利子・利息は高かった。
品々帳1頁目に書かれている津沢社へ預金した時の年利を計算すると19%を
超える。

御仕立金を分配

　こうした運用ののち明治23年（1890）に残ったのが421円49銭1厘だ
った。前年の4月、全国で市制・町村制が施行され、広瀬舘村、祖谷村、小坂村、
南谷新村、青柴新村の5ヵ村が合併し新たな「広瀬舘村」ができた。この機に、
この御仕立金の残余を旧広瀬舘村の関係者に割当・配布することになったと思
われる。
　このため開かれた村人総出の集会記録が第1章で冒頭部分を紹介した。「御
仕立金割當一件記」だった。多少重複するが、7行目以降の記載内容を分析し
てみよう。

【広瀬舘村のデータ13】＝明治23年4月10日「御仕立金割當一件記」

一．　金四百弐拾壱円四拾九銭壱厘ノ内七拾三円、一戸ニ付金壱円宛配分仕候
　　事ニ相定，但シ惣戸数七拾三戸、残金三百四拾八円四拾九銭壱厘地價ニ割
　　當仕事ニ相定、就テハ後日為凶窮年、地租拾円ニ付籾四升弐合四勺五才宛、
　　此末無滞義倉蔵ニ納上仕度事ニ決定候事

砺波郡広瀬舘村

〈分析〉

1．これが集会で決議した分配金の約定部
　分である（判読不能個所2字分省略）。
　残金421円49銭1厘を関係者にどの
　ように割り当てるかを決めた。

一件記

　①最初に「カマド当り」配当として、
　　村に家を持つ居住者73人に対して
　　1人当たり1円を分配する。

　②その残りを「地価当り」配当として、
　　村に田畠を持つ者（＝地租納入者＝
　　かつての高持百姓）に対して、それ
　　ぞれの地価額に応じて分配する。

　③後日の凶窮年に備え、「地価当り」の
　　配当を得た者は地租10円に付き籾米4升2合4勺5才を義倉蔵に納める。

2．この「一件記」には関係者全員が合意したことを示す90人の捺印があり、
　それに続いて配当金受領者102人の領収文書がついている。個人別にそれ
　ぞれ「地価当り」「カマド当り」の配当をいくら領収したかが捺印付きで記
　されており、この結果をまとめると以下のことが分かった。

　①広瀬舘村の居村民は89人（世帯）で、そのうちカマド当り配当だけの者
　　が13人、地価当り配当者は76人いた。

　②地価当り配当者76人のうち、カマド当り配当がない者が16人、両方の
　　配当を得たものが60人だった。つまりかつての高持百姓にあたる76人
　　の百姓のうち16人は親や息子などの家に同居していたことになる。

　③上記の居村民の他に13人の他村民がおり、それぞれ地価当り配当を得て
　　いた。かつての懸作百姓である。

　④結局、御仕立金運用残金の配当者は居村民89人＋他村民13人＝102人で、
　　江戸期の高持百姓に当たるのは居村民76人+他村民13人＝89人だった。

3．広瀬舘村では地租改正が実施される直前の明治3年10月19日に最後の
　「碁盤割り」を実施した。これは江戸時代を通じて各村で実施されてきたい

234

わゆる「田地割り」のこと。経年による地味の変化で持高と収穫高の割合に差が出てくるのを調整するため、高持百姓間で耕作地の割り替えを行う制度だ。地租改正が行われる前に、最新の価値判断に基づいて納得できる高所有地を確定しておきたかったのであろう。

最後の持高帳

こうした経緯を踏まえて配分された「地価当り割当金」を元に、広瀬舘村最後の持高状況を類推することはできないだろうか。地価当り割当金を受け取った各個人について、地価当り割当金総額に対する比率を求めることによって、その比率を村高（810.54 石）に掛ければかつての個人別持高を推定できる。もちろん維新後の地価とかつての持高とはきっちり正比例してはいない。だがその誤差を捨象してもおおよその持高を換算することができるだろう。そうした各人の持高推定値を階層別にまとめたのが次頁の「明治 23 年の持高推定表」である。比較のため天保 6 年の持高表を再掲載したが、明治 23 年分はあくまでも筆者の仮想推定値であることをお断りしておく。

【広瀬舘村のデータ14】＝明治23年広瀬舘村の持高推定表

持高	天保6年				明治23年(推定値)			
	百姓(人)	居村比%	持高計(石)	全村比%	百姓(人)	居村比%	持高計(石)	全村比%
1石未満	9	17.3	2.769	0.3	28	36.8	3.591	0.4
1石～5石	10	19.2	24.215	3.0	18	23.7	50.187	6.2
5石～10石	7	13.4	49.969	6.2	11	14.5	84.622	10.4
10石～20石	9	17.3	122.939	15.2	6	7.9	91.443	11.3
20石～30石	12	23.0	299.174	36.9	3	4.8	69.323	8.6
	（与三市29.980）							
	（市右衛門27.225）							
30石～40石	2	3.9	65.274	8.1	5	6.6	167.629	20.7
	（半右衛門35.197）				（権右衛門31.564）			
40石～50石	3	5.8	128.926	15.9	1	1.3	43.626	5.4
	（権右衛門45.179）							
	（権助42.567）							
50石～60石					3	4.0	161.626	20.0
					（半右衛門55.132）			
					（権之丞52.362）			
60石～70石								
70石～80石								
80石以上					1	1.3	88.773	11.0
					（市右衛門88.773）			
居村百姓計	52	100.0	693.266	85.6	76	100.0	760.820	94.0
居村平均持高			13.332				10.011	
懸作百姓計	11		116.624	14.4	13		48.646	6.0
	（善右衛門53.888）							
全村計	62		809.890	100.0	89		809.466	100.0

(注1)明治23年には「高」という単位は存在しないが、「地券」の所有者を江戸時代の高持百姓と
　　　見立てて推定される持高を計算した。各人の推定持高＝各人の地価当り配当金額÷村全
　　　体の地価当り配当金額(348円49銭1厘)×村高(810石5斗4升)と計算した。

(注2)明治23年には家はあるが耕地を持たない居村民(カマド当り配当のみ)が13人いた。
　　　つまり全居村民数は表に掲載された76人＋13人＝89人いたと推定される。

(注3)明治23年には市右衛門が代表して受領印を押した35人分計0.040石高推定の地価当り
　　　配当があったが、これを懸作百姓1人として計算した。

〈分析〉

1. 天保 6 年と比べて百姓数は急増した。大飢饉前の人数に戻るとともに、階層分化も再び顕著になっていた。5 石未満の請作・小作的経営層とみられる人数が全体の 6 割を占める。一方で 30 石以上の自作・卸作層が 10 人と天保 6 年から倍増し、持高比率は村全体の 50% を大きく上回っている。再び村内外からの入百姓が増えると同時に、村内での高の分割・集合が進んだためとみられる。

   なお、この表に出ていない居村者が 13 人いた。カマド当り 1 円だけの配当者が 13 人いたからである。

2. 次に注目されるのは、懸作高が全体の 6% にまで下がったことだ。天保 6 年まで長期間存在した善右衛門の 54 石近い懸作高がそっくり無くなったのがその理由だろう。善右衛門の懸作高を買い返すのに御仕立金を使った形跡がないので、誰かが自力で買い返したことになる。表を見る限り、それを行ったのは天保 6 年の持高 27 石余から 90 石近い大高持になった高坂市右衛門であろう。市右衛門家は嘉永期以降広瀬舘村の組合頭を務め、表の（注3）から想像されるように何人も雇用して蚕糸業などに取り組んでいた。福光村で蔵宿や布・糸の大店を構え、その後は海運業にも目を向けた大富豪善右衛門（和善）とはつながりが深かったと思われる。

ところで、広瀬舘村には明治期、村の自治に必要不可欠な万雑の集金がなかったという。万雑という名で集めなくても御仕立金の運用と義倉蔵に蓄えた籾米で賄ったのである。義倉蔵は明治 17 年、将来の飢餓に備えて建設されたものだったが、当初は籾 25 俵を貯蔵し、不作年に備えた。御仕立金を処分した同 23 年は分配金を受け取った者が籾を補充した。必要時に籾を換金し、困窮者の救済や村道の改修工事などに充てた。こうした万雑徴収なしの自治が広瀬舘村では明治 41 年の蔵の売却まで続いた。

封建時代の終焉〜新円が消し去った巨大な債務〜

　広瀬舘村では御仕立金の清算を待っていたかのように北海道移住が続出した。明治24年、北海道庁が「団結（団体）移住」を奨励し、小農育成に重点を置くようになったからだが、明治33年までの10年間に福光地域全体では4,085人、広瀬舘村（旧村より合併・拡大していた）からは327人（男162人・女165人）もの人が移住した。湯浅権右衛門家や権右衛門の次の村肝煎をつとめた加藤半右衛門家からも新天地を求めて北海道に渡った者が出た。

　明治政府は北海道の開拓を富国強兵・殖産興業政策の一環として推進した。新政府誕生と時を同じくして開拓使を置くなど（初代長官は佐賀藩主鍋島直正）当時の政府予算総額に等しい膨大な国費をつぎ込んだ。内地から移住者を集めないと達成不可能な大事業だったからだ。日本全体でみると、明治15年から昭和10年までの本土からの移住戸数は71万7,424戸に達し、そのうち北陸4県（富山・石川・福井・新潟）からは21万5,958戸と総数の3分の1強を占めた。

　広瀬舘村の世帯数は明治5年（1872）の統計で75戸（うち7戸は同居）、人数は365人（男184人・女181人）だった。123年前の寛延2年（1749）は262人（男140人・女122人）だったから人数的には4割方増えたことになる。そして平成4年（2022）3月1日現在の南砺市舘の世帯数は47戸、159人（男75人・女84人）で、明治維新後の150年間で半数以下になった。この減少傾向は広瀬舘村だけでなく北陸の純農村地帯の歴史を反映したものといえるだろう。

　加賀藩の最後に目を向けてみよう。藩債の一滴が広瀬舘村に落ちたように、幕藩体制下で溜まりに溜まった各藩の借財は新政府が発行する莫大な公債に吸収された。武士の社会も解体された。藩主から知藩事となった前田慶寧の家禄は石高の10分の1に当たる6万3,688石と優遇された。一般藩士の給禄は1割程度に削られたうえ明治8年には貨幣による金禄に変更され、同9年には

それ相当額の公債証書に切り替わった。公債には期限があり、そこで給与は終了。多年にわたった禄高制度が消滅した。

　新しく誕生した各県の財政も収支が大幅なマイナスに陥ったが、政府はこれらを円・銭・厘の新貨幣の発行で巧みに吸収していった。その新貨幣制度も名称こそ兌換貨幣であったが、政府の用意した金・銀の量が少なく、事実上は不換貨幣だった。しかも明治10年には西郷隆盛と新政府軍との西南戦争が勃発し、大量の不換紙幣をバラまいてインフレが昂進した。明治14年（1881）大蔵卿となった松方正義はこの紙幣整理に取り組み、翌年日本銀行を設立し、兌換制度を確立するなど大ナタを振るった。加えて増税によって財政赤字を減らしたため今度は通貨が縮減し、インフレからデフレに転じた。

　この「松方デフレ」により米や繭その他農産物価格の下落を招き、農村では農地を売る百姓が続出、全国に小作騒動が広がるなど貧富の差が拡大した。だが後にブルジョアジーと呼ばれる階層を生み、資本主義発展の契機となったことも事実だ。

　こうして我が国の「年貢米時代」は終わった。大著『加賀藩農政史の研究』の著者若林喜三郎氏は、筆を擱くにあたりこう述懐している。「私が、各地の故老から聞き出したところでは、藩政期の苛烈なる誅求にくらべては、明治の地租改正は、百姓たちに非常に喜ばれた。何故なら『米を納めんでもええことになったから』という返事が多かった。」

　「加賀藩政の全期を通じて米が貢租の中心であり、その生産と収納が封建性を支える経済の中枢にあった」（福光町史）。その結果、織田信長の時代に芽を吹きかけた楽市楽座の自由主義精神も、江戸時代の「米遣い経済」と「鎖国」によって長く封じ込められることになった。黒羽織党が産物方奉行を置いて産業奨励に取り組もうとした時はすでに遅く、結局は祖法（改作法）と農業重視に戻ってしまった。士農工商という仕法（法律）があったわけでもないのに、なぜ百姓からだけ税をとるという社会が続いたのか。それが、領地（土地）を

媒介し、「分」をわきまえることを第一とした封建社会というものだ、といわれても何か納得できないものがある。

　奈良・平安・鎌倉期から南北朝・一向一揆・戦国の混乱期を経て幕藩体制の終焉まで——長く変化に富んだ歴史の中でずうっと年貢米を納め続けてきた広瀬舘村。背後にそびえる医王の山容と揺れる稲穂の群が、いつもそうであったかのように今もある。

　ただ、今に残る唯一の謎は、御仕立村になった弘化・嘉永期の危機を広瀬舘村が銀22貫500匁無しでどのように乗り切ったかである。当時組合頭だった高坂市右衛門家に伝わる話によると、その期間中は「家の窓は小さく、まげは藁シベ（稲わらの芯）で結んで出来るだけ（和）紙は使うな。着物は丈を短くし、やこいもの（絹や上質の麻を使った柔らかい衣類）は禁止。朝拝（近い親戚の呼び合う習慣）や祭の呼びかいも禁止。寺への贅沢な進物は慎め」など生活の細部にわたる厳しい掟が定められていたという。権右衛門が古歴メモ（8頁）に書いように、可能な限りの質素と倹約を強いられたことだけはわかっているのだが…。

（了）

あとがき

　富山県の端っこで生まれた二人の老人が、フレイル化とボケ化に抗いなが
ら、郷土の歴史を確認したいとの思いで、こんな本を書きました。

　ふるさとの先人たちは、何を見、何を聞き、どんな思いをしながら生きて
いたのか——それを探る材料はいろいろあります。日本史、県史、市・町・
村史、その他いろいろな歴史書・論文……。でも、通史でたどれる入門書が
ほしい。

　湯浅さんは「明治150年」に際して、所蔵する古文書を材料に江戸時代
からの広瀬舘村の村史をまとめたいと思っていました。私は長い間離れてい
た我が家に帰り、故郷の歴史を自分なりに理解したいと思っていました。

　その二人が5,6年前から歴代権右衛門が書き残した文書を読み始めたの
です。古文書をちゃんと読めないくせに。でも村の持高帳などを少しずつノー
トに書き写していくうちに世界が大きく膨らんできました。御仕立村のサ
プライズも発見！

　広瀬舘村や越中砺波郡に暮らした「百姓」の生活と「年貢」について考え
る——その時の権力者は誰だったか——すると、ここは北陸の一農村地帯に
過ぎないのに、天皇や朝廷・貴族をはじめ、幕府・守護・地頭などの武家勢
力と地方豪族、京都の有力寺院や一向一揆の宗教勢力、戦国を争った有力武
将など、我が国を動かしてきた為政者たちと密接なつながりがあり、国家レ
ベルの大きなうねりに翻弄されてきたことがわかってきました。

　桂書房特別編集員の堀宗夫氏は、福光地方の歴史文化に興味を持つあま
り、住まいまで小矢部川渓谷沿いの寒村に移しました。湯浅さんの絵描きの
才能も先刻ご承知で、本書に舘村の空気まで綴じ込んでもらいました。

　最後になりますが、（無断で）参考・引用させて頂いた多くの歴史家と著
作に敬意を表し、教えを賜わった郷土の諸先輩に深く感謝申し上げます。

　ふるさとに栄光あれ！

　　　令和5年（2023）年4月11日

一前悦郎

加賀百万石御仕立村始末記

～越中砺波郡広瀬舘村年貢米史～

一前悦郎（いちぜん　えつろう）
　　1946 年　富山県西砺波郡福光町（現南砺市福光）生まれ
　　　　　　日本経済新聞社社友
　　　　　　福光城址・栖霞園をひらく会会員
　　著書　　「石黒党と湯浅党」（湯浅直之氏と共著　桂書房）
　　　　　　「関東下知状を読む」（山崎栄氏と共著　桂書房）

湯浅直之（ゆあさ　なおゆき）
　　1939 年　富山県西砺波郡福光町舘（現南砺市舘）生まれ
　　　　　　農業（家業）
　　　　　　福光美術館・愛染苑友の会理事
　　著書　　「石黒党と湯浅党」（一前悦郎氏と共著　桂書房）
　　　　　　絵本「棟方志功　富山県福光町　疎開の物語」
　　制作　　民話の紙芝居、民芸品「チョボ人形」など

2023 年 5 月 27 日　初版発行

定価　2000 円＋税

著者　　一前 悦郎　　湯浅 直之
編集　　Casa 小院瀬見 桂書房編集部
発行者　勝山 敏一
発行所　桂書房
　　　　〒 930-0103　富山市北代 3683-11
　　　　電話　076-434-4600
　　　　FAX　076-434-4617
印　刷　モリモト印刷株式会社